KB239830

교육사

김선양 지음

한국학술정보(주)

|머리말

교육은 하나의 종합예술이다. 지난날 교육의 흔적을 되짚어 보며, 또 교육의 선각자들의 사상을 더듬어 보아, 우리의 이정표를 분명히 하자는 데 교육사연구의 의의가 있는 것이다.

「교육사」를 1부 한국교육사, 2부 서양교육사로 나누어 엮어 보았다. 되도록 간략하고 초점적인 이해에 중점을 두었다. 사범대학 및 교직과를 이수하는 대학생들의 교재용으로 사용하는 데 그 주안점을 두었다. 또한 교육에 대한 소양을 높이는데도 중점을 두었다.

교육을 통해서 이 나라를 바로잡고, 교육을 통해서 이 나라에 헌신하려고 하고 또 헌신하고 있는 교육동지들에게 적게나마 도움이 되었으면 하는 마음 간절하다.

그리고 한국학술정보(주) 채종준 이사장님과 편집부 여러분의 덕으로 다시 새롭게 펴내는 기회를 주신 데 대해 마음속 깊이 감사의 마음을 갖는 바이다.

2011년 7월
서울 시니어스 가양회의 서재에서
김선양

|차 례

제1부 한국교육사

제2부 서양교육사

서 론

I.

교육은 전쟁과 파괴에 대한 확실한 방위보루다. 그러나 교육은 역사에 대하여 때로는 이것을 일으키고, 때로는 이것을 쓰러트리는 작용을 한다. Comenius 같은 교육사상가는 인류의 이상주의에 호소하여 그들로 하여금 제도적인 생활보다도 이성을 존중하게 했다. Comenius는 엄격한 계급적인 차별이 심한 사회에서는 이것을 없애기 위해서 교육을 널리 보급해야 할 것이라고 생각했다. 그러나 Machiavelli는 교육은 전쟁의 씨를 뿌리고 집권자의 권역을 높이는 데 이용되어야 할 것이라고 생각했다. Machiavelli에 의하면, 인간은 나면서부터 이기적인 동물로서 이성은 힘을 목표로 하는 투쟁의 수단이 되어야 한다고 보았다.

그러나 우리들은 역사에 있어서 위대한 교사들이 끼친 깊은 영향을 간과해서는 안 된다. 동방의 스승이었던 불타의 경우와, 수천 년 동안 계속된 생활의 예지를 가르친 공자의 경우와 아테네라고 부르는 게으른 암소를 채찍질하여 일으킨 Socrates의 경우를 생각하라. 우리들은 여기서 이상주의에 이끌린 영감받은 사람들의 상을 볼 수 있을 것이다. 그들이 간 뒤에도 오래도록 그들의 이상은 살아남았다. 이렇게 하여 Henry Adams의 말대로 위대한 교사는 영원을 조각하는 것이다.

과거의 위대한 교사들은 높은 원 속에서 사는 사람들이었다. 불타는 Caste 제도의 궁핍 속에서도 인류의 평등을 가르쳤고 Socrates는 인간의 혼 속에 성스러운 불꽃이 있음을 느꼈다. 예수는 모든 사람은 하느님의 자녀이기 때문에 모두가 가르쳐야 할 것이라고 했다. Erasmus는 고상한 학문만이 용감한 새로운 평화의 세계를 창조할 수 있다고 생각했다. Comenius는 지식의 보편적인 체계와 기독정신 위에서 보편적인 대학을 상망했다. Pestalozzi는 언제나 가난한 어린이들에게 마음이 이끌려 그들의 교육과 보호에 일생을 바쳤다.

Fröbel은 어린이들에 대한 누를 수 없는 사랑으로부터 유치원을 창설했던 것이다.

Ⅱ.

교육은 여러 모양으로 이해되어 왔다. Platon은 올바른 교육이란 신체와 정신의 아름다움과 완전함을 주는 작용이라고 생각했다. Spencer는 말하기를, 교육은 성격형성을 그 목적으로 해야 한다고 했다. Horace

Mann은 교육만이 우리들을 가장 높은 질과 가장 풍요한 양을 가진 생활로 이끈다고 했다. Dewey에 의하면, 교육은 널리 알려진 대로 경험의 재구성으로서 이것이 우리들의 생존의 뜻을 부여하고 다음에 오는 경험의 방향에 있어서 우리들을 돕는 것이 됐다고 했다.

교육의 목표는 역사의 경과에 따라 서로 같지 않다. 원시사회에 있어서는 교육은 사회현장을 유지시키는 데 바빠 전통의 아성이 되었다. 원시시대의 교육이 보수적인 데 반하여 근대교육은 진보적인 경향을 띠어 과거보다도 더 많이 미래를 바라보았다.

이스라엘의 교육은 교육의 종교적인 목적을 강조했는데 교육을 통하여 신에 대한 바른 인식이 얻어질 것이라고 했다. 그들의 교육은 단순한 윤리의 기본만을 가르친 것이 아니고 역사, 율법, 제사의식도 포함되었다. 율법학자<Rabbi>들은 정신적인 지도자뿐만 아니라, 율법의 규정과 인간의 본성 및 운명을 가르치는 교사이기도 했다.

아테네의 교육목적은 이성의 계발이면서 동시에 시민을 만드는 것이었다. 이성과 맑은 감정이 존중되었고 종교는 철학 아래 놓여 있었다. 스파르타에서는 이와 반대로 단련주의가 교육의 지표가 되어 학문이나 예술보다는 전쟁술이 한층 더 존중되었다.

로마의 경우에는 아테네교육보다는 훨씬 실제적이었다. 로마 사람들은 철학적인 사변에 종사하는 것보다도 올바른 시민의 의무를 수행하는 것을 더 높다고 생각했다. 로마 사람들의 교육이상은 조국을 위하여 즐겁게 헌신할 수 있는 개인을 만드는 일이었는데 이 같은 개인은 일상생활에 있어서 중용을 지킬 줄 알고 역경에 처하여 실망하지 않는 자가 되는 것이었다.

중세의 경우에는 정신주의교육이 교육의 전부였는데 현세의 생활은 순전히 내세생활의 준비에 지나지 않는 것이었다. 이리하여 이 교육은 금욕주의에 이끌리면서 우리들의 자연적인 성정과 정열을 누르고 애오라지 천상의 복락을 기다리는 것이었다. 중세에서는 과학이 신학 아래 놓였고 신학만이 곧 만학의 왕이었고 지식의 가장 빛나는 성좌였다.

문예부흥을 통하여 교육의 새로운 이상이 올라왔다. 인간의 자연적인 성정이야말로 찬양되어야 할 것이다. 교육은 정신적인 집단주의보다도 선명한 개인주의를 강조했다. 문예부흥기에 교육받은 사람은 여러 언어에 능통해야 했고, 연애에 익숙해야 하고, 중세 무사들의 거친 태도를 경천히 여길 수 있어야 했다.

근대에 이르러 교육의 지표로서 과학적인 면이 몹시 강조되고 있다. Bacon이 말한 대로 아는 것이 그대로 힘이다. 자연과학이 우리들의 세계를 혁명적으로 바꾸어 놓은 것이다. 자연과학이 우리들에게 산업혁명의 기반을 가져다준 것이다. 근대의 교육은 Thorndike가 지적한 대로 신학을 기초로 한 것보다는 심리학과 생물학을 그 기반으로 하고 있다.

Ⅲ.

우리들을 둘러싸고 있는 이 세계의 문제를 해결하는 데는 주로 세 가지 방법이 있다. 첫째 방법이 혁명이다. 혁명은 힘에 의한 전환을 의미한다. 프랑스혁명의 실례와 소련의 10월혁명의 실험이 이 같은 혁명이 조만간 다른 하나의 폭정을 가져올 것을 가르쳤다. 혁명가들은 본래 Machiavelli 수법을 쓰기가 일쑤고 자기의 목적을 달성하기 위해서는 방법을 가리지 않는 것이 그 특징이다. 결국 혁명가는 하나의 강력한 정부를 세울 수는 있으나, 이 정부는 그가 꺼꾸러뜨린 체제와 다름없는 퇴행적인 것에 떨어진다.

Socrates, Erasmus, Tolstoy 같은 지난 위대한 교육자들은 혁명이야말로 마땅히 안으로부터 쫓아와야 한다고 했고, 따라서 도덕적인 원리 위에 서야 할 것이라고 했다.

세계문제의 해결을 위한 두 번째 방법은 전쟁이다. 희랍의 철학자 Heraclitus는 전쟁이야말로 만물의 아버지고 전쟁이 사회 진보의 종자를 마련하는 것이라고 주장했다. Hegel은 전쟁이 세계의 운명을 결정하는 것이라고 생각했다. Nietzsche 역시 전쟁이 문명의 핵심이 된다고 말한 적이 있다. 그러나 오늘 우리들이 보기에는 새로운 세계전쟁은 응당 인류의 종말을 가져올 것이다. 20세기에 들어서면서 역사는 두 차례에 걸친 최대의 전쟁을 보았다. 수백만 생명이 전쟁으로 인하여 목숨을 잃고 나서 전쟁에 대한 우리들의 예언은 19세기 때와 마찬가지로 사실에 들어맞는 것을 알 수 있다. 핵전쟁이 인제는 인류의 목을 조르는 무서운 가위 꿈이 된 것이다.

우리들이 선택해야 할 세 번째 방법이 교육이다. 교육은 뛰어넘는 혁명이 아니고, 느린 진화의 걸음으로 진행된다. 교육은 하루아침에 나타나는 눈부신 Utopia를 만드는 것이 못 된다. 교육은 요술 부리는 치료법을 제공하는 것이 못 된다. 교육은 노역과 단련을 요구한다. 교육은 인간 자신의 고유한 창조적인 활동 속에 그를 깨어 일으킨다. 교육은 우리들이 이것을 올바로 이해한다고 하면 인류의 올바른 생존과 존속을 위한 가장 확실한 연장이 되는 것이다.

제1부
한국교육사

제1장 고조선시대의 교육

1. 고조선의 성립과 그 의의

여기서 고조선이라 함은 B.C. 108년 한사군 설치까지에 주로 한반도 서배해안 지역에 있었던 부족국가인 이른바 단군조선, 기자조선, 위만조선의 총칭으로 그 위치는 일찍부터 대륙의 교통이 해륙으로 편리하고 비옥한 평야를 지닌 대동강 유역으로 평양은 일찍이 그 중심지가 되어 왔다. 삼국유사, 삼국사기, 기타 중국의 사기 등에 단군조선, 기자조선, 위만조선이 실려 전해지고 있으나 아직 그 확실한 방증이 없으며, 새로운 과학적 연구와 해석이 필요하다.

위서를 인용한 삼국유사에 "위서에 이르되 지금부터 2천 년 전에 단군왕검이 있어 도읍을 아사달에 정하고 나라를 개창하여 조선이라 일컬었으니 요와 동시라 하였다"[1]고 기록되어 있다. 그 후 중국과의 빈번한 접촉에 의하여 사회적 변화가 촉구되었으며 이 같은 추세에 따라 정치세력이 형성되어 군소제부족국가를 통솔한 나라가 기자조선이다.

그 후 다시 정치사회의 변화와 조선사회에 새로운 지배체제로 등장한 것이 위만조선이다.[2]

어느 나라를 막론하고 개국에 따르는 설화가 있게 마련이다. 우리나라도 개국에 따르는 설화도 삼국유사의 첫머리에 나오는 기록을 액면 그대로 믿기는 어려우나 그 설화를 통하여 당시의 정치, 경제, 사회상을 추출할 수 있다는 데서 그 의의를 갖는다.

삼국유사에는 "항상 뜻을 천하에 두어 인세를 탐구하고자 한 서자 환웅의 뜻을 안 환인은 태백산정 신단수하에 곳을 정하여 신시를 베풀게 하여 홍익인간의 이념을 실현토록 하였다"[3]고 하니 당시 무교육상태의 대중들에게 교화시키겠다는 환웅의 교육자적 양심을 발현할 수 있다.

2. 고조선시대의 교육

우리나라 고대사회에서 볼 수 있는 교육의 상황을 몇 가지만 들어보면 다음과 같다.

첫째는 홍익인간의 이념이다. 우리나라 최초의 건국이념인 단군왕조에 나타난 건국이념으로 천제 환인이 그 서자(적자 이외에는 모두

---

1) 三國遺事 卷1 紀異1 古朝鮮條.

2) 檀君朝鮮, 箕子朝鮮, 衛滿朝鮮 등에 대해서는 역사학자마다 이론이 많다.

3) 三國遺事 卷1 紀異1 古朝鮮條 「昔有桓因庶子桓雄數意天下食求人世久知子意下視三危太白可以弘益人間 乃授天符印 三箇遺往理之雄率徒三千降於太伯山頂神檀樹下謂之神市一」

서자) 환웅의 뜻이 인간세상에 내려가 천하를 다스리고 싶어 함을 알고 삼위태백을 내려다보니 가히 홍익인간 할 만하다 하여 가서 다스리게 했다는 것으로, 널리 인간을 이롭게 한다는 것이 환웅이 이 땅에 내려와서 단군을 낳고 나라를 열게 된 이념이라는 뜻이다. 단군조이래 우리나라 정치와 교육의 최고이념이며 8·15해방 이후 이것을 우리의 교육이념으로 삼아 오늘에 이르고 있다.

둘째는 금법팔조의 사상이다. 이것은 고조선의 사회질서를 유지하기 위한 일종의 민중교화법의 성격을 띠고 있다. 고조선에는 일찍부터 금법 8개조가 있어 각종 범죄를 처벌하였는데 그중 3개조만이 전하고 나머지는 전해 오지 않고 있다.

① 살인자는 사형에 처하고(相殺 以當償殺)
② 남을 상한 자는 곡물로써 보상하며(相傷 以穀償)
③ 남의 물건을 도둑질하면 그 주인의 노예가 되는 것이 원칙이나 속죄하려면 매인당 50만 전을 내놓아야 한다(相盜 男沒人爲其家奴 女子 爲婢 欲自贖者人五十萬錢).[4]

이것으로 당시의 국속과 생활상을 알 수 있다. 살인자를 사형에 처함은 오늘날과 마찬가지로 살인자를 가장 큰 죄인으로 생각하였던 것이며, 상해자가 곡물로써 보상함은 일종의 위자료를 주는 것으로 자본축적을 의미하며 노예를 면키 위해서 50만 전을 낸다는 것은 중국풍속이 가미된 느낌이 든다. 금법팔조에 이어 부녀자들의 정신문제

---

4) 漢書 卷28 地理志燕條.

가 기록되었는데, 아마 팔조 중에는 금간(禁姦)의 조목이 있었던 것 같다. 후에 한사군이 설치되면서 중국인들이 이민하여 풍속이 나빠지고 도둑이 생기며 여러 가지 범죄가 일어나 범금은 60여 조로 늘어났다. 그러나 "이로써 백성들은 마침내 도적질을 하지 않아 문호를 닫지 않으며 부인은 정신하여 음란치 않았다"[5]고 하니 당시 우리나라 백성 사이에는 교육적 효과가 크게 선양되었던 것을 알 수 있다.

셋째로 성년식(initiation ceremony)의 교육적 의의를 들 수 있다. 고대사회에 있어서는 어느 부족을 막론하고 공통적인 행사로서 성년식이 있었다. 위지의 "동이전"에는 "관가로 하여금 성곽을 쌓게 되자 나이 어린 용건자는 모두 등가죽에 구멍을 내어 밧줄을 통했다. 또한 장허의 나무를 꽂고 온종일 환호하여 힘을 써도 아프다고 하지 않았다. 이미 기뻐하였으며 또한 건하다고 하였다"[6]고 하였고 후한서의 "동이전"에는 "사람됨이 장용, 소년이 집을 짓고 힘을 쓰는 자는 즉 밧줄로 등의 가죽을 뚫어 여기에 대목을 매어 훤호하는 것을 건하다고 하였다"[7]고 했다. 다시 말하면 소년들은 일정한 영사에 모여 그곳에서 등의 가죽에 밧줄을 통하여 거기에 큰 나무를 메고 온종일 큰 소리를 지르며 다녔는데 그것을 보고 용건하다고 했다는 것이다. 소년들은 이러한 고행과 고통을 참고 견디며 윗사람에게 복종하고 존경하며 봉사하고 결핍과 기아를 참는 습관과 태도를 배웠던 것이다. 이것이 고조선사회에 있었던 성연식의 훈련형식이었다.

---

5) 漢書 卷28 地理志燕條 "是以其民終不相盜 無門戶閉 婦人貞信不淫辟"

6) 三國志 魏書卷三十 東夷 "其國中有所爲及官家使築城郭諸少勇健者皆鑿皮以大繩貫之又以丈許木鋒之通日嚾呼作力不以爲痛旣以勸動目以爲健常"

7) 後漢書 卷一百十五列傳第七十五東夷 "其人壯勇少年有築室作力者輒以繩貫背皮絁以大木嚾呼健常"

제2장 삼국시대의 교육

1. 삼국시대의 성립과 그 의의

삼국시대라 함은 기원 4세기 초에서부터 7세기 중엽까지 고구려, 신라, 백제의 세 나라가 정립하여 항쟁한 시대를 말한다. 108년에 중국 한나라가 낙랑군 이하 4군을 두자 한반도는 오랫동안 중국에 제압되었다. 그 뒤 오래지 않아 북방에서는 고구려, 남동부에서는 신라, 남서부에서는 백제가 세력을 떨쳐 313년에는 고구려가 낙랑군을 공략하고 이어 대방군의 북방을 합쳤으며 백제는 대방군의 남방을 빼앗았다.

한반도에서 대내외적인 항쟁을 겪으면서, 한동안 고구려가 그 패권을 잡아 신라와 백제를 눌렀으나 후에는 신라가 크게 발전케 되어 고구려와 백제는 여제동맹을 맺고 신라의 위험을 막았다. 반도에서 독립한 신라는 대륙세력인 당의 힘을 빌려 660년에는 백제, 668년에는 고구려를 멸하여 삼국통일의 뜻을 실천하려 했다. 두 나라가 망하게 되자 신라는 고구려의 유민의 힘을 빌려 당나라의 세력을 내쫓고 저강(대동강) 이남의 지역을 회복하여 통일신라에 들어가게 되었으나 고구려의 고토의 북쪽은 거의 차지하지 못하였다.

문화 면에 있어서는 고조선의 멸망과 한사군의 설치를 전후하여 금석병용기에 속했던 여러 부족국가들이 도중에 수입하기 시작한 철기문화를 비로소 자기의 것으로 이해하여 완성시킨 것이 삼국문화이며, 경제상으로는 철제농기의 사용이 일반화되면서 농경생활을 확립, 발전시켰고, 정신상으로는 유교윤리를 받들고 불교를 이해하는 면을 엿볼 수 있다.

이렇게 볼 때 삼국시대란, 부족국가적인 형태가 지양되고 고대 민족국가로서의 체제를 갖추며 민족의식을 성장시켜 장차 통일신라문화에 정신적인 기초를 부여한 시대라고 볼 수 있다.[1]

2. 삼국시대의 학교교육

1) 고구려 – 한자와 한학이 고구려에 유입되기는 삼국 중에서도 가장 일렀으며 소수림왕 2년(372)에는 이미 국가에서 유학의 교육기관으로 태학을 세웠다. 삼국사기에 의하면 "소수림왕 2년 하육월(여름 6월)에 진왕 부견은 승 순도를 보내어 불교경문을 전하니 왕은 사신을 보내어 방물을 바치어 사례하고 태학을 세워 자제를 교육하였

---

1) 李弘稙, 國史大事典, 서울: 知文閣, p.669, 1965.

다"[2]고 되어 있어 고구려 태학설립의 기록으로 볼 때 우리나라 학교교육의 시초요, 또 한국유학의 기원으로서 교육사적인 큰 의의를 지닌다. 당시 왕은 "태학을 설립하고 자제를 교육하였다(立太學敎育子弟)."[3] 태학은 귀족자제의 교육기관이며 관리양성기관으로 유교의 경전을 가르쳤다. 서적으로는 오경삼사를 비롯해서 삼국지, 진춘추였다. 이것으로 미루어 보아 중국인이 태학에서 가르쳤던 다른 서적 즉 역서, 의학, 산학, 낙서, 병서도 읽었으리라고 보고 있다.

태학의 직제로서는 단지 「태학박사 이문진」의 기사가 나오는 것으로 보아 태학에 박사의 직을 둔 것을 알 수 있다.

고구려의 교육기관으로 꼽을 수 있는 것이 태학 이외에 경당이 있다. 태학이 오늘날의 대학 정도의 관학인 데 비하여 경당은 초등교육에서 대학 정도의 교육까지를 겸한 사학의 교육기관이었다. 구당서 고구려전에 의하면 "그 풍속이 매우 서적을 사랑하여 세력이 있고 없는 집이 모두 거리마다 큰 집을 지어 이를 경당이라 부르고 장가가기 전 아이들이 여기에 모여서 글을 읽고 무술을 익히니 대개 그 책은 오경과 사기, 한서, 범엽의 후한서, 삼국지, 손성의 진춘추, 옥편, 자통, 자림, 문선 등이 있는데 그중에서도 문선을 더욱 애독하였다"[4]라고 되어 있다.

경당이라는 것은 초등에서 대학 정도에 이르는 학교로 일반평민의 자제들이 입학할 수 있는 민간사립학교였다. 따라서 귀족지배계급의 자제를 교육하는 태학과는 그 성격을 달리하며 태학과 더불어 발달

---

2) 三國史記, 卷18 高句麗 本紀 第6.
3) 三國史記, 卷20 高句麗 本紀 8.
4) 唐書, 高句麗傳.

하여 고려 이후에 왕성한 서당의 전신이 되었다.

2) 백제 – 663년 나라가 망할 때까지 학교를 세웠다는 기록이 없다. 그러나 4세기부터 교육사업이 활발하게 전개되었으리라고 본다. "고기에 말하기를 백제는 개국이래 문자기사를 가지지 못하였다. 지금에 와서 박사 고흥을 얻어 비로소 서기를 가지게 되었다(古記云百濟開國以來未有以文字記事至是得博士高興始有書記)"[5]는 이 기록을 잘못 읽으면 백제가 개국이내로 문자가 없었다는 것처럼 알기 쉽다. "未有文字記事"란 뜻은 문자가 없다는 것이 아니라 문자로 기록된 것이 없었다는 뜻이다. 신당서에 "백제는 문자가 있어 글로 썼다(百濟有文字籍記)"는 말이 나온다.

백제박사의 기록은 삼국사기 근초고왕기에 「박사고흥」의 명칭이 나오는 것이 처음이나 일본의 천자문과 논어를 전한 왕인박사의 기록이 일본 측 사료에 나타나 있는 것은 주목할 만한 일이다.

특히 백제는 고조선 유이민의 전통적 중국문화를 그 기반으로 하고 있는바, 위만에 쫓긴 기자조선의 말왕 준의 남하는 당시 기자조선의 직제였던 박사제가 그대로 사용되었을 가능성이 있다. 박사의 제도도 일찍부터 생겨서 오경박사(이, 시, 서, 예, 춘추에 통한 사람)와 기타 각종의 전문에 관한 박사가 있었다. 그중에는 일본에 초빙되어 가서 그들의 문화에 공헌한 사람도 적지 않았다. 제25대 무령왕 때에는 오경박사 단양이, 고안무 등을 일본에 보냈고, 다음 성왕 때에는 오경박사 유귀와 의박사, 이박사, 역박사, 승려, 기타 미술공예에 관

---

5) 三國史記 百濟本記 第二.

한 여러 기술자를 보냈고, 그 후에도 이러한 전문가를 교대로 파견하여 일본의 상대 문명을 계발하고 지도하였다.

따라서 백제에 있어서 학교교육이 설정되지 않았다는 것은 믿을 수 없는 일이며 오히려 고구려보다 교육의 직제인 박사란 직이 앞선 것으로 보아 태학도 먼저 설치되었을 가능성이 있다.

3) 신라 - 신라는 대륙문화에 대한 영향이 그 역사적 지리적 배경에 의하여 고구려와 백제에 비해 훨씬 떨어지고 있었으나 이 때문에 신라 고유의 민족문화를 유지하여 토착적인 민족문화를 기반으로 하여 외래문화를 섭취할 수 있었다. 비록 신라가 고구려, 백제와 같은 학교교육의 건립이 통일 후의 과제로 미루어졌으나 신라 고유의 화랑에 의한 교육은 「태학」과 같은 형식적 교육에 못지않게 큰 의의를 지닌다.

화랑도는 심신을 단련하고 교양을 쌓아 사회생활의 규범을 가르쳐 필요한 경우에는 전투원이 될 수도 있는 사회의 중심인물을 양성하는 것으로 전통을 존중하고 협동정신과 신의, 용감성을 배양하는 데 그 목적이 있다. 이 같은 기풍은 고구려나 백제에도 있었으나 신라에서 그 모습이 가장 활발하게 전개되었다. 화랑은 처음에 원화라 하여 남모, 준정의 두 여자를 택하여 이들을 중심으로 조직하였으나 서로 질투하는 폐단이 생겨 이를 폐지하고 대신 귀족 출신의 청소년 중 얼굴이 아름답고 품행이 곧은 남자를 뽑아 단장으로 받들게 하였다. 그 초대단장으로 뽑힌 이가 벽원랑이며 562년(진흥왕 23년)에는 화랑 사다함이 대야성을 공격, 큰 공을 세운 기록이 있음을 보아 화랑도는 이미 진흥왕 초에 체계화되었다고 보인다.

화랑도가 형성된 초기에는 그 조직도 간단한 것이어서 지도자 격인 화랑이 있고 그 밑에 낭도가 있었다. 그러나 576년(진흥왕 37년) 국방상 필요한 인재의 양성과 상무의 정신을 고취시키기 위하여 관에서 운영하게 된 후로는 총지도자에 국선을 두고 그 밑에 화랑이 있으며 화랑은 각각 문호(편대)를 가지고 낭도를 거느렸다. 국선은 일대에 1인이 원칙이었으나 때로는 수명이나 되는 경우가 있었고 화랑은 보통 3~4명으로부터 7~8명이나 되었으며 낭도는 수천 명을 헤아렸다 하는데 화랑이 될 자격은 남녀를 가리지 않고 덕망, 인격, 용모가 뛰어난 자를 등용하였다. 화랑도의 가장 중요한 수양방식은 서로 도의를 닦는 것(相磨以道義), 시와 음악을 즐기는 것(相悅以歌樂), 명산과 대천을 찾아다니며 즐기는 것(遊娛山川, 無遠不至) 등으로 이들을 통하여 국가에 필요한 인물을 양성하였다. 화랑은 이러한 조직과 수양을 통하여 독특한 기질과 기풍을 연마하였으니 ① 위로는 국가를 위하고 아래로는 벗을 위하여 죽으며, ② 대의를 존중하여 의에 어그러지는 일은 죽음으로써 항거하고, ③ 병석에서 죽는 것을 꺼리고 국가를 위하여 용감히 싸우다가 전사함을 찬양하며, ④ 오직 앞으로 나아갈 뿐 뒤로 물러섬을 부끄럽게 여겨 적에 패하면 자결할망정 포로 됨을 수치로 아는 등 장렬한 기백과 씩씩한 기상을 함양, 재래의 공동사회의 이념 위에 새로운 유불정신을 가미하여 새 시대가 요청하는 청년을 양성한 것이다. 그러므로 화랑의 지도와 고문으로 승려도 많았는데 화랑인 귀산, 추항에게 가르친 원광법사의 세속오계는 신라 화랑의 지도이념을 대표하고 있다. 세속오계는 ① 임금을 충성으로 섬기라(事君以忠), ② 효도로써 부모를 섬기라(事親以孝), ③ 믿음으로써 벗을 사귀라(交友以信), ④ 싸움에 물러나지 마라(臨戰無退), ⑤ 함부로 죽이지 마라(殺生有擇) 등으로 이와 같은 정신으로 통합된 화랑도는 삼국통일을 목표로 용감한 투사를 길렀으며 김유신, 김흠춘, 죽지, 사다함, 관창, 원술, 비령자 등은 특히 유명하였다.[6]

3. 통일신라시대의 교육

신라가 삼국통일의 대업을 이룬 것은 제30대 문무왕 때 일이다. 이후 당과의 접촉이 더욱 긴밀해졌으며 문화의 발전도 현저하였다. 이리하여 신문왕 2년에 이르러 비로소 국학을 세워 예부에 속하게 하였다. 즉 "신문왕 2년(682년) 6월에 국학을 건립하고 경1명을 두어 이를 관장케 하였다."[7] 국학의 직제로서는 그 장에 경1명이 있고 그 아래 박사, 조교, 대사, 그 밖에 사를 두었다.

국학에서 수업할 수 있는 학생은 무위자에서부터 대사 이하의 관직을 갖는 자로서 연령은 15세 이상 30세 이하를 원칙으로 하고 있다.[8] 그리고 졸업과 동시에 대사마의 또는 내마의 관위를 얻는다.[9]

수업연한은 9년을 원칙으로 하나 저능하여 가망이 없는 자는 퇴학시키고 가망은 있으나 미숙한 자는 9년을 넘어도 더 재학함을 허하였다.[10]

국학에서는 유학과, 기술과의 둘로 나누어 가르쳤다. 유학에서는 논어와 효경을 필수로 하고 주역, 상서, 모시, 예기춘추 좌씨전, 문선

---

6) 李弘稙, 前揭書, p.1766.

7) 三國史記 卷8 新羅本紀第八. 神文王二年條. "六月立國學置卿一人"

8) 增補文獻備考 卷267 學校考 "凡學生位自大舍己下至無爲年自十五至三十皆充之"

9) 신라의 관직은 17등으로 되어 있는데 대사마는 10등이요, 내마는 11등이며 대사는 12등이니 국학을 졸업하면 곧 10등 11등의 관위를 얻게 되어 있으며 12등 이상의 관위는 국학을 나와야만 비로소 오르게 되는 것이다.

10) 增補文獻備考 卷267 學校考 "限九年若朴魯不化者罷已若才器可成而未熟者雖九年在許學"

을 2과목씩 나누어 가르쳤다.

1) 유학과의 교육내용

① 春秋 - 춘추는 대의명분과 시비를 판단하는 의지를 길렀고

② 樂 - 악은 평화흥기하는 감정을 길렀고

③ 易 - 역은 이를 궁구하는 이지를 길렀고

④ 書 - 서는 정치제도에 대한 지식을 길렀고

⑤ 禮 - 예는 극기치성하여 경건실행을 길렀고

⑥ 詩 - 시는 공자가 「흥어시」라 하였듯이 음영하고 억양하는 동안에 정을 흥기시켜 악과 함께 정서면을 도야시켰다.

⑦ 論語와 孝經 - 논어와 효경은 일상생활에 적응한 수신교재로 사용되었다.

⑧ 文選 - 문선은 양의 소통이 진한삼국 이하 각조의 시문을 선록한 글이다. 한문 문장을 가르치기 위하여 이것을 교재로 썼다.

⑨ 三史 - 삼사란 '사기, 한서, 동관기'를 말한다. 사기는 중국 황제로부터 한무제 때까지의 역사요, 한서는 한고조로부터 한효평왕 때까지의 역사요, 동관기는 한시궁중 장서관기록인데 오경제자의 전기와 백가예술을 교정한 문헌이다.

⑩ 諸子百家 - 제자백가는 한서 예문지에 말한 189의 제자백가이다.[11]

---

11) 李萬珪, 朝鮮敎育史 上, 서울: 乙酉文化社, 1949, pp.70~71.

2) 기술과의 교육내용

① 算學 - 산학의 내용으로는 철경, 삼개, 구장, 육장 등을 대상으로 하였다.

② 醫學 - 의학의 내용으로는 본초경, 갑을경, 소간경, 침경, 맥경, 명당경, 난경 등을 대상으로 하였다.

③ 天文學 - 천문학의 내용은 기록에 나타나지 않아 자세히 알 수 없으나 당에서 사용한 이순풍의 인덕역법을 중심한 역술이 주요한 과목이었을 것이다.

④ 律學 - 삼국사기 직관조에 경덕왕 대 율령전박사 6인을 설치한 기록이 보이니[12] 법률학에 관한 교육도 있었던 것 같으나 자세한 기록이 없어 고증키는 어렵다.

3) 독서출신과의 교육내용

신라의 국학은 그대로 국가관료 양성기관으로서 졸업과 동시에 10등, 11등 이상의 관직을 얻을 수 있었다. 그러나 통일신라 중기에 와서는 국학에서 교육받는 자를 국가관료로 그대로 수용할 수 없는 관직의 부족상태로 국학의 성격에 변질을 가할 수밖에 없었다. 독서출신과는 국학에서 수업하는 학생들의 성적을 3등으로 나누어

① 좌전, 예기, 문선을 읽어 그 뜻에 능통하고 아울러 논어, 효경에 밝은 자를 상품

---

12) 三國史記 卷38 雜志 7 職官上.

② 곡례, 논어, 효경을 읽은 자를 중품

③ 곡례, 효경을 읽은 자를 하품이라 구별하였으며, 이 때문에 독서삼품과라고도 하였다. 이 제도는 관리채용이 종래 벌족본위, 학벌본위의 제도에서 실력본위, 시험본위로 전환한 것을 의미하며 동시에 신라사회의 정치적 성격의 변질을 의미하는 것이다.

제3장 고려사회의 교육

1. 고려사회의 성격

신라의 동란기에 송악군(지금의 개성)의 호족 왕건은 태봉의 왕인 궁예의 부하로서 활동하다가 뒤에 918년 궁예를 몰아내고 왕위에 올라 국호를 고려라 하였다. 그는 수도를 철원(鐵原)에서 송악(개성)으로 옮기고 신라를 병합하였으며, 후백제를 멸하여 전국을 통일하였다. 태조는 배방을 개척하고 내정에 힘쓰며 불교를 보호하고 예전 귀족과 토호들을 포섭하여 통치체제를 정비하였다. 이에 국운이 융성하고 문화가 발전되었으나 차츰 무를 경시하고 문을 숭상하는 풍조가 생겨 무신들의 불평이 싹트기 시작하였다. 인종 때에는 묘청이 수도를 서경(평양)으로 옮기려다가 뜻을 이루지 못하고 진압되었다. 또한 의종은 군신들과 더불어 나라의 형편이 어지러워 감에도 불구하고 연락으로 즐기고 공사를 일으켜 백성을 돌보지 않으니 불평을 하던 무신들은 의종 24년(1170)에 정중부, 이의방을 중심으로 난을 일으켜 문신 50여 명을 죽이고 의종을 추방하고 명종을 세웠다. 그 후 무신들 간의 권력쟁탈전은 명종 26년(1196) 최충헌의 집권으로 일단락 짓고 임금을 허수아비로 하는 최씨 일가의 무단정치가 시작되었다. 최씨의 집권은 충헌, 이, 항, 의 4대에 걸쳤는데 고종 18년(1231) 몽고군이 침입해 들어오자 이는 임금을 모시고 강화로 수도를 옮기고 항전하였으나 본토는 몽고군에 짓밟히고 말았다. 고종 45년 의가 강화에서 포살되자 최씨 4대에 걸친 무단정치는 그 종지부를 찍고 왕권이 회복되었다. 이 전란으로 국토는 황폐하고 원의 요구로 2차에 걸쳐 일본에 원정군을 보내니 나라의 형편은 더욱 곤궁해졌다. 이로부터 약 80년에 걸쳐 고려는 원의 지배를 받고 임금은 원나라 황실과 결혼함으로써 명맥만을 겨우 유지해 오다가 원나라의 세력이 새로 일어난 명에 밀리자 공민왕은 원나라 세력을 몰아내고 국권을 회복하였다. 그러나 조정의 기반을 굳게 하기 전에 밖으로부터 홍건적과 왜구가 쳐들어와서 이를 막기 위하여 무신들을 중용하게 되니 이 때문에 이성계 같은 신흥무장들이 득세하였다. 이성계는 요동정벌을 반대하고 위화도에서 군대를 이끌고 도로 개성에 돌아와 실권을 잡고 임금을 마음대로 폐립하고 자기 세력을 확장한 끝에 드디어 공양왕 4년(1392) 마침내 고려왕조를 타도하고 조선왕조를 세웠다.[1]

고려사회의 문화적, 정신적 기반은 불교와 유교였다. 태조는 불교를 종교로 숭상하는 동시에 나라를 다스리는 길을 유교에서 찾았다. 불교는 수신의 도로서 묘청의 난 이후에도 민간신앙으로서 지배적

---

1) 李弘植, 前揭書, pp.102 - 103.

세력을 유지하였다. 유교는 유교적인 통치기구가 짜이면서 치국의 도로서 장려되었다.

2. 학교교육의 성립과 그 내용

국초부터 교육기관이 있기는 했으나 본격적으로 정비된 것은 성종 때부터였다. 유교의 정신에 따라 당나라 제도를 모방하여 정치기구를 마련했던 만큼 이를 뒷받침할 관료들의 양성기관이 필요하였고, 이들을 등용할 과거제도도 필요하였다. 성종 11년(992) 개성에 국자감을 설치하였으니 말하자면 국립 중앙대학이었다. 그리고 동서학당과 오부학당, 지방에 있는 향교, 그리고 사학으로서 십이도와 서당 등이 그 주류를 이루고 있다.

국자감

고려 초기에 교육기관으로 경학이란 것이 있었으나 성종은 모든 제도를 정비하면서 성종 11년(992년) 경학을 국자감으로 개편하였다. 국자감에는 국자학, 태학, 사문학과 율학, 서학, 산학 등 전문학과가 있었고 국자사업박사, 대학박사, 사문박사, 조교 등이 교수하였다.

고려 최고의 학부인 국자감은 일종의 종합대학이다. 이 국자감은 대학으로 조직 · 편성되어 있는데 국자학, 태학, 사문학의 삼학은 유학으로서 모두 경학을 전공하고, 율학, 서학, 산학은 잡학으로서 모두 기술학을 익혔다.

국자감의 입학자격은 각 학에 따라서 규정하고 있는데 그 내용은

다음과 같다.[2]

1) 국자학

① 문무관삼품 이상의 자손
② 훈관이품 대현공 이상의 자손
③ 경관사품 대삼품 이상의 훈봉자의 자손

2) 태학

① 문무관오품 이상의 자손
② 정종삼품의 증손
③ 훈관삼품 이상의 유봉자의 자손

3) 사문학

① 훈관삼품 이상 및 무봉사품 이상의 자
② 유봉 및 문무관칠품 이상의 자

4) 율학, 서학, 산학

① 문무관팔품 이상의 자
② 서인
③ 문무관칠품 이상의 자로서 청원하는 자

국자감의 직제는 관리직으로서 판사(예종 때 대사성으로 개칭), 제

---

2) 高麗史. 卷七十四 選擧二學校.

주, 사업 등을 두고 교수직으로서 국자학, 태학, 사문학에 각각 국자박사, 태학박사, 사문박사를 두고 율·서·산학에는 조교를 두지 않고 지치박사만을 두었다. 그러나 그 인원수에 대해서는 분명치 않다.

학생수는 국자학, 태학, 사문학에 각각 300명으로 하였으나 많을 때는 600명까지 되었으며 덕종 때는 국자감시를 실시, 학생의 사기를 북돋았다는 기록이 있다. 국자감의 학과는 효경, 논어 1년, 상서, 공양전, 곡량전 각 2년, 주역, 모시, 주례, 의례 각 2년, 례기, 좌전 각 3년을 전부 교수받아야 하며 율학, 서학은 국어, 설문, 자림, 삼창, 이아 등을 독서해야 한다.

향교

향교란 지방에 있는 학교라는 말로서 지방에 설립된 관학교육기관이다. 일명 교궁, 재궁이라고도 하며 고려시대를 비롯하여 이조에 계승된 지방교육기관이다. 고려의 학제는 당나라 제도를 모방하여 중앙에는 국자감, 동서학당을 두고 지방에는 국자감을 축소한 학교를 설치하였다. 인종 5년(1127)에 제주에 학을 세워서 널리 도를 가르치라는 조서에 기인한다고 할 것이다. 학교의 제도는 공자를 제사하는 문선왕묘를 중심으로 하여 강당으로서 명륜당이 설치되고 있으며, 교사는 조교라 하였다. 의종 이후 국정이 문란하고 학제도 또한 퇴폐되니 향교도 역시 쇠미한 상태였다. 그 후 충숙왕은 학교를 진흥시키고 이각으로 하여금 제군을 순력시켜서 향교를 부흥하기에 이르렀다.

동서학당과 오부학당

동서학당과 오부학당은 고려후기의 학교로서 국자감, 향교와 더불어 관학이다. 동서학당은 중앙에 유학의 진흥을 목적으로 설치하였다. 원종 2년(1261) 개성에 동서의 두 학당을 설치하여 각각 별감을 두어 가르치게 하였는데 이것이 학당의 시초로서 그 의의가 크다. 유교의 발전에 따라 후에는 개성의 각부에 학당을 설치하여 오부학당으로 정비 강화되었다.

오부학당은 향교와 달리 문의왕묘가 없는 것이 특징이다. 고려 말 공양왕 때에 이르러 당시의 공신으로서 주자학의 태두였던 정몽주가 성균관 대사성을 겸하여 크게 일으키기 위하여 진력하고 "내에는 오부학당을 건입하고 외에는 향교를 설치하여 이로써 유술을 일으켰다"[3]는 것이다. 여기서 오부학당이라는 동·서·중·남·북부의 학당을 말한다. 이 오부학당이 그대로 조선시대로 계승되었다.

십이도와 서당

십이도란 고려시대의 사학을 가리키는 말이다. 흔히 십이공도라고도 한다. 십이도는 고려중기에 이르러 관학인 국자감이 부진하자 문하시중을 지낸 최충이 학교를 열어 생도를 교육한 데서 비롯된다. 당시 최충의 구재학당을 모방하여 11인의 유신들이 사립학교를 열어 제자들을 가르쳤으므로 11인의 도에 최충의 도를 합하여 십이공도라 불렀다. 최충의 구재학당이란 학반을 구재로 나누어 교육한 데서 나온 말로 즉 악성, 대중, 성명, 경업, 조도, 율성, 진덕, 대화, 대빙의 아홉을 지칭한다. 이들 생도를 최공도라 불렀고, 그의 사후에도 생도가 등적하여 이들을 문헌공도[4]라 부르게 되었다.

---

3) 高麗史. 卷百十七 鄭夢周傳.
4) 문헌이란 최충의 익호임.

십이공도란 최충의 문헌공도, 정배걸의 홍문공도, 노단의 광헌공도, 김상빈의 남산도, 김무체의 서원도, 은정의 문충공도, 금의진의 양신공도, 황형의 정경공도, 유감의 충평공도, 문정의 정헌공도, 서석의 서시랑도, 실명씨(설립자 미상)의 귀산도 등이다. 이와 같이 최충의 구재를 본받아 당시의 유명한 상기 유신들이 사학을 열어 사유의 자제를 가르치니, 과거에 응하려는 자는 모두 이에 모이게 되어, 관학은 매우 부진하게 되었다. 그러나 문풍과 유학을 성하게 하는 데 공헌한 반면 문벌에 학벌까지 따져 파쟁을 조성케 하였으며, 과거에 합격하기 위한 학문 위주의 경향을 일으켰던 것이다.

서당에 대한 기록은 자세한 것이 없어 그 교육상황을 잘 알 수는 없으나 宋나라의 서긍[5]의 고려도경을 통하여 어느 정도 짐작할 수는 있다. 그 내용은 "마을의 거리에는 경관과 서사가 두셋씩 바라보이며 민간 자제의 미혼자가 무리로 모여 스승에게 경을 배우며 좀 장성하면 '류'대로 벗을 택하여 사관[6]으로 가서 강습하고 아래로는 졸오, 동치도 역시 향선생에게 배운다"[7]는 것은 당시 서당이 얼마나 많았다는 것을 말하는 것이다.

하여간 고려의 서당이 그 수준에 있어서 초등교육기관의 역할을 하였을 것으로 예측되며 동시에 이조의 서당제는 고려의 서당제를 계승한 것으로 짐작된다.

---

5) 인종 2년(1123) 송나라 사신의 서상관임.

6) 사는 불교의 건물, 관은 도교의 건물.

7) 高麗圖經, 卷第四十儒學條.

3. 과거제도와 교육

과거는 인재를 뽑는 한 방법으로 중국의 제도를 도입한 것인데 유교국가에 있어서는 교육과 불가분의 관계에 있다. 우리나라에서 처음으로 이 제도를 받아들인 것은 신라의 원성왕 때 독서출신과를 둔 것으로 시작되나 본격적으로 채택한 것은 고려 광종 때부터이다. 동국통감에 의하면 광종 9년(958)에 후주에서 귀화한 한림학사 쌍기의 건의로 채택됨으로써 당나라 제도를 모방하여 비로소 과거의 법을 마련하였다. 처음에는 제술과(진사과), 명경과 및 의·복과를 두었었는데, 그 뒤에는 과거제도가 더욱 발전하여 인종 때에 이르러 대략 그 정비를 보게 되었다. 인종 14년(1136) 임금의 명에 의하여 책정된 과별과 시험과목은 다음 표와 같다.

〈과거 및 과목표〉

과별	시험과목
제술업	경의(經義), 시(詩), 부(賦), 송(頌), 책(策), 논(論) 등
명경업	서(書), 역(易), 시(詩), 춘추(春秋), 예기(禮記) 등
명법업	율(律), 영(令) 등
명산업	구장(九章, 산술), 철술(綴術), 삼문(三聞), 사가(謝家) 등
명서업	설문(說文), 오경자양(五經字樣), 진서(眞書), 행서(行書), 전서(篆書), 인문(印文) 등
의업	소문경(素問經), 목초경(木草經), 명당경(明堂經), 맥경(脈經), 침경(針經), 난경(難經), 구경(灸經) 등
주금업	맥경(脈經), 유연자방(劉涓子方), 창저론(瘡疽論), 명당경(明堂經), 침경(針經), 본초경(本草經) 등
지리업	신집지리경(新集地理經), 유씨서(劉氏書), 지리결경(地理決經), 경위령(經緯令), 지경경(地鏡經), 구시결(口示決), 태장경(胎藏經), 가결(謌決), 소씨서(蕭氏書) 등
하론업	진서진장(眞書秦章), 하론(何論), 효경(孝經), 곡예(曲禮), 률(律) 등

① 명법업 이하는 잡과라 하였다. ② 제술업의 과목 중 시, 부, 송, 책, 론의 5과목은 다 보는 것이 아니라 때에 따라 시, 부, 혹은 시, 부, 송 또는 시, 부, 책을 보았다.

이 중에서 제술과와 명경과가 제일 중요시되었는데, 특히 제술과의 합격자는 가장 많이 등용되고 선발하는 인원수도 가장 많았다. 이 제술과의 시험을 동당시라고도 하였다. 과거의 시험절차는 중앙과 지방에서 제1차 시험을 보았는데, 중앙에서 1차 시험에 합격한 자를 상공, 지방에서 합격한 자를 향공이라 하였고, 중국인으로 이에 합격한 자를 빈공이라 하였다. 이 삼공은 개성에 있는 국자감에서 다시 간단한 시험을 본 다음, 이에 합격한 자와 국자감에서 3년 이상 공부한 학생, 벼슬에 오른 지 300일 이상 되는 자를 통틀어서 소정의 시험과목에 따라 최종시험을 보게 하였다. 이 최종시험을 감시라 하였으며, 합격자는 제술과에 있어서는 갑, 을의 두 과로, 명경과에는 갑, 을, 병, 정의 네 과로 구분하였다. 합격자에 정원은 없었으나 중엽 이후 대체로 33명이 되었고, 처음에는 해마다 과거를 실시하던 것을 성종 때에는 3년에 한 번의 식년시를 실시하였고, 현종 때에는 격년으로, 그 후는 매년 또는 격년으로 하였다. 당시 갑과의 일등 합격자를 장원, 2등을 아원 또는 방안, 3등을 탐화라 하였고, 빈공에서 합격된 자를 별두라 하였다. 때로는 감시에 합격한 자들을 모아 임금이 다시 시, 부, 논으로 친히 시험을 보았는데 이것을 복시 또는 염전중시라 하였다. 이 복시는 성종 때에 처음으로 실시된 것이나 상례적으로 있은 것은 아니다. 이 최종시험에 합격한 자들에게는 홍패 또는 황패를 주었는바, 홍패와 황패는 각각 합격증의 색을 말하는 것이다. 고급관리의 등용문인 제술 및 명경과에는 양반의 자제들만 응시할 수 있는데 대체로 주, 군, 현의 차관인 부호장 이상의 자제를 기준으로 하였다. 잡과, 즉 일종의 기술자를 채용하는 시험에는 천민을 제외한 일반서민도 응시할 수 있었다. 관리로서의 등용문인 제술, 명경 두 과에 비하여 일종의 소과라 할 수 있는 국자시와 승보시가 있었으니, 합격자는 국자감에 들어가 공부할 자격 또는 하급관리에 등용될 수 있는 자격이 부여되었다. 국자시는 덕종 때에 시작한바 성균시 또는 남성시라고도 하였다. 승보시는 의종 때 창설한 것으로 시, 부, 경의를 과목으로 하고 이에 합격한 자를 생원이라 하였다. 의종 이후 과거제도는 문란하기 시작하여 그 후 여러 임금이 그 혁신에 노력하였고 공민왕 18년(1369) 이색은 당시의 지공거 이인부과 의론하여 원나라 제도를 따서 향시, 회시(감시), 전시의 3단계의 제도를 확정하고 시험관인 지공거도 시험 1일 전에 임명토록 하였다. 한편 무과는 공양왕 2년(1390)에야 비로소 정식으로 과거의 과목이 되었으나, 2년 후 나라가 망하였으므로 고려에서는 그 구실을 하지 못하였다.[8]

또한 과거종별과 국가교육에서의 학교교육과의 관계를 살펴보면 다음 표와 같다. 과거에 응시자격은 원칙적으로 일반 서민 이상의 자제에게는 모두 그 자격을 주었다. 그러나 고려시대 학교에의 입학은 최소한 국가감에서는 그 신분에 의하여 입학학교에 제한이 있는 것이 원칙이었으나 과거에는 그러한 제한이 없었다.

그러나 과거의 과목은 곧 학교의 과목이 되었던 것이다. 과거의 과목과 학교교육이 일치한다는 것은 바로 과거제도와 국가의 교육목표가 일치하는 것을 의미한다. 그러면 과거종별과 학교교육과의 관계를 보면 다음과 같다.[9]

8) 李弘稙, 前揭書. pp.144~145.
9) 安商元, 韓國·西洋敎育史. 서울: 載東文化社. 1976. p.39.

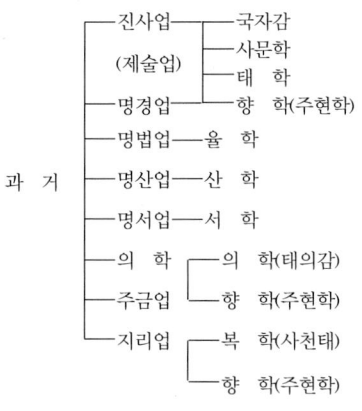

과거의 종별과 학교교육과의 관계

4. 안향

안향(1243~1306)의 초명은 '유(裕)'요, 호를 '회헌(晦軒)'이라고 하였다. 본관은 순흥(順興)이요, 부친 부(孚)는 본래 주리로서 의사로 입신하여 밀직부사까지 하였다. 이조시대에 문종의 이름이 향이었기 때문에 그의 이름을 안유로 바꿔 부르게 되었다. 42세에 정동행성의 좌우사랑중과 고려유학제거가 되었으며 이해에 왕을 따라 원나라에 건너갔다. 연경에서 처음으로 주자전서를 보고 기뻐하며 유학의 정통이라하여 손수 그 책을 베껴 쓰고, 또 공자와 주자의 화상을 그려 가지고 돌아와서 주자학을 연구하였다. 52세에 동지밀직으로서 동남도병마사가 되어 합포진에 부임하였고, 이에 밀직사사를 거쳐 54세에 삼사좌사, 첨의참리세자이보를 역임하였다. 54세에 충선왕이 즉위하여 관제를 개혁하자 참지기무행동경유수집현전대학사계임부윤(參知機務行

東京留守集賢殿大學士雞林府尹), 첨의참리수문전대학사감수국사(僉議參理修文殿大學士監修國史)가 되고 이해 태상왕이 된 충렬왕을 따라 원나라에 다녀왔다. 한편 문교의 진흥을 위해 섬학전이라는 육영재단을 설치했으며, 6품 이상은 각각 은 1근씩 7품 이하는 포를 내게 하여 이를 양현고에 귀속시키고, 그 이식으로 학교를 운영케 하였다. 또한 국학대성전을 낙성하여 공자의 초상화를 비치하고 제기, 악기, 육경, 제자, 사 등의 서적을 사들였다. 밀직부사치사 이산과 전법판서 이진을 천거하여 경사교수도감사로 임명케 하였다. 이로써 유학이 크게 떨치게 되어 우리나라 최초의 주자학자로 지칭된다. 도첨의중찬으로 치사하였다. 장단의 임강서원, 곡성의 회헌영당, 순흥의 소수서원 등에 제향되고 있다.

회헌 천성이 성리학을 좋아하고 의리(義理)를 연구하기를 좋아하였다. 그가 62세일 때 대성전이 낙성되었을 때 이진과 이산으로 하여금 경사교수를 시키고 친히 글을 지어 제생을 권유하여 유풍을 크게 떨쳤다.[10]

그의 교육목적은 충, 효, 예, 신, 경, 성의 여섯 덕목을 갖춘 인재양성에 있었다. 상서가 크게 파괴되고 유학이 부진함을 근심하여 양부에 건의하여 "재상의 직은 인재를 양성하는 데 있다"고 하였다.

그의 교육사상은 주자사상에 일관하였다. 국자제생을 권유한 글 중에 "중니의 도를 배우려면 먼저 회암을 배워야 한다. 제생은 면학하여 소홀히 하지 마라"고 하였다(중니 - 공자, 회암 - 주자).

그의 수양요지는 실천의 도였다. 일용윤리가 성인의 도라 하여 다

---

10) 韓國人名大事典編纂室, 韓國人名大事典, 서울: 新丘文化社. 1967. p.447.

음과 같이 말하였다. "성인의 도는 일용윤리에 불과하니 자제로서는 마땅히 효도를 해야 하며 신하로서의 마땅히 충성되어야 하고 예로써 가정을 다스리고 신의로써 친구와 교제하고 자기 자신을 다스리는 데는 반드시 성의를 다할 뿐이다"고 하였다.

그의 훈육방법은 엄격과 친애와 순순히 비유를 들어 깨우치며 표이일치와 성경과 예법이었다. 학생들 가운데 선진자에게 예하지 않는 자가 있어 회헌이 벌을 주려고 하였다. 그때 학생이 사과를 하니 그는 다음과 같이 훈계하였다. "내가 제생 보기를 내 자손과 같이 하고 있다. 제생이 어찌하여 노부의 뜻을 받지 않느냐" 하고 자기의 집으로 끌고 가서 술을 주었다. 제생들이 서로 말하기를 "선생이 사를 대하기를 이같이 성의로 하는데 화복하지 않으면 어찌 사람이라 하겠는가" 하고 서로 경계하여 어기지 아니하니 유풍이 크게 떨치고 학문을 원하는 사가 구름 모이듯 하였다.[11]

극치가 기엄하고 표이가 일치하고 장중하고 안상하여 성경으로 힘을 쓰고 예법을 권존하여 사람이 다 경외하고 훈적개도하는 데 너그럽고도 제재가 있으며 사람이 허물이 있으면 순순비효[12]하여 고친 뒤에야 그치니 이런 까닭에 배우는 자가 많이 늘어났다.

또한 그는 불교사상을 배제하였다. 즉 그는 "저 불이란 것은 어버이를 버리고 집을 나가고 '륜'을 없애고 의를 어기니 곧 이적의 '류'다. …… 배울 것을 배우지 않는 자들이 불서 읽기를 좋아하고 그 묘연공적한 뜻을 숭신하니 나 자신 마음이 아프다"[13]고 하였다.

---

11) 高麗史一百五 列傳卷第十八安珦條.

12) 순순히 비유를 들어 깨우친다는 뜻.

13) 晦軒年譜, 實記卷一 諭國子諸生文.

그는 많은 저명한 후배를 가졌었다. 일전하여 권부(국재), 우탁(역동), 이곡(가정), 이인복(초은), 백문보(담암), 이재현(익재)요, 이전하여 이색(목은), 정몽주(포은) 양인이 더욱 우수하였다.[14]

---

14) 李萬珪. 前揭書. pp.130~132.

제4장 조선사회의 교육

1. 조선사회의 성격

이성계(태조)는 위화도의 회군에서 단번에 중앙정계의 실권자가 되어 차츰 고려왕조의 구세력을 몰아내고, 드디어 신하들의 추대를 받아 1392년 7월 17일 개경(개성)의 수창궁에서 왕위에 올랐다. 처음에는 급격한 인심의 동요를 막기 위해 국호도 그대로 고려라 하였으나, 뒤에 곧 조선이라 고쳤으며 인심을 새롭게 하기 위해 서울을 한양(서울)으로 옮겼다. 태조는 고려 때에 큰 폐단이 되었던 불교 대신에 유교를 존중하여 이를 정치, 교육의 근본이념으로 삼으니, 불교는 점점 쇠퇴하여 천대를 받고, 유교는 그 대신 극진한 대우를 받게 되는 계기를 만들었다.

건국 직후에는 나라의 기반도 굳건하지 못하고, 민심도 안정되지 못함에 따라, 왕위계승권을 둘러싸고 두 차례에 걸친 왕자의 난이 일어났으나 궁극적 승리를 거둔 방원(태종)이 왕위에 오르자 과단성 있게 정무를 처리하여 왕권을 확립하는 데 힘썼다. 이어 세종에 의한 찬란한 민족문화의 형성과 세조, 성종의 눈부신 치적으로 말미암아 조선의 제도와 문물이 대개 완성되어 나라의 기틀은 잡히고 중앙집권적인 정치체제를 형성하기에 이르렀다. 그러나 시대가 내려오면서는 제도의 결함이 드러나게 되고, 특히 지배계급의 경제적 기반인 토지제도의 문란에 따른 훈구재상의 대토지소유는 토지분배의 혜택을 받지 못하는 신진사류들의 불만을 사게 되어, 여러 번에 걸친 사화라는 참극을 빚어내었다. 처음에는 신진사류들이 번번이 화를 당하여 벼슬을 그만두고 지방에 내려가 학문에만 열중하는 경향이 있었으나, 선조 때에는 이들을 등용하기 시작하여 마침내 사류들이 승리를 거둔 셈이 되었다. 그러나 이번에는 사류들 사이에 다시 대립이 생겨 자기 일파만이 정권을 장악하기 위하여 대대로 서로 싸우게 되니, 이를 당쟁이라 하였다. 이렇게 되자 처음에는 지방 자제들을 교육시키기 위해 세워진 서원이 나중에는 모두 넓은 토지를 소유하여 지방세력의 중심을 이루고 끈덕진 당쟁의 기반이 되기도 하여 심한 폐단을 나타내었다. 이와 같이 이씨조선사회 자체의 모순과 분열 대립에 곁들여 7년에 걸친 왜란(임진, 정유)과 두 번의 호란(정묘, 병자)에 의한 대대적인 침략 파괴행위로 그 피해는 막심하여 국토는 황폐하여지고, 국가재정은 고갈되었으며, 백성들은 비참한 생활을 강요당하였다. 이렇게 파탄에 직면한 사회의 위기를 모면하기 위해서는 병제와 세제의 개편이 불가피하게 되었으며, 한편으로는 백성들에 대한 부당한 과세가 성행하였는데 이는 가뜩이나 가난에 쪼들리는 백성들을 더욱 못살게 굴어 농촌사회는 극도로 황폐하게 되었으며 정부에 대한 반항의식을 조장시켰다. 임진왜란을 계기로 두드러지게 드러난 참담한 사회의 현실과 청나라를 통하여 들어온 고증학 및 서양문물에서 영향을 받아 실제 사회에 이로울 수 있는 학문, 즉 실학이 대두되어 많은 학자와 수많은 저서들이 쏟아져 나왔으나 실제 정치에는 전혀 적용되지 못하고 말았다. 이와 전후하여 천주교가 전래하였으나 극심한 박해를 당하였고, 홍국영 및 안동김씨 등에 의한 세도정치는 삼정의 문란을 초래하고 농촌사회의 불안과 반발심을 한층 더 격화시켰다. 그리하여 전국 각처에는 농민들에 의한 반란이 일어났는데, 순조 때의 홍경래내의 난, 철종 때의 진주민란 등은 그 대표적인 것이었다. 고종의 생부로서 정권을 잡은 대원군은 과감하게 내정개혁에 착수하여 훌륭한 업적을 남기기도 하였으나 세계정세에 어두워 쇄국정책을 고집함으로써 병인양요, 신미양요 등을 야기하여 서양군함의 공격을 받았다. 대원군이 물러가고 민씨 일족이 정권을 장악하고 있을 때 운양호사건을 계기로 부득이 일본과 강화도조약(병자수호조약)을 체결치 않을 수 없게 되자 곧 세계를 향하여 문호를 개방하게 되었다. 일단 문호가 개방되자 외국세력이 거침없이 국내로 침투하여 나라의 운명은 위기에 직면하게 된 데다가 양반 관료들의 무작정한 압박은 농민들의 반발심을 부채질하여 동학란을 발생시켰다. 이 난을 계기로 청, 일 두 나라는 조선에 군대를 파견, 그 결과 청일전쟁이 일어나 청의 세력은 물러가고 일본 세력은 더욱 강화되었으나 그 뒤 러시아 세력이 침투하여 차츰 친일파를 몰아내고 친러정부를 세우게 하였다. 1897년에 국호를 대한제국, 연호를 광무, 왕을 황제라 일컬어 표면으로는 독립국가로서 새 출발을 하는 듯하였으나 외세에 의존하려는 태도는 여전하였다. 그러나 민간에서는 민족각성을 촉구하는 각종의 정당, 사회, 교육단체 및 언론기관 등이 생겨 신문화운동을 활발히 전개하였으나 한번 기울어지기 시작한 나라의 정세는 어쩔 수가 없었다. 한편 러일전쟁에서 승리를 거둔 日本은 이 나라에서의 모든 이권을 차례차례로 독점하였으며, 1910년에는 이른바 한일합방조약이 체결됨으로써 나라의 전권을 완전히 빼앗기게 되었다.[1]

2. 조선사회의 교육제도

조선사회의 교육제도는 고려의 교육체제를 그대로 계승했기 때문에 관학으로는 중앙에 있는 성균관, 사부학당, 그리고 지방에 있는 향교이며, 사학으로서 서원, 서당 등이다.

1) 성균관

우리나라의 옛 대학으로 그 명칭은 고려 충선왕 때 국학을 성균관으로 개명한 데서 시작되었다. 공민왕 때에는 국자감이라 부르다가 곧 성균관으로 복귀되었는데 1894년 갑오개혁에 이르기까지 이조 일대를 걸쳐 우리나라의 최고 교육기관이었다. 태조 7년(1398) 숭교방(명륜동)에 성균관 건물을 준공하고 고려 제도대로 유학을 강의하는 명륜당, 공자를 모신 문묘, 유생들이 거처하는 재를 두었으며, 태종은 땅(학전)과 노비를 지급하고 친히 문묘에 제사 지내고 왕세자의 입학

---

1) 李弘稙. 上揭書. pp.1160~1161.

을 명하니 이후 이것은 상례가 되었으며 여러 왕을 거치는 동안 경기도 연해의 섬, 전라남도 해안의 어장과 많은 땅이 부속되었다. 규모는 성종 때에 완성되었는데, 향관청과 존경각(도서고)도 이때 증설되었고 현종 때에 비천당(과거장), 숙종 때 계성당이 세워졌다.

관원으로는 총책임자로 지관사(홍문관 또는 예문관 대제학이 겸임)를 두고 그 밑에 동지관사(겸직) 1명, 전임관원으로 대사성(정3품) 1명, 제주(정3품) 2명, 사성(종5품) 1명, 사예(정4품) 2명, 사업(정4품) 1명, 직강(정5품) 4명, 전적(정6품) 13명, 박사(정7품) 3명, 학정(정8품), 학록(정9품) 3명, 학유(종9품) 3명이 있었다. 이 중 박사 이하는 정원 외에 봉상사의 관원 사학의 훈도가 겸직한 것이었다. 입학 유생의 정원은 200명으로 생원이나 진사의 자격이 있는 자라야 했으나 부족한 경우에는 ① 15세 이상의 사학의 학생으로서 소학과 사서일경에 통한 자, ② 문과 생원·진사의 향시 혹은 한성시에 합격한 자, ③ 유음(현관, 음관)의 적자로서 소학에 통한 자, ④ 조사(관리)로 입학을 지원하는 자, ⑤ 경향 유생으로서 생원·진사의 자격을 얻지 못한 자로 입학을 지원하는 자 등으로 보충하였다. 뒤에 경비 부족으로 영조 때는 정원을 120명, 이조 말에는 100명으로 한 일이 있다.

성균관 관계의 학칙은 '학령'을 비롯해서 권학사목, 구재학규, 경국대전의 성균관 관계조, 진학절목, 경외학교절목의 성균관 관계조목, 학교사목, 학교모범, 학제조건, 제강절목, 원점절목 등에서 볼 수 있다. 학령은 국초에 정한 것으로 매월행사, 매일행사, 독서, 제술, 강경성적, 벌칙, 아침행사, 자치제 등에 대하여 규제하였다. 그 내용은 다음과 같다.

① 매월행사: 매월 1일에 관대를 정비하고 공자묘에 참배함.

② 매일행사: 학관이 명륜당에 제좌함, 유생이 읍례 행하기를 청함, 고일성에 제생이 차례로 입정함, 읍례를 행함, 각각 재전으로 나아가 유생끼리 서로 예함, 재로 나감, 유생이 학관 앞에 나아가 일강하기를 청함, 상하제에서 각각 1명씩 뽑아 읽는 글을 읽게 함, 통한 자는 점수를 통고하여 과거식년 강서점수에 합계하고 불통한 자는 초달(종아리 때리는 것)로 벌함, 고이성에 제생은 읽은 책을 가지고 각각 사장에게 나아감, 앞서 배운 것을 논란하여 변의한 후에 새것을 배움, 많이 배우기를 힘쓰지 않고 연정을 힘씀, 혹 책을 볼 때 졸거나 교수받는 데 주의하지 않는 자는 벌함.

③ 독서: 먼저 글 뜻을 명백히 하고 응용에 통달할 것, 한갓 장구에 얽매어 문의를 견제하지 말 것, 늘 사서, 오경과 제사등서를 읽을 것, 장·로·불경, 잡류·백가·자집을 읽지 말 것, 위반하는 자는 벌함.

④ 제술: 달마다 제술함, 초순에는 의, 의나 론을, 중순에는 부, 표나 송, 명, 잠을, 종순에는 대책이나 기를 제술과제로 함. 제술체제는 첫째로 간엄하고 정교하게 사의를 달하기에만 힘쓰고 둘째로 험벽하고 기괴한 것을 일삼지 말 것이며, 셋째로 혹 통용문체를 변경하거나 부미한 내용을 창솔하는 자는 출함. 넷째로 글자에 해서하지 않는 자도 벌함.

⑤ 강경성적: 대통(구두에 상명하고 설명이 통활하여 일서의 강령과 취지를 비괄하여 독서까지 종횡 출입하여도 아주 밝게 알고 철저하게 통하여 더할 수 없는 데까지 이른 자), 통(더할 수 없는 데까지는 이르지 못하였어도 구두에 상명하고 설명이 통활하여 일서의 강령과 취지를 비괄하여 아주 밝게 알고 철저하게 통하는 자), 약통(아주 밝게 알고 철저하게 통하지는 못하나 구독이 상명하고 석의에 통활하

고 연상접하여 일장대지를 잘 아는 자), 조통(구독에 상백하고 석의를 깨닫고 일장대지를 알기는 하나 설명에 미진한 곳이 있는 자), 조통 이하 차는 벌함.

⑥ 비열한 언행을 벌함: 오명행위를 벌함, 소인의 심성을 가진 행위를 벌함, 나타와 산만한 행위를 벌함, 유희행위를 벌함, 예의를 잃는 자를 벌함.

⑦ 아침 절차: 매일 밝기 전, 첫 번 북소리에 침상에서 일어남. 둘째 북소리에 옷, 갓을 갖추고 단정히 앉아 독서함. 셋째 북소리에 차례로 식당으로 가서 동서로 서로 향하여 앉음. 식사가 끝나면 차례로 나와야 함. 차례를 지키지 않거나 떠드는 자는 벌함.

⑧ 자치제: 제생 중에 조행이 탁이하고 재예가 출중하고 시무에 통달한 자 1, 2명을 해마다 제생들이 같이 의논하여 천하고 학관에게 고하고 해조에 보고하여 등용하게 함.[2]

2) 사학(사부학당)

학당은 고려원종 2년(1261)에 동서의 두 학당을 처음으로 설치하여 각각 별감을 두고 가르친 것이 그 처음이다. 그 뒤에 유교가 불교에 대신하여 사상계를 지배하게 되자 개경의 각부에 학당을 설치하여 오부학당으로 정비 강화되었다. 이조에 들어와서도 고려의 제도를 답습하여 서울을 동, 서, 중, 남, 북의 5부로 나누고. 여기에 각각 학교 하나씩 설치하여 오부학당이라고 하였다. 처음에는 학사가 없어서 대

---

2) 韓基彦, 韓國敎育史, 서울: 博英社. 1963. pp.106~108.

부분은 사원을 이용하였으나, 태종 11년(1411)에 처음으로 남부학당이 이룩됨을 계기로 이후 나머지도 모두 건물을 갖게 되었다. 그러나 북부학당은 여러 차례 설치하려고 하였으나 끝내 설치를 보지 못하고 세종 27년(1445)경에 폐지되어 사부학당만이 존속하게 되었다. 이를 보통 사학이라고도 한다. 사부학당이 설치되었던 위치는 동학은 동부 동학동(동대문 근처), 서학은 서부 여경방(태평로 근처), 중학은 북부관광방(중학동 근처), 남학은 남부 성명방(필동 근처)이다. 사학은 관학으로서 성균관의 하위 교육기관이며 교육 정도는 중등교육이고, 교육의 방침과 그 교과내용, 교수방법 등은 성균관과 비슷하였다. 다만 그 규모가 성균관보다 작고 문묘를 가지지 않은 것이 성균관과 다른 점이다.

사학의 학관(교수)조직은 교수 2명(종육품)과 훈도 2명(정구품)으로 정원을 삼았고 교수의 겸임제를 폐하고 전임제를 실시하였다. 세조 9년에 이조가 "전에 전임으로 하였던 것을 성균관 겸임으로 한 뒤로 가르치는 것이 전일하지 못하고 학교가 날마다 폐하여지니 사학 교관 2인씩 서반직으로 하여 가르치는 일을 전임시키자"고 상계하여 실시하였다.

또한 교관의 구임법(근속법)을 시행하였다. 교관이 자주 갈려 교육이 잘되지 아니하므로 성종 8년에 "학교와 사표가 그 직임에 오래 있어야 학자가 성취할 수가 있다. 이제 사학은 사람을 제대로 고르지 못하여 함부로 갈리니 작성의 효가 있기 어렵다. 지금으로는 경명 행수한 자를 골라 교관을 시키고 30개월 근속법을 세워 전업케 하라"는 뜻으로 교를 내리어 실행하였다.

또한 효종 10년에는 사업을 두어 사학을 관리하였다. 김수흥이 "좨주(祭酒)가 사학에 순회하며 학규를 엄하게 세우고 강독시키고 유도한 결과 학도들이 용동되어 볼만한 것이 많다고 하니 학행 있는 사람으로 사업을 시켜 좨주의하는 조식을 실행케 하고 좨주는 이따금 총찰하면 사학에 좨주 1인씩 둔 것과 같은 효과를 얻으리라"고 상소하여 실행하였다.

총괄하여 말하면 교원은 학식과 덕망이 있는 자로 전임을 하고 한곳에서 오래 근속하는 것을 목표로 하였고 관리 중에 명망 있고 학식 있는 자로 교수를 겸하게 하여 학교풍기를 교정, 장려하였고 그 외에 전임장학관을 두어 직접 감독하였다.

사학의 학생정원은 각각 100명이며 입학자격은 양반과 서민의 자제로 10세 이상을 원칙으로 하고 15세가 되어 학문이 우수하면 성균관에 승학으로 입학할 수 있었다.[3]

사학의 성적고사는 예조에서 매월 제생의 읽은 글을 강하게 하였다. 또 성균관의 대사성이 매월 6일에 각 학에서 20명씩을 뽑아 남학에 모으고 삼품 이하 문신 3인으로 하여금 강론으로 혹은 제술로 시험하고 우등자 10명을 뽑아 생원 및 진사과의 복시에 응시 자격을 주었다.

사학의 교육경비는 학전, 노비, 어장 등을 주어 그 수입으로 경영하였다.

임진왜란 때 학당이 불타서 그 뒤 다시 건물을 세웠으나 학생 수가 격감되어 사실상 유명무실하게 되어 내려왔다. 한말에 있어서 관학이 부진하게 되자 외국인들에 의한 사학이 세워졌을 때 이 이름을 따다

---

3) 太宗實錄, 卷二十二, 十一年, 辛卯十一月.

붙인 일이 있었으니 배재학당, 이화학당 등을 들 수 있다. 이들은 후에 학교로 개칭되었다.

3) 향교

향교는 고려 때 지방에 세워졌던 관학이 이조에 계승된 지방학교이다. 일명 교궁, 재궁이라고도 하였다. 고려 때는 향교가 별로 성하지 못했으나 이조에 들어와서는 크게 흥하였다. 이조시대에는 태조 1년(1392)에 제도의 안찰사에 명하여 학교의 흥폐로써 지방관고과의 법으로 삼고 크게 교학의 쇄신을 꾀하였다. 여기에 있어서 부, 목, 군, 현에 각각 1회씩 설립을 보게 되고 점차 전국에 이르렀다. 향교에는 문묘, 명륜당 및 중국, 우리나라의 선철, 선현을 제사하는 동서양무, 동서양재가 있다. 동서양재는 명륜당의 전면에 있으며 동재에는 양반, 서재에는 서유를 두고 보통 내외 양사로 갈라진다. 내사에 있는 자는 내사생이라 하고, 외사에는 내사생을 뽑기 위한 증광생을 두었다.

경국대전에 보면 "부와 대도호부와 목에 90인, 도호부에 70인, 군에 50인, 현에 30인의 학생을 두고 16세 이하는 예외로 하였다"[4]고 하였는데 이 표준은 끝까지 계속되었다. 향교의 교과서는 소학, 사서, 오경이 중요한 학과였고 그 밖에 근사록, 제사 등을 가르쳤고, 교육정도는 사학과 같이 중등교육의 수준이었다.

향교의 교관은 교수(종6품)와 훈도(종9품)와 학장과 세 종이 있었는데 학장은 품관이 아닌 것으로 보아 대용교원격으로 된 듯하다. 주·

---

4) 經國大典. 卷三 禮典.

도 명	향교 수	교 수	훈 도
경 기 도	37	11	26
충 청 도	54	4	50
경 상 도	67	12	55
전 라 도	57	8	49
강 원 도	26	7	19
황 해 도	24	6	18
영 안 도5)	22	13	9
평 안 도	42	11	31
계	329	72	257

부에 다 교수가 있고 군현에는 교수나 훈도가 없는 데도 있고 5백호 미만 되는 소읍에는 학장만을 두었다. 경국대전에는 대군에는 교수, 훈도가 각 1인씩, 소군에는 훈도 1인만 둔 것으로 되어 있다. 경국대전에 의하면 각도 교수와 훈도의 정원 및 향교 수는 다음과 같다.

또한 독서와 일과를 수령이 매월 관찰사에 보고하여 우수한 교관에게는 호역을 양감해 주었다. 향교에는 공수를 위하여 정부에서 학전과 그 밖에 지방민으로부터의 징수 또는 매수 등에 의한 전지를 소유한 곳도 있었다. 관학인 향교는 중앙의 사학과 같으며 여기에서 수학한 후 1차 과거에 합격자는 생원·진사의 칭호를 받고 다시 성균관에 가게 되며 다시 문과시에 응하여 고급관위에 오르는 자격을 얻었다.

그런고로 중기 이후의 향교는 과거의 준비장으로 되고 서원이 발흥하게 되자 점차 쇠미하여졌다. 고종 31년(1894) 말에 과거제도의 폐지와 함께 향교는 완전히 이름만이 남아 문묘를 향사할 따름이었다. 이후 교육제도의 확립에 따라 각종 교육기관은 정비되었으며, 향교는 1911년 조선총독부령에 의하여 문곽직원을 명예직으로 두어 군수의 감독하에 두고 문묘를 지키고 서무에 종사케 하였다. 학전, 지방유림의 구입 등 향교재산은 구 한국정부 학부의 소관으로 융희 4년(1900)

---

5) 영안도는 함경도의 별칭으로서 한때는 영길도, 함길도라고 부른 때도 있었음.

4월에 향교재산관리규정을 정하고 군수로 하여금 정리케 하고 그 수입은 군내의 공입학교 또는 지정하는 학교의 경비 또는 문묘의 수리 및 향사비로 충당케 하였다. 1918년 조사에 의하면 향교의 총수는 335, 소관 토지 48만 평이었다. 그 후 재산의 관리규정은 폐기되어 공립학교의 경비에 사용하지 않고 문묘의 유지와 사회교화사업의 시설에만 충당케 하여 오늘에 이르고 있다.

4) 서원

서원은 이조중기부터 보급된 민간사학기관으로 서원의 명칭은 당나라 현종 때 여정전서원, 집현전서원 등의 설치에서 유래된 것으로 원래 내외의 명현을 제사하고 청소년을 모아 인재를 기르는 사설 기관이었는데, 성현을 제사하는 사와 자제를 교육하는 재가 합하여 설립되었다고 한다. 이조는 건국 초부터 유교중심 정책을 써서 고려의 사원을 대신하여 서재, 서당, 정사, 광현사, 향현사 등을 장려하였다. 세종은 특히 이를 장려하여 상을 준 일이 있었다. 그러나 이때의 서원은 재와 사의 두 기능을 겸한 것이 못 되었으니 중종(1542) 풍기군수 주세붕이 순흥에서 고려의 학자 안향을 모시는 사당을 짓고 이듬해 백운동서원이라 한 것이 우리나라 최초의 서원이었다. 그 후 전국 각지에 많은 서원이 생겼으며, 명종 5년(1550)에는 이퇴계의 건의로 백운동서원에 소수서원이라는 간판을 하사하고 책·노비·전곡 등을 주어 장려하였다. 이것이 사액서원의 시초가 되었으며 때마침 황폐되어 가는 향교를 대신하여 국가의 보조를 받는 서원이 각처에 설치되었다. 그리하여 명종 이전에 설립된 것이 29개, 선조 때는 124개,

숙종 때에는 1개 도에 8, 90을 헤아리게 되었다. 한편, 서원은 양적인 증가뿐만이 아니라 일종의 특권적인 것이 되어 여기에 부속된 토지에는 조세를 과하지 않았고, 또 양민이 원노가 되어 군역을 기피하는 곳이 되었다. 유생은 향교보다도 서원에 들어가 학문을 공부하는 대신 붕당에 가담하여 당쟁에 골몰하고 심지어는 서원을 근거로 하여 양민을 토색하는 폐단도 생기게 되었다. 이와 같은 서원의 남설, 누설은 조정의 중대한 두통거리가 되어 인조 22년(1644)에는 서원설치를 허가제로 하였고, 효종 8년(1657)에는 서원을 누설한 자는 처벌하는 규정을 발표하였다.

〈서원 철폐 때 남은 47서원〉

서원명	사주	소재지	서원명	사주	소재지
숭양서원	문충공 정몽주	경기도 개성	남계서원	문헌공 정여창	경상도 함양
용연 〃	문익공 이덕형	〃 포천	옥산 〃	문원공 이언적	〃 경주
강한사	문정공 송시열	〃 여주	도산 〃	문순공 이황	〃 예안
노강서원	문열공 박태보	〃 과천	흥암 〃	문정공 송준길	〃 상주
우저 〃	문열공 조헌	〃 김포	옥동 〃	익성공 황희	〃 상주
파산 〃	문간공 성혼	〃 파주	병산 〃	문충공 유성룡	〃 안동
덕봉 〃	충정공 오두인	〃 양성	충렬사	충렬공 송상현	〃 동래
현절사	문정공 금상헌	〃 광주	충렬사	충무공 이순신	〃 고성

심곡서원	문정공 조광조	〃 용인	포충사	충강공 이술원	〃 거창
사충 〃	충헌공 김창집	〃 과천	창렬사	문열공 김천일	〃 진주
충렬사	문충공 금상용	〃 강화	창절서원	충정공 박팽년	강원도 영월
기공사	장열공 권율	〃 고양	충렬 〃	충렬공 홍명구	〃 금화
둔암서원	문원공 김장생	충청도 연산	포충사	충무공 김응하	〃 철원
충렬사	충민공 임경업	〃 충주	청성묘	청혜후 백이	황해도 해주
표충사	충민공 임봉상	〃 청주	태사사	장절공 신숭겸	〃 평산
창렬사	문정공 윤집	〃 홍산	문회서원	문성공 이이	〃 백천
노강서원	문정공 윤황	〃 노성	봉양 〃	문순공 박세채	〃 장연
무성 〃	문창후 최치원	전라도 태인	노덕 〃	문충공 이항복	함경도 북청
필암 〃	문정공 김린후	〃 장성	삼충사	제갈량, 악비, 문천상	평안도 영유
포충사	충렬공 고경명	〃 광주	표절사	충렬공 정시	〃 정주
서악서원	홍유후 설총	경상도 경주	무열사	석성, 이여송 등 4인	〃 평양
소수 〃	문성공 안향	〃 순흥	수충사	청허 휴쟁, 송운 유정	〃 영변
금오 〃	충절공 길재	〃 선산	충민사	충장공 남이흥	〃 안주
도봉 〃	문경공 김굉필	〃 현풍			

그 후 계속하여 영조, 정조, 철종 등도 서원정비에 노력하였으나 성과를 얻지 못하여 정조 때는 650개의 서원이 남아 있었다. 그중 유명한 것은 도산서원, 송악서원, 화양서원, 만동묘 등이었다.

그러나 대원군이 섭정하자 고종 1년(1864) 서원에 대한 모든 특권을 철폐, 서원의 누설을 엄금하고 이듬해 5월에는 대표적인 서원인 만동묘를 폐쇄하였다. 이 같은 대원군의 적극적인 정책으로 대부분의 서원은 정비되고 세상에 사표가 될 47개의 서원만을 남겨 놓았다.[6]

5) 서당

서당은 고려시대에도 매우 발전되었거니와 이조 때에는 가장 수효가 많고 생명이 긴 교육기관이었다. 서당은 전적으로 사설인 초등교육기관이었고 기본자산이나 인가를 요하는 것이 아니므로 흥폐가 자유자재였으며 따라서 누구나 뜻있는 사람이면 서당을 경영할 수 있었다.

서당의 교육내용은 강독, 제술, 습자의 세 가지였다.

① 강독(講讀) - 천자문, 동몽선습, 명심보감, 통감, 소학, 사서, 삼경, 사기, 당송문, 당률 등에서 춘추, 예기, 근사록 등의 서적을 읽힌 서당도 있었다.

② 제술(製述) - 오·칠언절구, 사률(四律)과 고풍의 십팔구시(十八句詩), 작문 등이 보통이었고 서당과 훈장의 품위에 따라서 각종 문체를 연습하기도 하였으며 궁향 소촌의 작은 서당에는 전혀 제술이 제외된 데도 많았다.

③ 습자(習字) - 처음에는 해서로 시작하여 어느 정도 익숙해지면

6) 李弘稙, 前揭書. pp.716~717.

행서, 초서로 옮겨서 익혔다. 자획이 성양되면 책초(册抄)와 서례체(書禮體)의 연습으로 실용에 힘쓰는 것이 보통이었다.

　교육방법으로 학습의 요령은 다음과 같았다. 강독은 날마다 자기 실력에 맞게 범위를 정하여 배우고 1일간 숙두하되 '서산'을 놓고 독수를 센다. 일단마다 백독 이상이 보통이다. 1일간 숙독한 것은 그 이튿날 배송하여 통한 후에 새것을 배운다. 만일 배송을 못 하면 배송할 수 있도록 또다시 숙독한다. 이리하여 두뇌의 소질대로 진도는 개인마다 지속이 달라 천재는 천재대로 급성하고 용둔(庸鈍)은 용둔대로 지연하다가 낙오된다. 또 야독을 장려하여 흔히 12시가 넘도록 등 밑에서 끊임없이 계속하게 하였다.
　학습의 순서는 먼저 천자문 같은 것으로 단자를 가르치고, 천자문이나 동몽선습 같은 것으로 단자를 붙여서 음두하는 것을 가르치고, 다음에 구두의 문리를 가르치고, 그다음 일장의 문의를 가르치고, 나중에 교사 없이 자해자독하게 된다. 그리고 계절과 학과를 조화시켰다. 여름에 더운 때는 뇌를 쓰며 연구해야 되는 경문학과의 강독을 폐하고, 주로 흥취를 끄는 시와 율을 읽고 또 시와 율을 짓는 것으로 일과를 삼고 봄과 가을에는 사기나 고문 같은 경연의 중간쯤 되는 문장을 읽고 겨울에는 경서를 읽게 하였다.
　서당의 종류는 크게 넷으로 나눌 수가 있다.

　① 훈장자영서당(訓長自營書堂) - 훈장 자신이 자기의 생계를 위하거나 교육을 자기의 취미로 하여 자설한 서당.
　② 유지독영서당(有志獨營書堂) - 동중 가세가 넉넉한 이로 자가의

자제를 교육시키기 위하여 훈장의 급비를 혼자서 담당하고 약간의 이웃집 자제를 무료로 수업받게 하는 서당.

③ 유지조합서당(有志組合書堂) – 몇 명이 조합하여 훈장을 초빙하고 조합원의 자제만 교육시키는 서당.

④ 촌조합작서당(村組合作書堂) – 촌 전체가 조합하여 훈장을 두고 촌아를 가르치는 서당이다. 촌조합서당을 두는 곳에는 다소 훈장 양 미라도 보태 쓸 만한 기본재산이 있는데도 없지 않으나 대개는 일정한 기본재산이 없었다. 훈장가족의 생활비를 학부형이 분담하되, 시, 양 기타 모든 것을 물자로 제공하며 훈장이 객지인 경우에는 개인의 의복, 식사까지 부형들이 담당하는 것이 관례로 되어 있었다.

서당의 조직은 훈장(숙사), 접장, 학도로 구성되었다. 훈장은 학식의 표준이 일정치 않았다. 강독으로는 경사, 백가에 통하는 실력 있는 훈장은 드물었고 주석과 언해를 참고하여 가며 겨우 경서의 문의나 해득할 정도가 많았고, 벽촌의 훈장은 한문자의 활용을 제대로 할 줄 모르는 극히 저열한 훈장도 많았으며 제술로는 표, 책, 기, 명의 문을 짓고 시, 율의 골수를 아는 이가 드물었고 사율이나 짓고 십팔구시나 읊는 것이 보통이었고, 궁향의 훈장은 제술을 모르는 자가 많았다.

학도는 7~8세로부터 15~16세의 아동들이 중심이었고 20세 내지 25세 이상도 있는 경우가 많았다. 학력의 정도는 10인 10층이요, 흔히 정도가 높은 학도로 하여금 다른 학도를 가르치게 하여 훈장 혹은 접장의 노고를 감하게 하였다.[7]

---

7) 徐明源 外, 敎育學辭典, 서울: 大韓敎育聯合會. 1965, pp.439~440.

6) 잡과교육

이조 때 관학의 하나로 유학 이외의 기술학을 총칭한 것으로 지금의 실업교육에 해당한다. 이 잡과는 역학, 율학, 의학, 천문학, 지리학, 명과학, 산학, 화학, 악생, 도류 등인데 소관된 각 관아에서 교육을 시키고 식년시, 증광시 등 다른 과거와 같이 시취하여 자격을 주고 혹은 자학자습한 자를 취재하여 자격을 주고 등용하였다. 그중의 지리학 명과학 중 일부와 도류를 제외하고는 언제나 생활에서 제외될 수 없는 필요한 지식과 기술이다. 실제에 있어서 경사문장에 지지 않는 것이라고 말할 수 있는 중요한 학과였다. 奬학의 요령은 다음과 같았다. 한학을 취재할 때 강한 점수가 같을 때에는 경사 점수가 많은 자를 선용하였다. 내의원에서는 습독관과 제조가 달마다 세 번씩 고강하고 분수를 통계하여 관직을 올리고 낮추되 업이 정통한 자는 현직을 주었다. 연소하고 총명하여 학이 가당한 자를 의재로 뽑아 교관이 날마다 나누어 가르치고 계절마다 본조와 제조일동이 고강하되 일서마다 세 곳을 강문하고 연종에 분수를 상계하여 그중에 우등 십분 이상자는 봉급을 더 주거나 물건을 주고 삼분 이하자는 벌하여 그 학습의 잘하고 못한 것은 교관의 성적에 빙고하였다.

지방의생은 교수, 훈도가 교훈을 겸하여 맡고 관찰사가 고강하여 의방에 정통한 자는 완전히 보호하고 완명하여 알지 못하는 자는 군역으로 돌리고 천거하지 못하는 수령과 마음을 써서 가르치지 않는 교훈과 교수와 훈도는 상고하여 포폄하였다. 지방 의생 중에 연소하고 총명한 자는 광주, 양주, 여주, 파주, 충주, 청주, 공주, 성주, 강릉, 원주, 황주, 안변, 안주, 정주, 의주에 각 1인씩, 전주, 나주, 제주, 상주, 안동, 진주, 해주에 각 2인씩, 경주 3인을 5년에 한 번씩 선택하여 상송토록 하고 급비로 2인씩을 전의감과 혜민서에 분속시키고 의원이 나누어 가르치며 절기 끝마다 본조당상과 양의사제조가 모여서 시강하고 연종에 보고하여 근업한 자는 본가로 보내고 도망하거나 타업한 자는 고역을 시키고 해가 마치도록 불통한 자가 많으면 교훈한 의원에게 죄를 과하였다.

율려 신서를 학습한 자를 8인을 뽑아 장학원에 붙이고 월급을 주고 전악이 먼저 아악을 가르치고 다음에 속악을 가르치고 제조가 시거하고 학령에 의하여 벌하고 성효한 자는 서반품직에 올리고 관직을 준다.

화원은 내장품이나 도화서에 소장한 명화를 월말마다 제조가 포제하여 그중 특이한 것을 그리게 하고 겨울, 여름 두 철에 품을 고사하여 상을 주고 1년 내에 여덟 번을 우등한 자는 서반칠품 이상으로 서용하고 이듬해에 연거푸 우등하면 뛰어 올려 서용하였다.

3. 교육규범의 정비

교육관계법규로는 성균관의 「학령」을 비롯해서 권학사목, 향학사목, 구재학규, 경국대전, 진학절목, 경외학교절목, 학교사목, 학교모범, 학제조건, 학교절목, 제강절목, 원점절목 등이 제정되었다.

1) 권학사목

태종 때 권근이 권학사목을 올렸는데 그 내용은 「소학」을 학의 기초로 하자는 것이었다. 소학이 인륜에 필요하니 경향생도에게 먼저 읽히고 다음에 타서를 읽히며 생원시와 태학입학에 소학을 시험케 하자는 것이 요지였다. 즉 "소학지서는 인륜에 절하니 이제부터는 경외생도로 하여금 차서를 선독게 하고 타경을 허하며 생원시에 부하거나 태학에 드는 자에게 성균관 정록소를 시켜 차서의 적부를 선고하여 부시를 허하고 영구히 항식을 삼자"고 하였다.

2) 향학사목

역시 권근(权近)이 태종에게 지어 올린 것으로서 고려시대의 사학의 교육적 효과를 바탕으로 사학교원을 관학의 훈도 또는 교수로 채용하거나 학생을 강제로 향교에 옮기는 일이 없도록 감사와 수령이 유의하여 힘써야겠다는 내용이다.

3) 구재학규

세조 3년(1458)에 예조에서 성균관 구재학규를 제진하였으니 사서오경으로 9개 계단을 만들어 대학을 최하급으로 주리를 최상급으로 하고 계단적으로 승진하게 하였다. 고려 때의 칠재제보다 더 조직적으로 진보한 것이다. 각 재학과는 대학, 논어, 맹자, 중용, 시, 서, 춘추, 예기, 주역으로 되어 있으며 정기시험은 매년 춘추로 하였고 시험관은 성균관 당상 및 예조당상 2명, 예문당상 1명, 태련 각 1명으로 하였다. 시험목표는 구두에 정열과 의리에 융관(融貫)을 목표로 하되 시험 후 한 계단씩 올리고 일시에 수서를 통하면 계단을 건너뛰어 올리고 마지막에 주역까지 오른 사람은 식년마다 곧 회시에 응할 자격을 주었다. 또 식년시[8])에는 사서삼경을 강하게 하고 타경을 자원하는 자와 좌전, 강목, 송원절요, 역대병요, 훈민정음, 동국정음을 강하려는 자도 허하였다.

4) 경국대전(성균관조에 한함)

경국대전은 성종 16년에 편찬한 법전이니 법전 중 가장 오래된 것이다. 그중에 있는 학교규제는 이조가 선조의 법을 잘 변하지 않는 방침이 있어서 그대로 이조 말까지 사용하였던 것이다. 전의 「학령」이 주로 학생수업에 관한 규제임에 반하여 대전은 태학, 사학, 향교에 관한 제도를 규정한 것이니 우리 교육을 알기에 중요한 문헌이다. 이제 그 내용을 순서대로 분석하고 정이하여 적으며 다만 여기서는 성균관조에만 한하여 열명하기로 한다.

성균관은 정원 200명에 입학자격은 생원진사로 하였다. 정원미달로 보결입학을 시킬 경우의 자격은 사학 생도 중에서 나이 13세 이상으로 소학이나 사서 중 일경을 통하는 자, 공음이 있는 집 적자손으로 소학을 통하는 자, 문과나 생원·진사의 향시나 한성시에 급제한 자, 조사로 입학을 자원하는 자로 하였다.

---

8) 무년시는 3년마다 1회씩 정기로 보는 시험으로서 자·오·묘·유년에 보았다. 이것이 정통시험이었는데 문과를 비롯한 7과를 다 같이 식년시로 보았다.

성적고사는 연고, 월고, 순고, 일고의 넷으로 연고는 3월 3일과 9월 9일로 하고 사고가 있으면 다음 날로 미루었다. 시관은 의정부육조와 제관의 당상관이 되었다. 과목은 제술이었고 성적처리의 요령은 성적을 치부하여 두고 특히 우등자 3인은 곧 문과복시에 응할 자격을 주었다. 월고는 예조당상이 매월 1차 강을 받아 치부하였다. 순고는 매 순마다 제술과목을 시험하여 치부하였다. 일고는 매일 추첨하여 제생의 읽는 글을 강받아 치부하였다.

또 다음의 각 항에 해당되는 사람을 등용토록 하였다. ① 여러 해 동안 거재하여 학문이 정숙하고 조행이 탁이(卓異)하고 나이 오십이 된 자, ② 본관의 일강과 순강과 예조의 월강을 통계하여 분수가 우등된 자, ③ 여러 해 동안 부거하여 문과 관시, 한성시에 일곱 번 입격하고 나이 50이 된 자였다.

5) 진학절목

성종 원년(1470)에 예조에서 지은 것이니 교원의 취임전직과 학생의 근면 결석에 대한 보충제한이다. 즉 교원은 학행이 사표가 될 만한 자를 예조와 각 관에서 합의하여 선택하고 성균관과 사학에 결원을 보충하여 타관에서 기한이 차지 않는 자라도 전직시켜 임명하되 다른 사무는 제하고 가르치는 데만 전역하게 하였고 문신으로 외읍 교수가 되어 다년간 한곳에만 근속하고도 영전하지 못하는 것은 선비를 높이는 본의가 아니니 기한이 된 자는 곧 옮겨 주기로 하였다. 한편 학생은 사학 유생에게 야간 독서를 장려하였고 유생이 전혀 등교하지 아니하고 부모의 노병을 거짓 핑계하고 휴가를 받은 자가 시험에만 응하니 이는 옳지 못한 짓이다. 금후로는 휴가를 받은 자는 관시에 응하는 것을 허하지 말라고 하였다.

6) 경외학교절목

명종 원년(1546)에 제정·반포한 것으로 서울과 지방 즉 전국학교에 적용시킨 학규였다. 교원채용, 학과목, 입학, 평소성적고사, 상벌 등 각 항에 나누어 광범하게 다룬 학제이니 학령과 대전보다 더 세밀하게 된 것이며 특히 동몽교육에 관한 규정이 들어 있는 것이 훌륭하다. 이제 그 내용을 소개해 보면

성균관과 사학의 교수임명에 있어서는 문관으로서 학행이 사표가 될 만한 자와 경학에 정통한 자를 각별히 선택하게 하였으며 인원수는 사성 이하 전적 이상은 매 품에 각각 1명씩으로 하고 사학 겸 교수도 각각 1명씩으로 하였다. 그 가르친 공적이 현저한 자는 초승시켜 타인을 권장케 하였다.

거관한 생원·진사와 기재 및 사학유생의 독서하는 요령은 서적에 따라 독파하는 기한이 정해 있었다. 대학은 1개월이었고, 중용은 2개월, 논·맹은 각 4개월, 시, 서, 춘추는 각 6개월, 주역, 예기는 각 7개월이었다. 독서하는 방식은 혹은 통독하며 혹은 분훈하고 매 서에 시독과 필독한 날을 각각 그 이름 아래 기록하였다.

성적고사와 자격수여에 있어서는 매월초순에 예조와 성균관당상이 회동하여 고강하였고, 평점은 '통', '약', '조', '불'로 치부하였다. 사서 중 일경 이상의 분수 통계가 우등인 5인에게 회시에 응할 자격을 수여하였다. 또 기재나 사학유생을 매월초순에 중학에 모으고 예

조낭청 성균관장관 사학관원 및 윤차관이 사서를 고강하여 분수 통계가 우등인 10인에게 곧 생원·진사 시험에 응할 자격을 주었다. 때로 거관하여 부학하는 자에게도 입강을 허락하였으며 분수 내에 '불'이 있는 자는 우등생으로 인정하지 않았다. 또 나타하여 졸업하지 못하는 자와 강마다 '불'을 받은 자 가운데 생원·진사는 이를 벌하고, 기재와 사학의 학생은 이를 출석부에서 제명하고 3개월간 복학을 허하지 않았다.

향교의 교원임명에 있어서는 생원·진사 중에서 연령과 덕망이 교원이 될 만한 자를 각도 감사로 하여금 연초에 천거하게 하고 이조에서 전형하여 취재의 유무를 불구하고 궐이 있는 대로 보충 채용하기로 하였다. 또한 교직을 즐겨하지 않는 자는 그곳 수령이 간독히 취임을 권고하고 성적이 좋은 교원은 감사로 하여금 계문시켜 상을 주고 혹은 잉임(仍任)시켜 권장하고 혹은 재능에 따라 등용하여 장려의 의도를 알게 하였다. 교생에 대한 은전으로는 나이 30이 지나도록 일서도 통하지 못하는 자를 제외하고 그 밖의 교생에게 세공을 면제하여 자중하여야 할 것을 알게 하였다.

7) 학교사목

학교사목은 선조 15년(1582)에 이이를 시켜 제정한 것인데 10항으로 되어 있어 전 5항은 교원의 선택, 임용, 승급, 대우에 관한 규정이요, 후 5항은 학생의 입학, 정원, 선발, 거재, 대우, 시학과 자격에 관한 규정으로 모두가 인간문제이고 또 상세한 내용을 포함한 것이니 당시 교육 상태를 참작하기에 필요한 것이다. 자세한 것은 뒤에 이이

(李珥)에서 언급하기로 한다.

8) 학교모범

이것 역시 선조 15년에 이이가 지은 것으로 학교사목과 아울러 중요한 규훈이다. 그 내용은 16조로 되어 있고 전적으로 학생의 수양에 관한 상세하고도 주밀한 훈규이니 옛사람들이 학생훈육을 얼마나 구체적으로 하였던 것을 알 수 있게 되었다. 이것 역시 다음의 이이에서 언급하기로 한다.

9) 학제조건

선조 17년(1584)에 김우옹(1540~1603)이 지은 것이니 교원과 학생에 관한 인사문제를 중심으로 한 규제로 위에 든 학교사목과 같은 점이 많다. 즉 「학령」은 옛 성인의 교학에 끼친 뜻을 취한 것이므로 제생으로 복습하게 하여야 한다. 학령을 읽는 방법은 매월 초하루와 보름에 학장이 제생을 인솔하고 공자묘에 배알한 뒤에 명륜당에 모여 규약을 낭독하고 제생 중에 규약을 지키지 않는 자를 벌하게 하였다. 상사나 하재에서 경학과 행의가 있는 자는 먼저 동우들이 이를 추천하고 다시 학장이 이를 심사하여 경행재에 올리고 날마다 강학 연마하여 제생의 지도자를 삼는다.

사유에 대해서는 홍문관 부제학 이하 18명이 다 궐이 없이 하고 옮기지 말며 궁중에서 시강도 하고 태학에서 제생도 가르치기에 변의하게 하라고 하였다. 또 새로 급제한 때나 분관할 때는 먼저 학행이 있는 자를 골라서 성균관 권지9)를 삼고 다음으로 총민한 문예의 재를 취하여 승문원 권지를 삼아 덕행을 돈상하고 학교를 숭중하는 의도를 보이게 하였다.

주·현 교관은 전년에 이이가 지은 규정을 밝혀 거행하게 하고 성균관, 한성부오부와 감사, 수령이 정성을 다하여 듣고 보고 이름을 적어 상계하면 이조가 더 상찰하여 채용케 하였으며 천거한 인물이 적임이 아니어서 물의가 생기거나 임직을 잘못하여 하나도 선행이 없는 자는 양사로 하여금 추천한 자를 규핵하게 하고 다 파면시키도록 하였다.

생도에 대해서는 생원·진사를 제외하고 경중의 지학하는 사람은 다 하재나 사학에 입학시키기로 하였으며, 지방에는 학유하려는 자를 다 향교에 입학시키되 처음 입학시킬 때에 제생 10인의 추천 보증한 뒤에 시강하여 입학을 허락하도록 하였다. 구속을 싫어하여 학교에 이름을 두지 않는 자는 과거를 못 보게 하였다. 공사에 관한 규정으로는 사학관 및 주·현 수령과 교관들은 해마다 중의에 좇아서 제생 중의 경학행의가 있는 자를 천거하여 태학에 진학시켰다. 태학은 모아 가르치되 학이 거칠고 행에 흠이 있는 자는 돌려보내고 학관과 수령과 교관들이 의논하여 벌하도록 하였다. 태학장은 중의에 좇아서 경행재 항재생의 행의성취표를 조사하여 정당한 자를 해마다 적어 올리고 이조에서 서용토록 하였다. 정당하지 않는 자가 천거된 때에는 학장이 유별토록 하였다.

취사의 요령은 해마다 시학하고 문형중신과 근신, 명유를 명하여

---

9) 사무를 잠리(暫理)하는 것.

경행재 유생과 횡경문란하게 하여 경학에 통하고 그릇다운 지식이 있는 자는 출신하게 하고 기송만 힘쓴 사람은 내버려 두며, 혹 책문시험을 보아 그 논의가 정연 창달하고 이치가 있는 자는 취하고 부미하고 괴벽하고 경의에 어그러진 자는 버리기로 하였다.

과거 때마다 대학장은 선기하여 명륜당에 모여 상하재의 명록을 조사하여 품행에 흠이 없고 학문에 뜻이 있는 자를 골라 과거에 응하게 하였으며 사학관과 외방읍재와 교관도 선기하여 과거에 응할 자를 전항과 같이 택한다. 향거한 생원·진사도 하자가 있어 과거보기에 적합지 못한 자는 수령이 일향의 공론대로 감사에게 보고하고 이 보고문서를 성균관에 돌리도록 하였다.

10) 학교절목

학교절목은 인조 7년(1629)에 조익(1579~1655)이 제진한 것인데 신입생 결석생, 장학성적, 서류, 학과, 자격 등에 대하여 단편적으로 보충하고 주의시킨 규제이다. 즉 경중사학과 외방사자를 다 성책하여 성명과 연령을 기록하고 신입자를 첨록(添錄)하도록 하였고, 신입생에게는 소학을 강하여 '조' 이상을 허입케 하였다. 입록(入錄)지 않은 자는 생원·진사시험에 응하지 못하게 하였다. 경외사자의 연령은 35세 이하에게는 다 소학을 읽게 하였고, 경중에서는 각 학관이 매월 초순에 대학유생을 모으고 소학을 통독시켜야 했다. 재경하면서 여러 달이 되도록 불참하는 자는 제적시켰다. 각 관은 경내에서 두서하고 문리가 있는 자를 골라 일읍의 선비를 가르치게 하고 수령은 때로 고강하여 상벌을 행하였다. 경중에서 매 계삭에 각 학관과 관관 1명씩이 회동하여 고강하고 그 강한 바를 기록하여 본 태학과 본관에 보관하였다. 또한 외방에서는 춘추에 고강하여 도회관을 정하고 삼시관을 보내어 고강하고 강한 바를 기록하여 도회관과 본도에 보관하였다. 또 식년마다 3년간 강한 바를 통하여 점수를 계산하고 매학, 매도에 인수를 정하여 감시를 주었으며, 초시에 연 3년을 불통하는 자는 제명하였다. 관관은 날마다 재관유생들로 더불어 근사록, 사서, 오경 등서를 통강하되, 부환 숙복하게 하고 늘 권려하여 재관자로서 수두치 않는 이가 없도록 하였으며, 또한 계삭마다 강한 바의 고하를 고사하며 기록하여 두고 세말에 그 점수를 통계하고 인수를 정하여 보고하며 급제초시를 주며 자원에 따라 복시에 응함을 허락하였다. 초시를 받은 자가 등제치 못하였더라도 이조에 옮겨 초사의 망에 붙였다.

11) 제강절목

영조 18년(1742)에 제정한 것으로서 관학유생들의 인원수에 관한 규정이다. 즉 거재유생의 정원은 기재 외에 백인으로 하고 윤회하여 거재하되 늘 백수에 차게 하고 50점을 기준으로 하였으며 기정한 100명 외에는 1명이라도 초과치 않았다. 결원 보충에 인수는 제한이 있고 응입자가 많을 때는 방[10]으로 차례를 정하고 방차가 같으면 연치로 차례를 정하여 허입케 하였다. 장의 2명과 색장 4명도 또한 정식대로 100명 이외에 따로 거재하게 하였다. 점수는 일체 50으로 한정하고 점에 차기 전에는 개체를 허용치 않았으며, 헌작례(獻酌禮)와 춘

---

10) 과거 연도.

추석채(春秋釋菜)와 청재에 들 때에는 생원진사의 인원수는 제한이 없었다.

12) 원점절목

본 제도의 목적은 거재유생의 근타성적을 점수로 평정하여 수학하는 데 근면을 중요시한 결과 생긴 방침이요, 제도였다. 원점제도는 인조 5년(1460)에 제정되어 여러 번 개정되었고 정조 때에 이르러 정비되었다. 이것이 정조조 생진원점절목이었다.

장의 2명, 색장 4명은 100명 이외에 따로 거재시키고 점수는 다른 생진과 일체로 하여 시행하도록 하였다. 매일 조석으로 식당에 삼입하면 1점으로 하고 조석 중 하나라도 불참하면 평점으로 하여 통계하지 못하게 하였다. 원점을 30점으로 준하고 익연에 한하여 시행하고 익년이 지나면 물시하고 새로 점을 시작하였으며, 매년 30점을 준하여 통계하고 300점이 차면 다시 계점(計點)하지 아니하였다.

절제(절일제)에 특교가 있어 방외를 통하여 시취하라는 명령이 있으면 다만 원점생도만 부시하고 양년간 원점을 취하여 부시함을 허하고 이미 300점에 준하는 자는 연조제한을 받지 않았으며, 증광 관시에는 원점 생진에게만 부시를 허하고 절제의 예에 의하여 계점하였다. 준점기한은 무술년 정월로 위시하였고 원점일자는 8월 1일부터 계산하여 30점에 준한 자는 차차 개록하고 해마다 각 한 권에 300점을 준한 자는 별책을 만들어 치부함으로써 빙고를 삼았다. 무술 정월 이후는 준점인에게 한하여 부시를 허하고 무수 정월 이전은 단지 점을 시작한 자라도 부시를 허하고 만일 위규하고 부시하여 입격한 자는 계품한 뒤에 빼 버리고 과장에 난입한 률을 적용하며 입격되지 못한 자라도 발현하면 일체 율(律)에 처하였다.

재상하여 복을 마치기 전에는 삼삭 내에 점에 준하지 않는 자라도 점수에 불구하고 단자를 바치면 부시를 허가하였다. 월과 강제시에 부삼한 사람은 점수 깎는 규정을 일절 성전에 의하여 거행하였다. 증광별시, 정시 때의 과목 전 2일은 생진은 인원수에 제한을 받지 않았고 범절제 때에 하교하여 "생진은 인원수의 제한을 받지 마라"고 하였다. 후에 식당 준점법은 일체절목에 의하여 시행하도록 하였다.[11]

4. 과거제도와 교육

이조시대의 과거제도는 대체로 고려시대와 유사하였다. 태조 1년(1392)에 벌써 과거법을 제정하여 서울은 성균관, 지방은 각 도에서 경서에 정통한 자들을 추려 성균관에서 시험 보도록 하였다. 합격자 33명을 이조에 보내서 각기 재능에 따라 등용케 하였으며 의·음양 등 잡과도 두었다. 이듬해 태조 2년(1393) 식년시, 즉 3년에 한 번씩 과거를 보이는 법을 제정하여 자·오·묘·유년에 실시키로 하였다. 마침 그해가 계유년인지라 고려말기의 제도에 따라 과거를 보였으니 이것이 이조문과의 시초였다. 성종 3년(1472) 시험기일을 변경하여 초시는 인·신·사·해연의 가을에 보고, 복시[12]는 그다음 해인 자·오·묘·유연의 봄에 보도록 하였다. 태종 7년(1407)에 이미 등

---

11) 李萬珪, 前揭書, pp.172~209 參照.
12) 서울에서 보는 과거 2차 시험.

용된 文臣들에게 다시 보이는 重試의 제도를 마련하고, 다음 해에는 무과를 설치하여 '용호방'이라 하였으며, 세종 20년(1438)에는 비로소 식년 생원·진사시를 창설하였다. 이조시대의 과거과목에는 문무 2과와 생원·진사과 이외에 역과, 의과, 음양과, 율과 등 잡과가 있었으니, 이 중 역과는 다시 한학, 몽고학, 왜학과 여진학(후에 한학)으로 나누어지고, 음양과에는 천문학, 지리학, 명과학이 있었다. 이 중에서 문과는 문신의 등용자격시험으로 고려의 예에 따라 동당시라고도 하며, 숭문정책의 영향으로 가장 중시되어, 대과라는 이름이 있었고, 이에 대하여 생원·진사과는 소과라 하였다. 문과의 초시는 한성부에서 실시하는 한성시, 성균관에서 시행하는 관시 및 각 도에서 실시하는 향시의 종이 있어서 모두 가을에 실시하였고, 이 초시의 합격자를 이듬해 봄에 서울에 모아 명륜당 및 불천당에서 차시험을 보게 하였으니 이것을 복시라 하였다. 복시에 합격한 자에게는 다시 궁궐 안의 전정에서 임금이 친히 시험을 보았으니 이것을 전시라 한다. 후기에 이르러 전시는 형식에 그치고 복시에 합격하면 사실상 최종 합격한 셈이 되었다. 초시와 복시는 다 같이 3장으로 초장, 중장, 종장이 있었으나, 초시의 초장에는 사서오경의 의의 또는 논(論) 중에서 2편, 중장에서는 부(賦), 송(頌), 명(銘), 잠(箴), 기(記) 중에서 1편(篇), 표(表), 전(箋) 중에서 1편, 종장에서는 대책(對策) 1편이었다. 복시의 초장에서는 사서삼경의 배강, 중장과 종장은 초시 때의 과목과 같았다. 전시에서는 임금이 친히 나와 대책, 표, 전, 잠, 송, 조 중에서 1편을 짓게 하였다. 소과인 생원·진사시는 사마시 또는 감시라고도 부르며, 합격자는 성균관에 들어갈 자격이 부여되고 또 하급관리로 등용될 길도 마련되었다. 초시는 성균관 또는 각 부의 군수가 실시하는 조흘강에 합격하여 조흘첩을 가진 15세 이상 된 자가 볼 수 있었다. 조흘강은 일종의 예비시험이었다. 이 경우에도 한성부에서 실시하는 것을 한성시, 각 도에서 실시하는 것을 향시라 하였고, 한성시의 장소는 금위군, 삼군부 또는 명륜당 중에서 그때그때 지정하였고, 향시는 각 도의 선화당에서 보았다. 역시 가을에 실시되는 이 초시에 합격한 자들은 다음 해 봄에 서울에서 2차 시험인 복시를 보았다. 초시와 복시 다 같이 2장이 있었으니 즉 초장, 종장이다. 초시와 복시의 초장은 부 1편, 고시, 명, 잠 중에 1편을 보았고, 종장에서는 오경의, 사서의 2편을 보았다. 복시의 초장에 합격한 자를 진사, 종장에 합격한 자를 생원이라 하였다. 무과는 궁술, 총술, 강서를 시험과목으로 하고 역시 초시, 복시, 전시의 절차를 밟았다. 그러나 이조에서는 문을 숭상하여 무과는 중요시하지 않았다. 잡과인 역, 의, 음양, 율과는 위에 말한 바와 같이 부분에 따라 세분된바 사역원, 전의감, 관상감, 형조 등에 근무하는 중인의 자제로 그 분야에 소양이 있는 자들을 모아 당해 관서에서 초시·복시의 절차로 시험을 보았다. 잡과에는 지원자가 적어서 식년시 외에는 없었다. 문과와 무과의 합격자에게는 합격증명서인 홍패를 주고, 관직을 내리는 등 우대를 하였으며, 생원·진사과에 합격한 자에게는 백패를 주고 성균관에 입학하거나 문과에 응시할 수 있으며 관리에 등용되었다.[13]

　나라의 교육목적이 인재양성에 있었고 인재를 고르는 방법이 과거였으니 과거와 교육은 나눌 수 없는 제도였다. 과거가 나라로서는 인재를 얻는 관문이 되고, 개인으로서는 일신의 영달하는 기회가 되었

---

13) 李弘稙, 前揭書, pp.145~146.

었다. 그리하여 교육이 국민을 위한 교육이거나, 학문을 위한 교육이 아니고 과거를 위한 교육이란 것이 국민의 상식이 되어 있었고 과거를 무시하고 학문을 위한 학문을 한 이는 드물었었다. 과거가 일종 명리를 얻는 기회로 되어 있었고 실력이야 있든지 없든지 명리만 얻으려는 욕망을 갖는 것이 또한 보통의 인정이므로 사도를 밟아서라도 명리를 취하려는 것이 한 습속이 되었다. 그리하여 말기에는 부정한 악풍이 과거장에 난취(亂吹)하여 사기가 부패하여지고 학문이 값을 잃어 진정한 학자로는 과거를 천시한 이가 많았다. 이리하여 권력과 금력으로 과거의 책명을 얻을 수 있는 문벌 또는 파벌의 힘이나 황금의 힘을 가진 가정의 학도는 학문에 열중할 필요를 느끼지 않고 그러한 힘을 갖지 못한 가정의 학도는 그 부정한 힘에 밀려서 실력대로 성공할 수가 없는데 실망적 타성이 생겨서 또한 학업에 열중하지도 아니하였다. 이리하여 과거는 이름을 낳고 이(利)를 취하는 수단이 되고 인재를 얻으려는 근본목적에는 어그러졌고 따라서 교육은 근본사명을 잃어버리기에 이르렀다. 교육은 시설이 좋고 규칙제도가 완전하고 규칙이 정연할지라도 정신적 진흥과 행정적 독려가 없으면 쇠퇴하기 쉬운 것이다. 이조의 교육도 사화, 병화, 포정의 폐해와 타성적 경향, 또 과거제도 운영의 문란 등으로 인하여 기울어져 가는 국운을 바로 세우려는 군주가 있어 때때로 교육을 진흥시키고, 독려한 일은 높게 평가해야 할 것이다.

5. 성리학과 교육

1) 성리학의 발전

성리학은 선진 때부터 논의되기 시작한 유가들의 성론(性論)과 주자(周子), 정자(程子)의 천리사상(天理思想)이 노장사상과 불교의 영향을 받아 이론적으로 심화되어 유교의 심지가 되는 천도와 인도가 합일되는 근거를 천명하기 위하여 형성된 하나의 철학적 체계이다. 태극설을 주장한 송대의 주돈이(周敦頤)를 시조로 한다. 성리학이라는 명칭은 주돈이의 제자 정호(程顥)가 '천리(天理), 정이(程頤)가 성즉리(性卽理)라고 말한 데 기인한다. 그 후 주자가 천리, 성즉리의 사상을 근거로 하는 장재(張載), 소옹(邵雍)의 기(氣)의 학설을 흡수하여 정주학으로서 집대성하였다. 넓은 의미로는 육상산(陸象山)과 왕양명(王陽明)의 육왕학계통(陸王學系統)까지 포함시키나 오늘날 성리학이라면 곧 주자가 확립한 정주학을 가리킨다. 성리학은 대체로 태극론(太極論), 이기론(理氣論), 심성론(心性論), 성경론(誠敬論)으로 구분된다. 태극론과 이기론은 자연의 존재법칙을 연구하는 우주론이고, 심성론과 성경론은 당위를 문제 삼는 실천윤리로서 인사를 문제의 대상으로 삼는다.

이러한 성리학이 고려말기에 안향이 元나라에서 수입하여 백이정(白頤正), 우이동(禹易東), 이색(李穡), 정몽주(鄭夢周) 등에 의해서 발전되었고 이조에 들어와서 서경덕(徐敬德), 이황(李滉), 이이(李珥) 등에 의하여 절정에 달하였다. 이 시대의 성리학은 송대 성리학에 못지않은 연구와 업적을 남겼으며 중국학자들이 밝히지 못한 것까지 명백히 하면서 개척 발전하였다. 한국의 유학사는 성리학과 뗄 수 없는 내용적 관련을 가지고 현대에 이르기까지 수백 년 동안 연구과제의 대상이 되어 왔었으나 이조 성리학의 절정기에 서경덕, 이황, 이이 등에 의해서 성리학은 서로 의견을 달리하는 세 파로 나누어졌다.

이황을 중심으로 한 영남지방의 유리학파(唯理學派)와 이이를 중심한 기호지방의 유기학파(唯氣學派)와 양설을 취하는 절충학파 등으로 나누어졌다. 서경덕은 장재의 영향을 받아 기일원론(氣一元論)을 주장하여 보다 새로운 경지를 개척하였고 이황은 주자의 영향을 받아 이기이원론(理氣二元論)을 주장하면서도 이우위설(理優位說)을 강조하여 진일보를 보였고 이이는 이기이원론적 일원론(理氣二元論的 一元論)을 주장하여 성리학의 새로운 경지를 개척하였다. 서경덕은 송나라의 장재(張載)의 영향을 받았다고 하나 그 인식한 경지와 논리는 특이한 점이 있다. 그의 기론(氣論)은 형이상학적 관념에 그치는 것이 아니라 격물치지에 힘써 이치를 인식 · 체득하는 데 그 특징이 있었다.

그리하여 퇴계의 학설과 사상은 허목(許穆), 이덕형(李德馨), 정술(鄭述), 유성룡(柳成龍), 김성일(金誠一) 등에 계승되어 영남학파를 이루었고 율곡의 학설과 사상은 김장생(金長生), 정엽(鄭曄), 이귀(李貴), 조헌(趙憲), 황신(黃愼), 안방준(安邦俊) 등에 계승되어 기호학파(畿湖學派)를 형성하였다.

선조 8년에 동인과 서인의 붕당이 마침내 대립을 나타내게 되어 이른바 당쟁이 항구화하게 되자 이황, 조식의 계류는 대개 동인으로, 이이, 성혼의 계류는 대개 서인으로 가담하여 선비로서 이 두 파의 어느 편에 들지 않는 이가 거의 없게 되었고, 학설상의 시비와 정치상의 서로 다른 견해와 지방별 대입 등이 어울려 마침내 하나의 암이 되었으며, 당파는 정권을 잡으면 또 그 내부에서 분열을 일으켜 수백 년 동안의 고질이 되고 말았다.

이리하여 뒤에 김장생(金長生), 송시열(宋時烈), 권상우(權尙憂) 등은 이이의 적전(嫡傳)으로 모두 기호의 서인이 되었고, 정경세(鄭經世), 이현일(李玄逸), 이상정(李象靖) 등은 이황에게서 본받아서 논술하였으나 모두 영남의 남인이었으며, 이황의 학파에서 장현광(張顯光), 이이의 학파에서 송준길(宋俊吉), 김창협(金昌協) 등이 각각 양 파를 절충하거나 타파의 학설에 가담하는 태도를 보인 것은 이례라고 할 것이다. 하여간 이황, 이이 등 여러 선비가 성리학을 연찬한 후로 유교철학은 고도로 발달하고 많은 업적을 나타내어 국내적으로 유학의 황금시대를 이루었을 뿐만이 아니라 국외적으로도 영향을 미친 바 크다. 특히 이황의 학설은 일본의 야마자키 안사이(山崎闇齋)를 위시하여 일본 주자학파에 많은 영향을 주어 우리나라 성리학이 동양사상에 미친 영향은 실로 크다고 할 것이다.

2) 권근(權近, 1352~1409, 공민왕 1~태종 9)

고려 · 조선왕조의 문신이요 학자였다. 초명은 진(晉), 자는 가원(可遠) · 사숙(思叔), 호는 양촌(陽村), 본관은 안동이요, 검교정승 희(僖)의 아들이다. 공민왕 16년(1367) 성균관시를 거쳐 이듬해 문과에 급제하여 춘추관검열이 되고, 예문관응교 · 좌사의대부, 성균관대사성, 예의판서 등을 역임하였다. 창왕 때 좌대언 · 지신사를 거쳐 첨서밀직사사로 명나라에 파견되어 창왕의 친조를 요청했으나 허락을 얻지 못하고 돌아왔다. 우왕 1(1375) 박상충(朴尙衷) · 정도전(鄭道傳) · 정몽주(鄭

夢周)와 같이 친명정책을 주장하여 원나라 사절의 영접을 반대했고 창왕 1년(1389) 윤승순(尹承順)의 부사로서 명나라에 다녀올 때 가져온 예부의 자문이 화인이 되어 우봉에 유배되었다가 영해·흥해·김해 등지로 이배되었다. 공양왕 2년(1390) 이초의 옥에 연루되어 또다시 청주에 옮겨졌다가 풀려 나와 조선이 개국되자 태조 2년(1393) 예문춘추관학사·대사성·중추원사 등을 역임하고, 1396년에 표전문제(表箋問題)가 일어나자 자청으로 명나라에 들어가 두 나라의 관계를 호전시켰으나 정도전 일파의 시기를 받아서 불안한 위치에 있었다. 1398년 제1차 임자란으로 정도전 일파가 숙청되자 정당문학·삼찬문하부사·대사헌을 지내고, 사병폐지를 주장하여 왕권확립에 큰 공을 세웠다. 태종 1년(1401) 좌명공신 1등으로 길창부원군에 봉해졌으며, 예문관대제학·대사성·의정부찬성사·세자좌빈객·이사 등을 역임, 왕명으로 「동국사략」을 찬하였다. 문장에 뛰어났으며 경학에도 밝아 사서오경의 국역을 정하였다. 또한 그의 「입학도설」은 후일 이황·장현광 등에게 큰 영향을 끼쳤다. 그는 성리학자이면서도 문학을 존중하여 시부사장의 학을 실용 면에서 중시하고 이를 장려, 경학과 문학의 량면을 조화시켰다. 시호는 문충(文忠)이었다.[14]

양촌의 교육목적은 인재양성에 있었다. 인재는 국가의 명맥이요, 학문은 인재의 원기이므로 이 원기를 배양하는 데서 인재가 성하여지고 따라서 왕화와 세도가 미화되고 향상한다고 하였다.

교육의 요결은 근소를 먼저 하고 원대를 나중에 하여 어렸을 때에는 쇄소응대(灑掃應待)에 익숙하고 장성하여서는 예의·염치에 힘쓰

---

14) 韓國人名大事典編纂室, 前揭書, p.47.

며, 신(身)·심(心)·사(事)·물(物)·인사(人事)에 대하여 자기의 직책을 다하도록 하는 데 있었다. 그리하여「소학」을 반드시 읽힐 것을 주장하고 태종께 권학사목을 지어 올렸다.

양촌은 아들 규(跬)에게 네 가지 수양요목을 주었으니 이것이 그 아들에게 준 것이니만큼 그가 중요시하는 수양요목인 것으로 짐작할 수 있다.

(公) 공하면 사가 없고 마음이 맑고 욕심이 없으며 일이 지당하게 나오게 되니 이것이 이른바 정직(正直)이다.

(勤) 근한즉 게으르지 않고 자자하여 허물이 없고 직무에 페이가 없으니 이것이 이른바 충실이다.

(寬) 관한즉 까다롭지 않고 일이 다 인후하니 군자의 덕이요, 경사가 뒤에 흐른다.

(信) 신한즉 망령되지 않으며 성의를 가지고 그 뜻을 굳게 지켜 스스로 변경하지 마라.

또 양촌은 관·사학을 차별하지 않았다. 그는 고려 때 십이도 사학 같은데 인식이 깊었었던지 모르겠으나 고려조 사학의 효과를 말하고 사학교수를 관학교수로 채용하는 일과 생도를 강제로 향교로 옮기지 않도록 감사와 수령이 힘쓰라고 하여 태종에게「향학사목」을 올리었었다.

"전조(前朝) 때에 재외한 한량유관(閑良儒官)이 서재를 사치하고 후진을 교훈하니 사생이 소안(所安)을 각득(各得)하여서 그 학을 성하였다. 금자에 사유가 혹 타주 교수가 되면 가속을 위이(違離)하고 생업을 폐기하니 다 구면하려 하고 생도를 향교로 가기를 핍령(逼令)하여 자변(自便) 수업(受業)을 할 수가 없고 수령은 서사의 무(務)를 시키는 것으로 각기 권학을 삼으나 실로 폐이가 많다. 자금으로는 재외 유관이 서재를 사치하고 교훈하는 자는 감히 정하여 타군 교수를 삼지 말고 생도는 억지로 향학으로 보내지 말고 감사(監司)한다. 수령은 권면을 더하고 각각 안거하여 강학하게 하여 풍화를 돕게 하라"고 하였다.

그의 교수방법은 도해교수를 주로 하여 유명한 입학도설을 저술하였다. 양촌이 금마군(지금의 전라북도 익산군)에 적거하였을 때에 한두 명에게 중용과 대학을 가르치다가 학도가 잘 알아듣지 못하는 것을 보고 잘 알도록 고심하다가 도표를 그려서 가르친 것을 기회로 하여 40종의 도표를 만들었으니 이것이 「입학도설」이다. 그 내용을 여기서는 생략하고 도표의 교수상 필요한 것을 약술해 보면 다음과 같다.

1) 강령을 제요하고   2) 내용을 분석하고
3) 유별(類別)을 명시하고 4) 체계를 정연히 하고
5) 복잡을 간명화하고   6) 상상을 실제화하고
7) 형상을 실물화하고   8) 수량을 직감화하는 것 등이다.[15]

양촌의 교수는 철두철미의 도표식 교수의 실천으로 교육사에 특기할 만한 교수법이다.

3) 이황(李滉, 1501~1570, 연산군 7~선조 3)

조선조의 학자·문신으로 초명은 서홍(瑞鴻)이요, 자는 경호(景浩),

15) 李萬珪, 前揭書, p.326.

호는 퇴계(退溪), 본관은 진보(眞寶)요, 진사 식(埴)의 아들이다. 예안 출신으로 12세 때 숙부 이우(李堣)에게서 학문을 배웠고 중종 18년(1523) 성균관에 입학하고 중종 23년(1528)에 진사가 되었다. 1534년 식년문과에 을과로 급제, 부정자·박사·전적·호조좌랑 등을 거쳐 수찬으로 지수교·검토관을 겸직하였다. 이어 정언을 거쳐 형조좌랑으로 승문원교리를 겸직, 그 후 검상(檢詳)으로 충청도암행어사로 나갔고, 사인(舍人)으로 문학·교감 등을 겸직, 장령을 거쳐 다음 해에 사예·필선·대사성이 되었다. 명종 즉위(1545) 때, 을사사화 때 이기(李芑)에 의해 삭직당했으나 이어 사복사정이 되고 이어서 응교를 거쳐 다음해 단양 형조·병조의 참의에 이어 첨지중추부사, 부제학, 공조참판·공조판서, 이조·예조판서, 그리고 선조 1년(1568)에는 우찬성을 거쳐 양관대제학을 지내고 다음 해부터 고향에서 은회생활을 하였다. 주자학을 집대성한 대유학자로 이이(李珥)와 함께 쌍벽을 이루었으며, 성(誠)을 기본으로 일생 동안 경(敬)을 실천하고 면밀·침착히 조목을 따져 깊이 연구 통찰함을 학문의 기본자세로 했으며, 주자의 이기원론을 발전시키고 이기호발설을 사상의 핵심으로 하여 이가 발하여 기가 이에 따르는 것이 사단이며, 기가 발하여 이가 이것을 승하는 것이 칠정이라고 주장, 사단칠정(四端七情)을 주제로 한 기대승(奇大升)과의 8년에 걸친 논쟁은 사칠분리기여부론(四七分理氣與否論)의 발단이 되었고, 그의 학풍은 뒤에 그의 이원론을 반박하고 나선 이이의 기호학파에 대립해서 영남학파를 이루었는데 동서당쟁이 이 학파의 대립과도 관련이 되었다. 풍기군수로 있을 때 교육사업에 관심을 두어 주세붕이 세운 최초의 서원인 백운동서원에 소수서원이라는 사액을 내리게 하여 최초의 사액서원으로 하였고, 또한 도산서원을 창설하여 후진양성과 학문연구에 전심하여, 붕당의 폐해를 상소하는 등 업적을 남겼으나, 현실생활과 학문의 세계를 구분하여 끝까지 학자적 태도에만 철저하였다. 겸허한 성격의 대학자로서 중종·명종·선조 의 지극한 존경을 받았으며, 특히 명종은 누차 소명을 내려도 사양하 는 그를 그리워하여 거소인 도산의 경치를 화공에게 모사시켜 병풍 을 만들어 두르고 바라보았다. 영의정에 추증, 문묘 및 선조의 묘정에 배향, 단양의 단암서원, 괴산의 화암서원, 예안의 도산서원을 비롯하 여, 전국의 수십 개 서원에서 제향하고 있으며 시호는 문순(文純)이다.

퇴계는 개인의 심술(心術)을 천명하고 기질을 변화시켜 성현을 배 우게 하는 것을 교육의 목적으로 삼았다. 교수법에 있어서는 학생을 붕우와 같이 대하였고 스승으로 자처하지 않았으며 자신이 배우기를 싫어하지 않았다. 남을 가르치기를 게을리하지 않았으며 재질에 따라 가르쳤고, 반복 설명하여 계발시켰고, 좀처럼 교수를 폐하지 않았다. 낯빛을 화하게 하고 말을 창달하게 하였으며, 논리를 밝게 하고 뜻을 정연하게 하였고, 의문처를 반성고증하여 진실하게 하였다. 또 질의 응답을 신중히 하였으며, 학자들의 논변의 착오를 반박하지 아니하였 고, 엄격과 친절로 교도(敎導)하였고, 사생간의 예의를 중요시하였고, 과실교정을 효과 있게 하였다.

퇴계는 구학방법에 있어서 입지(立志)·궁리(窮理)·경(敬)·숙독(熟 讀)·심득궁행(心得躬行)·광문견(廣聞見)·잠심자득(潛心自得)을 강조 하였다.

立志－학문을 하는 데 '입지'가 근본이 된다고 하였다. 그는 주자의 훈을 인용하여 "사람이 무슨 일이나 하려고 할 때는 먼저 입지로 본을 삼아야 하니 지가 입하지 아니하면 능히 일을 할 수 없다"고 하였다.

窮理 - 학문에는 궁리가 귀하니 이에 미명이 있으면 혹 글을 읽거나 일을 만나거나 간 데마다 걸리지 않는 것이 없을 것이다.

敬 - "경은 입학의 문이니 반드시 성한 뒤에 간단하게 되지 않는다"고 하였다.

熟讀 - 김성일(金誠一)이 독서하는 법을 물을 때 "이 숙독이 그칠 것이니 독서에 비록 문의를 알지라도 만일 미숙하면 곧 잊어버려 능히 마음에 보존하지 못할 것이요, 반드시 배우고 또 온숙(溫熟)의 공(功)을 가한 연후에 비로소 마음에 보존되고 협흡(浹洽)한 맛이 있을 것이다"고 하였다.

心得躬行 - "도리로 오인의 당지할 바를 삼고 덕행으로 오인의 당행할 바를 삼고 근이(近裏)에 저공(著工)하여 심득궁행하려는 것은 내 몸을 위한 학이요, 심득궁행을 힘쓰지 않고 허를 꾸미고 겉만 따라 구명(求名) 취예(取譽)하는 것은 남을 위한 學이다"고 하였다.

廣聞見 - 조목(趙穆)이 묻되 "학문은 오로지 독서에만 있지 않고 마땅히 유역하여 문견을 넓혀야 하고, 의리(義理)에 있어서는 독득(獨得)할 수가 없고 마땅히 사우(師友)가 있어야 보조 계발의 익(益)을 점마(漸磨)한다"고 하니 先生이 가로되 그대의 말이 극히 옳다고 하였다.

潛心自得 - 김부륜(金富倫)이 홍범 태극설(洪範 太極說)을 물으니 선생이 가로되 "이 같은 곳은 모름지기 정처하여 잠심하면 그 뜻을 알 것이다"고 하였다. 또 "독서의 요는 마음에 체득하여 잠심, 묵완(默玩)한 연후에 함양, 진학한 공이 있기 때문에 만일 홀홀히 열과(說過)만 하고 범범(泛泛)이 통설만 하면 이는 장구구이의 미습에 불과하니 비록 천 편을 송진(誦盡)하고 백수(白首)로 담경(談經)한들 무슨 유익이 있겠는가. 낮에 읽은 것을 밤에 생각하여 풀도록 하라"고 하였다.

퇴계는 교과목으로 「주자대전」을 학자에게 제일로 추천하였다. "학자로서 입도의 문을 알려면 「주자대회」 중에서 구하라"고 하였고 "또 사람이 이 책을 능독하면 학문하는 방법을 알리라"고 하였다. 또 김성일이 묻되 "대학을 읽었으되 이기를 알 수 없다"고 하니 선생이 가로되 "군이 태극도설을 읽지 않았으므로 그러하다"고 하였고 또 "태극도설 중에 군자는 수(修)하여 길(吉)하고 소인은 패(悖)하여 흉(凶)하다는 두 구는 가장 학자가 공부해야 할 지두이다"고 하였다. 또 "심경은 초학용공지지(初學用工之地)에 이보다 절요한 것이 없다"고 하였고 또 "내가 심경을 얻은 후에 비로소 심학의 연원과 심법의 정미를 안고로 나는 평생에 이 책을 신명같이 믿고 이 책을 엄부(嚴父)같이 공경한다"고 하였다. 또 "「소학」, 「근사록」에 대해서는 소학은 체용(體用)이 구비(具備)하고 근사록은 의리(義理)가 정미(精微)하니 다 읽지 아니하여서는 아니 된다"고 하였고, 「효경」, 「사서」에 대해서는 "자제를 훈해(訓誨)하는 데 반드시 효경, 소학 등을 먼저 하여 문의를 약통(略通)한 후에 사서를 읽되 순순히 차례가 있어야 하고 차례를 뛰어넘어서는 안 된다"고 하였다. 그 밖에 퇴계는 「계몽(啓蒙)」, 「서명(西銘)」을 가르쳐야 하는 근거로 "학자가 불가불 체단(體段)을 선식(先識)하여야 하므로 태극, 서명, 계몽 등을 많이 가르쳐야 한다"고 하였고 "학자로서 선유(先儒)가 이런 말을 한 것을 몰라서는 안 된다"고 하였다. 또 "학자는 문장을 알아야 한다"고 전하였을 뿐만이 아니라 "사(辭)는 뜻을 사무칠 따름이니 학자는 불가불 문장을 알아야 하고 문장을 모르면 비록 문자를 안다고 해도 언사(言辭)에 뜻이 사무치지 못할 것이다"고 하였다. 서법에 있어서는 퇴계 자신이 그 필법이 단경(端勁)하고 아중(雅重)하고 그 대자도 또한 방엄하고 정제하였으며 우연히 쓰는 일자라도 정돈하지 않은 것이 없고 점획 자체도 방정(方正)하고 단중(端重)하였다. 한편 문예가 유(儒)가 아니요, 과거를 보는 것이 유(儒)가 아니라 하고 한탄하였으며 세상에 허다한 영재가 속학에 휩쓸려 들어가는 것에 대해서 경고하고 과거학에 반대하였다.

4) 이이(李珥, 1536～1584, 중종 31～선조 17)

조선조의 학자, 문신으로 아명은 현용(見龍), 자는 숙헌(叔獻), 호는 율곡(栗谷), 본관은 덕수(德水)요, 찰방 원수(元秀)의 아들이요, 어머니는 신사임당이다. 강릉 출신으로 어려서 어머니에게서 학문을 배우고, 명종 3년(1548) 13재(才)로 진사초시에 합격하고 19세에 어머니를 여의고 19세에 금강산에 입산, 불교를 연구하다가 다시 유학에 전심하여 23세 때 이황(李滉)을 찾아가 만났다. 명종 19년(1564)에 생원시·식년문과에 모두 장원으로 뽑혀 구도장원공(九度壯元公)이라 일컬어졌다. 사가독서(賜暇讀書)한 후 호조좌랑에 초임·예조좌랑·정언·이조좌랑·지평 등을 역임하였다. 그 후 천추사의 서장관으로 명나라에 다녀왔고, 부교리로 춘추관기사관을 겸하여 「명종실록」 편찬에 참여하였다. 이듬해 사직하였다가 청주목사로 복직, 다음 해 다시 사직하고 해주에 낙향, 1573년 직제학이 되고, 이어 동부승지로서 참찬관을 겸직, 그 후 우부승지·병조참지·대사간(大司諫)을 지낸 후 병으로 사퇴하였다. 1581년 다시 불려 대사헌·예문관제학을 겸임, 동지중추부사를 거쳐 양관대제학을 지냈다. 이듬해 이조·병조·형조판서·우참찬을 역임하였고, 1583년 당쟁을 조장한다는 동인들의 탄핵을 받고 사직했다가 같은 해 판돈녕부사에 등용, 이조판서에 이르러 동서분당의 조정을 위해 힘쓰다가 뜻을 이루지 못하고 죽었다. 조선유학계에 이황과 쌍벽을 이루는 학자로 기호학파를 형성하였고, 장구(章句)의 분석적 해설보다 근본원리를 자유롭게 종합적으로 통찰함을 학문을 연구하는 태도로 삼았으며, 이황의 이기이원론에 대하여 기발이승일도설을 근본 사상으로 이통기국을 주장, 이 사상의 차이가 당쟁과 관련되어 오랫동안 논쟁의 중점이 되었다. 그는 학문을 인생문제와 직결시켰고, 당쟁의 조정, 10만 군대의 양성 및 대동법과 사창(社倉)의 실시에 노역하는 등 많은 활약을 하였다. 글씨에도 능하여 조자앙(趙子昻)의 체를 습득했으며, 그림에도 뛰어났다. 문묘에 종사, 선조의 묘정에 배향, 파주의 자운서원, 강릉의 송담서원, 함흥의 운전서원, 황주의 백록동서원 등 전국 20여 개 서원에 제향되고 있으며 시호는 문성(文成)이다.

율곡은 많은 저술을 남겼다. 「동호문답」, 「향약」, 「학교모범」, 「성학집요」, 「격몽요결」, 「학규」, 「경연일기」, 「시무육조소」, 「인심도심설」 등이다. 이 중에서도 「학교모범」, 「성학집요」, 「격몽요결」 등은 그의 교육사상이 담겨 있는 저작이다.

그의 교육목적은 성인을 준칙으로 하고 일용당행의 길을 밝히는 것이다. 즉 "먼저 모름지기 그 뜻을 크게 하고 성인으로 준칙을 삼을 것이니 일호라도 성인에 미치지 못하면 내 일을 마치지 못한 것이다", "사람이 사세에 나서 학문이 아니면 사람이 될 수 없다. 이른바 학문이란 것은 별건(別件) 사물이 아니다. 다 일용동정지간(日用動靜之間)에 일을 따라 각각 그 적당을 얻을 따름이다"고 하였다.

학교모범(學校模範) – 율곡은 대제학으로 있을 때에 택사와 양사를 목적한 학교사목과 교육요목을 내용으로 한 학교모범을 지어 실시하였는데 학교모범은 입지(立志)·검신(檢身)·독서(讀書)·신언(愼言)·성심(成心)·사친(事親)·사사(事師)·택우(擇友)·거가(居家)·접인(接人)·응거(應擧)·수의(守義)·상충(尙忠)·독경(篤敬)·거학(居學)·독법(讀法) 등 16조로 나누어 상세한 해설을 가한 대훈언이다.

입지 – 학자는 반드시 먼저 입지하여 도로써 자임할지니 도가 고원(高遠)한 것이 아니다. 사람이 스스로 행하지 않는 것뿐이다. 만선(萬善)이 내게 있으니 다른 데 구할 것이 아니다. 다시 지의(遲疑)하여 대기하지 말고 다시 꺼려 주저하지 말고 천지로써 마음을 세우고 생민을 위하여 극지를 세우고 왕성을 위하여 끊어진 학을 잇고 만세를 위하여 태평을 열기로 표적을 삼으라. 퇴탁(退托)하여 자기 칭찬하는 생각과 고식(姑息)하여 자서(自恕)하는 버릇을 터럭만큼도 흉중에 싹이 트지 못하게 하라. 훼예(毁譽)와 영욕과 이해와 화복에 일절로 동심하지 말고 분발하고 책려하여 반드시 성인 되기를 요한 뒤에야 발할지니라.

검신 – 학자가 이미 작성(作聖)할 뜻을 세우면 반드시 구습을 세척하고 한결같이 향학에 뜻을 두라. 신행(身行)을 단속하여 평상시에 일찍 일어나고 야침(夜寢)하고 의관을 반드시 바르고 단정히 하며 용모를 반드시 점잖게 하며 시청(視聽)을 반드시 단정히 하며 거처를 반드시 공손히 하며 보립을 반드시 바르게 하며 음식을 반드시 절제 있게 하며 사자(寫字)를 반드시 공경히 하며 책상을 반드시 정돈하며 방 안을 반드시 깨끗이 하라. 항상 구용(九容)[16]으로 몸을 할 것이니, 예가

---

16) 구용은 족용(足容)·수용(手容)·목용(目容)·구용(口容)·성용(聲容)·두용(頭容)·기용(氣容)·입용(立容)·색용(色容) 등으로 구용의 바른 자세를 강조하였다.

아니거든 보지 말고, 예가 아니거든 듣지 말고, 예가 아니거든 말하지도 말고, 예가 아니거든 동(動)하지 마라. 소위 비례(非禮)란 것은, 조금이라도 천리에 어그러지면 곧 비례가 되는 것이니, 대강 들어 말하자면 창우(倡優)의 부정한 빛과 속락의 음미한 소리와 더럽고 방만한 희롱과 유속하고 황란한 놀이를 더욱 금절하여야 한다.

독서 - 학자가 이미 유행으로 검신하였으면 반드시 독서하고 강학하여 의리를 밝힌 연후에 진학하고 공정(功程)의 소향이 불미할 것이다. 독서의 차례는 먼저 소학으로 근본을 북돋우고 다음에 대학과 근사록으로 규모를 정하고 그다음에 논·맹·중용·오경을 읽고 사이에 사기와 선현의 성리서로 의취(意趣)를 넓히고 식현을 정(精)하게 하며 성인의 서가 아니거든 읽지 말고 무익한 글을 보지 마라.

신언 - 학자가 유행(儒行)을 힘쓰려면 모름지기 언행을 삼가야 한다.

존심 - 학자가 수심을 하려면 반드시 안으로 그 마음을 바로 하여 물(物)에 유혹되지 않은 연후에야 마음이 태연하고 백사(百邪)가 퇴복(退伏)하여 이때에야 실덕(實德)에 나아가는 것이기 때문에 학자는 먼저 정좌를 힘쓰고 존심하여 고요한 속에 어지럽지도 않고 어둡지도 않고 큰 뿌리를 내리게 되는 것이다.

사친 - 선비가 백행이 있어도 효와 제가 본이 되며 죄가 삼천이 있어도 불효가 큰 것이니 어버이를 섬기는 자는 반드시 거에는 경하여 승순(承順)의 예를 다하고 양(養)에는 낙(樂)하여 국체의 봉(奉)을 다하고 병에는 우(憂)하여 의약의 방(方)을 다하고 상(喪)에는 애(哀)하여 신종(愼終)의 도를 다하고 금(禁)에는 엄하여 추원(追遠)의 성(誠)을 다하여야 한다.

사사 - 학자가 성심으로 향도하려면 반드시 먼저 스승을 섬기는 도를 높여야 한다. 같이 있으면 아침저녁으로 뵈옵고 따로 있으면 수업 때에 뵈며 초하루·보름 재회에 행례할 때에는 재배(再拜)하고 평거에 모실 때에는 극히 존경하여 가르침을 두텁게 믿고 속에 품어 잊지 마라.

택우-도를 전하고 의혹을 푸는 것이 비록 스승에 있으나 벗으로 학습하고 인으로 서로 돕는 것은 실상 붕우를 힘입는 것이니 학자는 반드시 충신하고 효제하고 강방(剛方)하고 돈독한 선비를 가리어 더불어 정교하여 잘못을 경계하고 선으로 서로 책하며 옥을 끊고 슬고 쪄고 갈듯이 하여 붕우의 윤(倫)을 다하여야 한다.

거가-학자가 이미 신심을 닦았으면 거가하여 모름지기 윤리를 다하여야 한다. 형은 우(友)하고 제는 공(恭)하여 일체처럼 보고 부는 화(和)하고 처는 순(順)하여 예를 잃지 말고 아들은 옳은 것으로 가르쳐 사랑으로 총명이 가려지지 않아야 하며 가중(家衆)을 어기거든 엄하고도 너그러우며 기한을 불쌍히 생각하며 상하가 정숙하고 내외가 분별이 있어 한집안 처사에 바른 것을 쓰지 않는 것이 없어야 한다.

접인-학자가 이미 집을 바로 하였으면 미루어 사람을 접할 때 한결같이 예의를 좇을 것이다. 장(長)은 제(悌)로써 섬기고 유(幼)는 자(慈)로써 어루만지며 목족(睦族)과 교린(交隣)까지 환심을 얻지 않는 것이 없이 하여 매양 덕업으로 서로 권하고 과실을 서로 고치고 예속을 서로 만들며 환란을 서로 구하며 늘 사람을 돕고 물(物)을 이롭게 할 마음을 품을지니 사람을 상하고 물을 해할 의사는 일호라도 마음에 머물게 하여서는 안 된다.

응거-과제가 비록 지사의 급급할 바가 아니나 또한 근세의 입사하는 통규니 만일 도학에 전심하고 예의로만 진퇴하려는 자는 말할 것 없거니와, 응거를 면치 못할 자는 성심으로 주공(做工)하여 시일을 낭과(浪過)하지 말아야 할 것이니 득실로 지킬 바를 잃어서는 옳지 않다. 늘 입신행도하여 충군보국할 생각을 품어야 하고 제 몸의 온포(溫飽)를 구차하게 구하는 것은 옳지 않다. 진실로 도에 뜻하고 일용에 게으르지 아니하면 순리 아닌 것이 없는 것인데 과업도 또한 일상생활에 있어서 할 일이니 무엇이 실공(實功)에 해가 될 것인가. 또 근래 사자의 통병은 태타(怠惰)하고 늘어져서 독서를 힘쓰지 않고 스스로 뜻이 도학을 사모하고 과업을 대수롭게 여기지 않는다고 하면서 유유히 날을 보내므로 학문과 과업 둘 다 이루지 못하는 자가 많으니 가장 경계할 만한 것이다.

수의－학자는 의(義)와 이(利)의 다른 것을 분별하는 것보다 더 급한 것이 없다. 의라는 것은 위할 바가 없는데 이것을 하는 것이다. 선을 하여 명성을 구하는 것도 또한 이심(利心)이다. 학자는 터럭만 한 이심도 가슴속에 두어서는 옳지 않다.

상충－충후는 기절과 서로 표리(表裏)가 되어야 한다. 자수하는 절개가 없이 과오가 있을까 하며 가부를 결정하지 못하는 것으로 충후(忠厚)를 옳지 않고 근본의 덕이 없이 교격(矯激)으로 기절(氣節)을 삼는 것이 옳지 않다. 항시 온공(溫恭)하고 화수(和粹)하여 심기를 심후하게 한 연후에 뿌리가 정의에 서서 대절에 임하여서 그 뜻을 빼앗을 수가 없게 되는 것이다. 조금만 이득이 있으면 만족하여 스스로 좋아하는 자가 어찌 기절이 있다고 하리오. 근래 사자의 병이 이 같으니 본지 예학이 불명하고 허교가 성습한 탓이다. 반드시 예학을 강명하여 존상하고 경장하는 도를 다하라. 진실로 이같이 하면 충후와 기절을 둘 다 얻을 수 있다.

독경 - 학자가 진덕(進德)하고 수업하는 것은 오직 독경에 있으니 경에 두텁지 못하면 다만 공언일 뿐이다. 모름지기 겉과 속이 여일하여 조금도 간단이 없고 언어에는 교가 있고 행동에는 법이 있으며 낮에는 하는 것이 있고 밤에는 얻는 것이 있으며 일순(一瞬)에도 존(存)이 있고 일식(一息)에도 양(養)이 있어야 한다.

거학 - 학자가 학궁에 있을 때는 모든 거지(擧止)를 학령에 일의하여 혹 독서도 하고 혹 제술도 하여 식후에는 잠시 유영하여 정신을 서창(舒暢)하고 소업(所業)을 환습(還習)하여 석식 후에도 또한 그리하라. 군거에는 반드시 논론(論論)으로 서로 높이고 감의(感儀)를 정제히 하여 엄숙하기를 선생과 같이 하라. 학궁에 있어서는 행집한 뒤에 강문하며 익(益)을 강(講)할 때에 허심(虛心)하고 교를 받으며 열복(悅服)하고 예에 맞도록 행동해야 하며 무익한 글은 강문하는 것이 옳지 않으니 쓸데없이 심력만 쓰는 것이다.

독법 - 달마다 초하루와 보름에 제생은 학당에 가지런히 모여 알묘 행집하고 예가 끝난 뒤 자리를 정하고 장의가 소리를 높여 백록동 교조[17]와 학교모범 일편을 읽고 이어서 서로 강론하고 실공을 서로 힘쓰라. 만일 의사가 있으면 사장이 나와 앉아야 하고 유고하여 불참하면 반드시 이유를 들어 회처에 고하라. 여럿이 다 알게 병이 있거나 하향이나 기일을 정확히 아는 사고 외에 칭탁(稱托)하고 불참을 재차 하는 자는 출좌시키고 한 달이 넘어도 오지 않는 자는 사장에게 고하여 논벌하라.

격몽요결 - 「격몽요결」은 율곡이 해주 석담으로 가서 은병정사(隱

---

17) 오교지목: 부자유친, 군신유의, 부부유별, 장유유서, 붕우유신. 爲學之序: 博學之, 審問之, 讀思之, 明辨之, 篤行之, 修身之要: 言忠信行篤敬 懲忿窒慾遷善改過.

屛精舍)를 짓고 일반학도를 가르치기 위하여 편술한 것으로 격몽이란 몽매한 것을 물리친다는 뜻으로 입지(立志)·혁구습(革舊習)·지신(持身)·독서(讀書)·사친(事親)·상제(喪制)·제례(祭禮)·거가(居家)·접인(接人)·처세(處世) 등 모두 10장으로 되어 있어 「학교모범」과 비슷한 점이 많다.

입지─처음 배우는 이는 먼저 모름지기 뜻을 세워 반드시 성인이 될 것을 스스로 기약할 것이요, 조금이라도 자기 자신을 작게 여겨 물러가려는 생각이 있어서는 안 될 것이다. 일반 중인도 그 본성은 성인과 한가지일 것이다. 비록 기질은 청(淸)·탁(濁)·수(粹)·박(駁)[18]의 다름이 없지 않겠으나, 참답게 알고 실천을 통하여 젖어 온 구습을 버리고, 그 본성을 되찾는다면 털끝만큼도 보탬이 없어 만선이 충분히 갖추어질 수 있을 것이다.

혁구습─사람이 비록 학문에 뜻이 있어 용맹스럽게 정진하여도 성취할 수 없음은 구습이 있어서 방해하는 까닭이다. 구습의 조목을 아래와 같이 열거하니, 만일 뜻을 가다듬어 통렬히 절제하지 못한다면, 끝내 학문할 곳이 없는 것이다. 첫째는 뜻을 게으른 데 두고 그 몸가짐을 함부로 하고, 다만 편히 노는 데만 생각을 하고 구속되기를 싫어하는 것, 둘째는 항상 돌아다니기만 생각하고 조용히 안정하지 못하여 분주히 드나들고 이야기로 세월을 보내는 것, 셋째는 같은 것은 즐기고 다른 것은 미워하여 속된 무리들에 빠져 좀 빠져나가려다가도 무리들에게 배반을 당할까 두려워하는 것, 넷째는 좋은 글을 떼어내어 남에게 칭찬받기를 좋아하며, 경전을 표절하여 부조(浮藻)[19]한

---

18) 잡것이 섞인 것.

19) 시문의 기교를 말함.

문체나 꾸미는 것, 다섯째는 할 일 없는 사람들을 모아 놓고 노래와 춤이나 일삼고 편히 세상을 보내면서도 깨끗한 운치로 여기는 것, 여섯째는 한가한 사람들을 모아 놓고 바둑이나 도박을 즐기며 종일토록 다투기만 하는 것, 일곱째는 부귀만 부러워하고 빈곤을 싫어하여 나쁜 음식과 나쁜 옷을 매우 수치로 여기는 것, 여덟째는 즐기는 것에 절도가 없어 절제하지 못하여 금전의 이(利)와 노래와 여색에 젖어 그 맛을 꿀맛과 같이 여기는 것.

구습이 이처럼 마음에 해가 되니, 더욱 그 나머지는 이루 헤아릴 수 없는 것이다. 그렇기 때문에 시시로 통렬히 반성하여 마음에 한 점 구습의 해도 없게 한 연후에야 진학의 공부를 논할 수 있으리라.

지신 - 학자는 반드시 성심으로 도에 향하고, 세속의 잡사로써 자기의 뜻을 흔들리지 않게 되어야만 학문의 기초가 이루어졌다고 할 수 있다. 공자의 말씀에 "충과 신을 주로 하여야 한다"고 하였는데 주자는 이를 "사람이 충신하지 않으면 일이 모두 성실하지 못하여, 악을 하기는 쉬워도 선을 하기는 어렵다. 그러므로 반드시 이 충신을 주로 삼아야 한다"고 해석하였으니, 반드시 충신을 위주로 하여 용감하게 공부를 시작한 후에 능히 성취되는 것이 있을 수 있다. 황면재 (黃勉齋)가 이른바 "마음을 진실하고 성실히 하라" 또 "애써 공부하라" 등의 말도 다 이런 뜻이다. 모름지기 항상 일찍 일어나고 늦게 자며, 의관을 바르게 하고 용모와 안색을 반드시 엄숙하게 하고 두 손을 바로 모으고 앉아, 걸음걸이는 점잖으며, 말은 신중히 하고, 모든 행동을 경솔히 하지 말고 또 방자스럽지도 않아야 할 것이다.

극기 - 자기의 이욕(利慾)을 이기는 공부가 가장 일상생활에 절실하다. 이른바 기(己)라는 것은 내 마음이 천리에 합당하지 않는 것을 말한 것이니, 반드시 내 마음이 색을 좋아하는가, 이(利)를 좋아하는가, 명예를 좋아하는가, 사관을 좋아하는가, 안일을 좋아하는가, 연락을 좋아하는가, 진미를 좋아하는가, 여러 가지로 살려서 좋아하는 가운데에 이에 합당하지 않은 병통이 있으면 한 번에 모든 것을 깨끗이 없애 버리고 뿌리째 뽑아 버린 연후에야 내 마음이 좋아하는 것이 의리에 합당하여 기를 극(克)할 수 있게 될 것이다.

독서 - 배우는 자는 항상 이 마음을 보존하여 사물이 이기는 바가 되지 않게 하고 모름지기 이치를 궁리하여 선을 밝힌 연후에야 마땅히 행할 도가 뚜렷하게 앞에 있어 진보할 수 있게 된다. 그러므로 도에 들어가는 데 이치를 궁구하는 것보다 더 먼저 할 것이 없으며, 이치를 궁구하는 데 있어 독서를 하는 것보다 먼저 할 것이 없으니 이것은 성현의 마음을 쓴 자취와 선악의 본받을 만한 것, 경계할 만한 것이 모두 책에 있기 때문이다.

사친 - 무릇 사람 된 자로 어버이에게 마땅히 효도해야 한다는 것을 모르는 이가 없되, 실제로 효도를 하는 이가 매우 드문 것은 어버이의 은혜를 깊이 알지 못하는 까닭이다. 무릇 부모를 섬기는 자는 한 가지 행동이라도 감히 제 뜻대로 하지 말고 반드시 명령받은 후에 행할 것이요, 만일에 마땅히 해야 할 일이라도 부모가 허락하지 않는다면 반드시 상세히 설명을 드려서 허락을 얻은 후에 부모가 행하되, 만약 끝내 허락하지 않더라도 제 의사대로 곧장 밀고 나가서는 안 될 것이다.

상제 - 상제는 마땅히 주문공(朱文公)의 가례에 의할 것이로되, 만일 의심하거나 모르는 곳이 있으면 먼저 예를 아는 웃어른에게 물어서 반드시 그 예를 다하는 것이 옳다.

제례－제사는 마땅히 가례에 의해서 반드시 사당을 세워 선조의 신주를 모시며 제전을 두고 제기를 갖추어 종자가 주장할 것이다. 사당을 받드는 자는 매일 새벽에 대문 안에서 뵈옵고 재배하며 출입할 때는 반드시 고하여야 한다.

혹 수재나 화재가 발생하거나 도적이 들면 먼저 사당을 구하여 신주와 유서를 옮기고, 다음에 제기를 치운 뒤에 집 안의 재물을 구하여야 한다. 정월 초하루와 동지, 초하루와 보름에는 참례하고 속절(俗節)에는 시식을 올려야 한다.

상과 제의 두 예는 인자로서 가장 정성을 다해야 하는 곳이다. 이미 돌아가신 어버이를 또다시 봉양할 수는 없으며, 만일에 상사에 그 예를 다하지 않고 제사에 그 정성을 다하지 않는다면, 영원히 그 애통을 붙일 일이 없을 것이요, 애통을 덜 때가 없을 것이니, 자식의 정이 의당 어떠하겠는가.

거가－무릇 집에 거하는 데는 마땅히 삼가 예법을 지켜 처자와 집의 가중을 거느려서 직분을 각각 나누어 주고, 일을 맡겨 성공을 책임지어야 하며 재용의 절도를 마련하여 수입을 헤아려 지출하여, 가산의 유무를 맞추어 상하의 의식과 길흉의 비용에 충당하되, 사치를 금지하여 항상 모름지기 여분을 두어 뜻하지 않게 일어나는 용처에 대비할 것이다.

접인－무릇 사람을 접대하는 데는 마땅히 화(和)하고 공경하기에 힘쓸 것이니 나이가 배가되면 아버지처럼 섬길 것이요, 10년이 위면 형으로 모시고, 5년 위라도 조금은 존경을 더할 것이요, 학문을 믿고 스스로 높은 체하거나 기를 숭상하여 남을 능멸해서는 안 된다. 벗을 택하되 반드시 학문을 좋아하고 착한 것을 좋아하며, 바르고 엄숙하며 정직하고 성실한 사람을 취하여 이와 함께 거처하면서 규계를 허심탄회하게 받아들여 나의 결함을 다스릴 것이요, 만일에 그가 게으르고 희롱을 좋아하며 부드럽고 아첨을 하여 곧지 못한 자라면 사귀어서 안 될 것이다.

처세 - 옛날 배우는 자는 벼슬을 구하는 것이 아니라, 학문이 성취되면 위에서 천거하여 쓰는 것이니, 대개 벼슬은 남을 위한 것이요, 자기를 위하는 것이 아니다. 지금은 그렇지 아니하여 과거로 인재를 뽑게 되므로 비록 천리를 통하는 학문과 인간에 뛰어난 행실이 있어도 과거가 아니면 출세하여 도를 행할 수 없으므로 아비가 자식을 가르치고 형이 아우에게 권하는 것이 과거 외에는 다시 다른 방법이 없으니 선비의 풍습이 버려짐이 이 과거 때문이다. 다만 지금의 선비가 부모의 희망과 문호의 계책을 위하여 많이 과거를 하더라도, 마땅히 자기의 포부를 길러서 시기를 기다려 득실은 천명에 붙일 것이요, 탐독하고 열중하여 그 의지를 잃지 않아야 한다.[20]

성학집요 - 경전과 사학에서 중요한 학문과 정사에 관한 것을 널리 채집하여 저술한 것으로 수재치평(修齋治平)의 요도가 되고 인생의 귀감이 되게 한 제왕학이었다.

성학집요는 8권으로 되었으며 제왕의 학을 위하여 편술한 것으로서 통설 제일(統說 第一), 수기 제이(修己 第二)는 13조로 나누어 해설하였는데 총론(總論) · 입지(立志) · 수감(收斂) · 궁리(窮理) · 성실(誠實) · 교기질(矯氣質) · 양기(養氣) · 정심(正心) · 검신(檢身) · 회덕량(恢德量) · 보덕(輔德) · 돈독(敦篤) · 공효(功效) 등이요, 정가 제삼(正家 第三), 이것은

---

20) 민족문화추진회, 율곡집 1, 서울: 광명인쇄공사, 1968, pp.423~445 참조.

8조로 나누어 해설하였는데 총론(總論) · 효경(孝敬) · 형내(刑內) · 교자(敎子) · 친친(親親) · 근엄(謹嚴) · 절검(節儉) · 공효(功效) 등이요, 위정제사(爲政 第四)는 10조로 나누어 해설하였는데, 총론(總論) · 용현(用賢) · 취선(取善) · 식시무(識時務) · 법선왕(法先王) · 근천계(謹天戒) · 입기강(立紀綱) · 안민(安民) · 명교(明敎) · 공효(功效) 등이다. 그리고 성현도통 제오(聖賢道統 第五)로 되어 있다.

향약 – 민중교화에 대한 율곡의 사상은 「향약」에서 잘 반영되어 있다. 본래 향약이란 지방자치단체의 덕화 및 상호 협조 등을 위하여 만든 규약으로 그 모체를 이룬 것은 중국의 여씨향약[21]이었다. 율곡의 민중교화, 사회교화의 사상은 그가 만든 서원향약과 해주향약에서 잘 나타나고 있다.

그는 선조 4년(1571) 청주목사로 있을 때 전직목사들이 만든 향약을 수정하여 서원향약을 만들어 시행한 일이 있으며 선조 10년(1577)에 벼슬을 그만두고 해주 석담에 은퇴하고 있을 때 해주향약을 만들어 우리나라의 향약으로는 가장 완비된 것으로 인정받고 있다. 우리나라 향약에 모체가 된 여씨향약은 4대 강목으로 되어 있는바, 그 내용은

덕업상권(德業相勸) – 덕업을 서로 권하는 것

과실상규(過失相規) – 과실을 서로 규제하는 것

예속상교(禮俗相交) – 예속으로 서로 사귀는 것

환난상휼(患難相恤) – 환난을 서로 구휼하는 것 등이다.

---

21) 여씨향약은 북송 말에 섬서성 남전현의 여씨 문중 도학으로 명성을 떨친 대충 · 대방 · 대균 · 대림 등의 4형제가 일가친척은 물론이요, 향리 전체를 교화 선도하기 위하여 처음으로 마련한 것이다.

율곡의 서원향약 · 해주향약도 모두 이 대강목에 기초를 두고 있을 뿐만이 아니라 이황의 예안향약도 그 근본정신에 있어서는 동일하다.

6. 실학사상과 교육

1) 실학사상의 발전[22]

실학은 영조 · 정조시대에 일어난 학풍으로 이조 초기의 실학 즉 주자학적 도학이 초기의 참신한 기운을 잃고 케케묵은 이론으로 시종하여 실지와는 아주 동떨어진 학문이 되고 말았다. 이때 사실에 입각한 새로운 비판정신을 불어넣은 것은 당시 청나라에서 들어온 고증학과 서양의 과학적 사고방식이었다. 그 영향을 받은 사람들, 즉 새로 등장한 실학파들은 비판의 눈을 우선 퇴폐한 사회 · 경제 · 정치로 돌리고 현실의 여러 문제를 해결함으로써 이상적인 사회와 희망적인 장래를 내다보고자 하였다. 실학파의 비조(鼻祖)는 반계 유형원(磻溪 柳馨遠)인데 그를 계승한 성호 이익(星湖 李瀷)과 더불어 실학의 앞길을 닦아 놓았다. 유형원의 「번계수록」과 이익의 「성호사설」은 현실적인 문제들, 즉 정치의 도 · 지방제도 · 재정 · 경제 · 과거제도 · 학제 · 병제 · 관제 등을 날카롭게 비판하고 그들의 장래에 대한 이상과 구상을 논한 책이다. 이리하여 실학의 계통을 밟은 학자들이 잇달아 나타났으니, 앞에 말한 유형원의 「번계수록」, 이익의 「성호사설」 외에 정

---

22) 李弘稙, 前揭書, p.853 參照.

약용(丁若鏞)이 「목민심서」, 「경세유표」, 「흠흠신서」를 지어 현실의 개혁을 부르짖었다. 이 실학의 학풍은 역사방면에도 영향을 주어 안정복(安鼎福)의 「동사강목」, 「열조통기」, 이긍익(李肯翊)의 「연려실기술」, 한치윤(韓致奫)의 「해동역사」, 유득공(柳得恭)의 「냉재집」, 「사군지」, 「발해고」, 「경도잡지」, 이중환(李重煥)의 「택리지」, 신경준(申景濬)의 「강계고」, 「도로고」, 「산수경」, 김정호(金正浩)의 「대동여지도」, 「대동지지」, 권상기(權尙驥)의 「팔도분도」, 성해응(成海應)의 「연경재전집」 등이 나왔고 의학·농학에는 김려(金鑢)의 「우해어보」, 정약전(丁若銓)의 「자산어보」, 박세당(朴世堂)의 「색경」, 서유구(徐有榘)의 「임원십육지」 등이 있었다. 또 언어학 분야에는 신경준(申景濬)의 「훈민정음운해」, 유희(柳僖)의 「언문지」, 황윤석(黃胤錫)의 「이재집」 등이 나왔다. 이 실학파 중에서 청나라에 들어가 그 우수한 문화를 직접 보고 청조의 문물을 수입하자고 주장한 사람들을 북학파라고 불렀다. 북학파로는 박제가(朴齋家)의 「북학의」, 홍대용(洪大容)의 「담헌집」, 이덕무(李德懋)의 「청장관 전서」, 박지원(朴趾源)의 「연암집」, 홍양호(洪良浩)의 「이계집」 등과 천주교 실학파에 속하는 이벽(李蘗)·이승훈(李承薰)·권일신(權日身) 등의 학풍을 일반으로 실학이라는 이름으로 불러 왔다. 그들은 첫째로 송유의 성리학과 경서해설을 비판하여 그의 우상적 권위를 부인하고 동 해설에 대한 자가의 견해를 내세웠으며 둘째로 천문·지리·역산·농학·의학 등의 서유럽 과학을 섭취하여 세계관과 과학적 지식을 넓혔고, 셋째로 정치·경제와 민생의 실제 문제들을 연구하여 정치·경제제도의 혁신을 주장하였으며, 넷째로 조국의 역사·지리·문화·언어 등을 연구·고증하여 국학을 일으켰으며, 다섯째로 천주교를 신봉하여 새로운 인생관의 확립을 기도하였다. 종래의 공리공론을 일삼던 도학 혹은 성리학의 관념적인 세계에서 떠나 현실세계로 눈을 돌려 온갖 민생문제와 사회문제를 실제적·현실적인 이상과 방법에 의하여 해결시켜서 당우(唐虞)의 이상국가를 재현시킴으로써 백성들이 다 같이 행복한 생활을 할 수 있는 나라를 건설하려고 한 것이 조선실학의 특징이며 이상이었다.

이 실학사상의 전반에 흐르고 있는 기본학풍을 현상윤은 다음과 같이 지적하였다.[23]

첫째로 이용후생의 도를 강구하여 경국제민의 술(術)에 힘쓸 것.

둘째로 낙토조선(樂土朝鮮)을 만들기 위하여 조선의 역사·지리·풍사 등을 연구주제로 한 것.

셋째로 북학론의 주장, 즉 청조를 통하여 들어오는 외국의 문물제도와 학술 가운데 우수한 것을 수입 활용한 것.

넷째로 고증학의 연구 등이다.

이러한 학풍을 지닌 실학파는 대체로 다음의 세 유파로 나누어진다.

① **경세치용학파**: 이는 정치·경제·사회 등의 제반 제도, 즉 토지제도 및 행정기구 등 기타 제도와 그 개혁에 치중하는 근기학파의 주장으로서 반계 유형원과 성호 이익을 대종으로 하는 남인계의 농촌을 배경으로 한 학자들이며, 17세기 말부터 18세기 전반기에 걸쳐 실학을 창도하였다.

② **이용후생학파**: 이는 상공업 및 생산기술에 관한 연구와 그 혁신에 치중하는 것으로 상공업 유통 및 일반기술 면의 발전을 지표로 하는 배학파의 주장으로서 연암 박지원을 대표로 하는 남인·소론계의

---

23) 玄相允, 朝鮮儒學史, 서울: 民衆書館, 1954, pp.323~324.

도시를 배경으로 한 학자들이며, 18세기 후반기와 19세기 초엽의 실
학을 주도하였다.

③ **실사구시학파**: 이는 경서, 금석, 전고 등의 고증에 치중하는 학
파로서 원당 김정희를 중심으로 한 재경거관의 학자들이며, 19세기의
실학을 주도하였다.

이들 실학파 학자들은 그들을 이해하고 밀어주던 정조가 서거하자
그 이듬해 1801년 소위 신유대박해가 일어나 실학파학자에 대한 대
량 학살과 추방 운동이 일어나, 실학은 쇠퇴기에 접어들었다. 그리고
개국과 함께 기독교가 들어오자 서유럽의 과학문명이 동시에 수입되
어 한국의 근대화 운동이 본격적인 단계에 이르자, 실학운동은 자연
개화운동으로 그 바통을 넘겨주게 되었다.

2) 이익(李翼, 1681〜1763, 숙종 7〜영조 39)

실학자로 자는 자신(子新), 호는 성호(星湖), 본관은 여주(驪州), 대사
헌 하진(夏鎭)의 아들이다. 숙종 31년(1705) 증광문과에 응했으나 낙
방, 이듬해 형 잠(潛)이 당쟁으로 희생되자 벼슬을 단념하고 안산 첨
성촌에 머물러 일생을 학문에 전심, 유형원의 학풍을 계승하여 실학
의 중조가 되었다. 영조 3년(1727) 학행으로 추천되어 선공감가감역
(繕工監假監役)에 임명되었으나 사퇴하고, 영조 39년(1763) 첨지중추부
사가 되어 이해에 죽었다. 아버지가 남긴 많은 장서를 토대로 경전·정
주학을 섭렵하고 이황의 글을 탐독했다. 사회현실은 역사적으로 고찰
해야 하며 그러기 위해서는 실증적·비판적 태도로 학문을 접근해야
한다는 이론을 세웠으며, 모든 학문은 실제 사회에 유용한 것이어야

한다고 주장하였다. 한편 당쟁의 발생은 이해의 상반에서 오는 것이라고 분석하고 제한된 일정한 직제에 비해 생업에 종사하지 않는 많은 관리의 등장이 필연적으로 당쟁을 조성하는 것이라고 하여 양반도 산업에 종사해야 한다는 사농합일을 주장하였고 아울러 과거제도의 재검토를 제시하였다. 또한 토지경작을 기본적인 경제정책으로 보고 대토지의 점유를 억제하고 한전법(限田法)의 시행을 주장하였다. 또한 서학에도 깊은 관심을 두어 유학자의 입장에서 이를 비교적 편견 없이 소화 · 소개하였으며, 지리학 · 의학 등에 있어서도 서양의 새로운 지식을 수입, 이를 연구 · 보급시켜 그 폭넓은 학문은 그 후 안정복 · 이가환 · 이중환 등에게 계승되었고 이조판서에 추증되었다. 저서로는 「성호사설」, 「성호문집」 등이 있다.

성호는 교육의 목적을 개인향상에 두었다. "왕자는 하늘의 뜻을 지니고 도를 행한다고 하였다. 왕자만이 하늘의 뜻을 지닌 것이 아니라 필부도 하늘의 뜻을 지녀야 한다. 곧 자연계의 음양, 청탁의 변화를 볼 때마다 자기 심신의 변화와 대조하여 진수(進修)할 길을 밟아야 한다"고 하였고, 배우지 않고 놀아 일신의 실패가 된 것이 가석(可惜)하다 하여 삼석(三惜)[24]을 말하였다.

그는 교육방법에 있어서 다음의 여덟 가지를 강조하였다.

---

24) 삼석이란 "차생(此生)이 불학(不學)한 것이 첫째 가석이요,
차신(此身)이 한유(閑遊)한 것이 둘째 가석이요,
차신이(此身) 일패(一敗)한 것이 셋째 가석이다"고 하였다.

① 일신전공(日新全功) - 날마다 새로운 공을 온전히 할 것.

② 취진공부(驟進工夫) - 박력을 가지고 나아갈 것.

③ 구신호기(求新好奇) - 신기한 것을 좋아할 것.

④ 부실기시(不失其時) - 때를 잃지 말 것.

⑤ 서독질의(書讀質疑) - 글로 써서 질문할 것.

⑥ 경완서적(敬玩書籍) - 서적을 사랑하고 공경할 것.

⑦ 진리를 간략히 포착할 것.

⑧ 진지(進止) - 이것은 진과 지, 두 가지 학문의 성불성이 있다는 것이니 공자가 안연에게 한 "여관기진(餘觀其進)이요 미견기지(未見其止)"라고 한 말에서 진지의 분기점을 말하였다. "혹 사고가 있다. 혹 기승행장(騎乘行裝)이 없다. 혹 힘이 부족하고 질환이 많다고 하는 것은 다 부진하려는 제목이다. 겨를을 얻으면 일이 끝나기를 기다리나니 한 일이 끝나면 또 한 일이 생길 줄 모르고 심하면 도박유희를 하면서 용심을 하지 아니하니 슬프다"고 하였다.

그는 교과목에 있어서 사물잠(四勿箴)을 중시하였다. 정자의 사물잠에 대하여 "성인의 훈이 만세의 법이니 그르치는 자는 그른 자다"고 하여 효경·논·맹·역·시·서·예기·주례·춘추·주설·제사·정주문자·퇴계집·본국사 등을 읽어야 한다고 하였다.

성호는 교육실제에 있어서 아래와 같은 내용을 중요시하였다.

① 그는 가정교육을 중요시하였다. 그는 "부형의 교는 유소시에 있고 사우의 익은 장성한 뒤에 있다. 유소시에 학을 잃으면 사우 때에 보충할 수가 없으니 그러므로 사람은 현부형(賢父兄)이 있는 것을 낙

하는 것이다. 혹 일찍이 고아가 되어 교육이 없거나 부형이 있어도 자애에 빠져서 회도(誨導)하지 못하였다면 어찌 아깝다고 하지 않겠는가. 어려서 이루어지는 것은 천성과 같고 습관은 자연과 같다고 성인이 말하였다"고 하였다.

② 그는 도시교육의 폐해를 지적하였다. "세상에 나서 사람이 된 이상에는 당연히 인사를 알아야 할 것이다. 경사는 뭇 일이 모여 들었으니 여기에서 배우지 아니하면 다시 무슨 업을 할 것인가. 그러나 일이 모이면 이(利)가 모여들고 이(利)가 모이면 마음이 흔들리고 마음이 흔들리면 성품이 어지러워지나니 상지(上智)의 자질은 자득이 없는 데는 들어가지 않지마는 중지 이하의 사람은 젖지 않는 이가 없다. 근래에 이욕시장(利欲市場)이 되어 경배귀유(京輩貴遊)들의 미아(美雅)한 용모는 좋으나 본질은 성기고 입으로 성명은 말하나 마음의 실권이 없다. 이런 자들은 수속의 재는 될 수 있지마는 고매한 그릇을 양성할 수는 없다. 내 일찍이 국중에 주유하니 심협고촌(深峽孤村)의 민속이 순미하고 귀호토족이 사는 곳이 이만 못하고 군읍, 수재가 있는 곳은 더욱 못하고 영진(營鎭), 찰계(察係)가 있는 데는 또 더 못하고 경사는 또다시 못하니 위가 높을수록 화는 더욱 박하고 땅이 가까울수록 속은 더욱 변하니 이것으로 도읍은 인재를 기를 곳이 아님을 알겠다"고 하였다.

③ 그는 실용성 없는 학을 배척하였다. 독서하고 도를 말하면서 정치행정의 술에 어두우면 대학은 무엇하는 것이며, 시전을 외면서 사방의 민간사정을 통하지 못하면 무엇에 쓸 것이며, 빈사가 거가하여 손으로 경가(耕稼)를 못 하고 입으로 자산을 말하지 않고 부모 처자가 얼고 굶고 하인이 이산하면 학문은 무용이 아닌가. 국가에 있어서도

또한 마찬가지라고 하였다.

④ 그는 사도의 존엄을 주창하였다. 학의 도는 엄한 스승이 어려우니 스승이 엄한 후에 도가 존(尊)하고 도가 존한 후에 학을 공경한다.

⑤ 그는 유문의 금고(禁錮)를 책하였다. 성호는 조선 유가가 주자설에 금고되어 일자일문을 비판 교정하지 못하는 것을 분개하였다. 곧 학자는 양심적 이지가 요구하는 진리탐구의 힘을 조지(阻止)한 당시 사상을 반대하였다.

⑥ 그는 과거의 폐해를 절규하였다. 현량(賢良), 재기(才器)를 야(野)에서 구(求)하지 않고 세경가(世卿家)에서 구하고 현능(賢能)은 묻지 않고 사장(詞章)의 말에서 취하면서 얻지 못하면 사람이 없다 하니 지금의 사람들이 재(才)를 천히 하는 것이 극심하다고 했으며 고인이 말하기를 과거로 사를 취하는 것은 군자를 부득이 소인이 되게 하고 덕행으로 사를 취하는 것은 소인으로 부득이 군자가 되게 하는 것이라고 하더니 오늘날의 과거는 패속의 길로 몰아넣는 것이라고 하였다.

⑦ 그는 인재양성의 편벽을 분개하였다. 이제 세인의 우울한 것을 가히 셀 수 있다. 그 속이 재를 천히 하여 현능이 물러서고 그 풍이 벌을 숭상하여 서얼중로(庶孽中路)의 별이 있어 백 세가 되어도 명환(名宦)에 통하지 못하고 또 서북삼도가 막힌 지 이미 400여 년이요, 노비법이 엄하여 자손이 평인에 들지도 못하여 국중에 원울(怨鬱)이 10분의 9는 되고 또 오늘에 당론이 공행하여 삼붕(三朋), 오주(五儔)가 각각 부곡을 이루어 하나가 득지(得志)하면 나머지는 다 병축(屛逐)하니 천지가 변화하고 초목이 번식하지 못한다고 하였다.

결국 성호는 진보사상의 소유자였다. 이조후기의 시폐를 교육적으로 설파하여 인재양성을 계급적, 지방적, 파당적에서 해방하라 한 것과 과거의 악폐를 통론한 것과 유문연구, 비판의 자유를 부르짖은 것과 도시교육의 폐해를 지적한 것과 실용성 없는 속학을 배격한 것이 모두 개혁적 정신이 충일한 데서 나온 것이다. 따라서 이조 후기의 학문, 사조를 변혁시킨 데 막대한 공헌이 있었던 것이다.[25]

---

25) 李萬珪, 前揭書, pp.385~392. 參照.

제5장 조선말기의 교육

1. 조선말기의 시대배경

조선말기란 1876년의 개항으로부터 1910년 한일합방까지의 기간을 말한다.

고종 13년(1876) 쇄국의 문이 열리게 되고 일본과 병자수호조약이 체결되고 이어서 다른 나라와도 자주 통상조약이 체결되어 다른 나라의 진보된 문명에 접촉하게 되었다. 고종 18년(1881) 김윤식 이하 60여 명이 영선사로 청국의 천진에 가서 발전된 군기(軍機)를 배워 오게 하고, 어윤중 · 홍영식 등 신사유람단을 조직하여 日本에 보냈다. 이 결과 신식군대 별기군이 창설되어 호리모도(堀木禮造)를 초빙해 신식군사 훈련을 실시하였고, 청국의 정치체제를 참작하여 총리아문(總理衙門)이 설치되고 총리아문에는 12사가 부속되어 개편되었다. 이와 같이 청 · 일을 통하여 외국의 문화와 접촉하게 되면서 계속하여 개화운동이 전개되었는데, 첫째, 정치 면에 있어서 1884년 갑신정변이 실패하여 혁신이 실패하였지만, 1894년 갑오경장을 통하여 군국기무처(軍國機務處)란 기관을 두고 관제를 개혁하여 관내·의정의 이부와 내무·외무·도지·군무·법무·학무·공무·농상무의 팔아문을 두어 근대적인 체제를 갖추었다. 사회 면에 있어서 갑신정변 때 독립당의 문벌폐지·평등권의 주장은 갑오경장 때에 실천되어 문벌·양반·상민 등의 계급타파, 첩에게 양자를 허하고, 조혼금지, 과부재가, 공사노비의 법적 혁파 등의 개혁으로 나타났고, 후에 단발(斷髮)을 강행하였다. 경제적인 면은 재정정리 등과 신식화폐장정(新式貨幣章程)을 발표하여 근대적인 화폐로 정리하려고 노력하였다. 교육에 있어서는 고종 19년(1882) 귀천을 구별치 않고 학교에 입학을 허가하였고, 그 후 배재학당의 설치를 위시하여 학교가 많이 창립되었다. 고종 22년(1885) 광혜원이란 서양식병원을 설치하여 신식의료법의 강습을 실시했고, 고종 23년(1886) 육영공원을 설립하여 외국어를 교수하였다. 고종 19년(1882) 농상·직조·목축·지차(紙茶)·자전(資甎)의 전국(專局)을 설치하여 식산흥업에도 노력하였다. 고종 21년(1884) 우정국이 설립되어 우편통신이 시작되고 다음 해 서울에서 인천, 서울에서 의주 간에 전신선이 가설된 이래 각지에 속속 가설되었다. 언론기관도 「독립신문」을 위시하여 「황성신문」, 「매일신보」 등 많은 신문이 나와서 민중을 개화시키는 데 노력하였다. 이 시대를 통하여 그런대로 개화되긴 하였으나 근대화의 과정이 늦었기 때문에 외부세력의 침투를 제지치 못하고 1910년 한일합방을 맞게 되고, 이후는 식민지 통치하에서 피동적인 개화로 이끌리게 되었다가 1945년 해방을 맞았던 것이다.[1]

2. 근대학교의 성립과정[2]

1) 기독교계 학교의 성립

매클레이(R. S. Maclay)가 고종을 알현하고 교육과 의료사업의 윤허를 얻게 되자, 1884년 선교사이며 의사인 알렌(H. N. Allen) 부부가 의사 자격으로 입국하였다. 이해에 갑신정변이 일어나자, 수구파인 민영익이 피자(被刺)되었는데 알렌의 정성과 기술로 치료한 결과 3개월 만에 완쾌되었다. 조정에 신임을 얻은 그는 이 기회에 자기 사업의 목적을 이루려고 미국공사관을 통해 국립병원의 설립을 제의하였다. 정부에서는 숙고 끝에 홍영식의 구가를 알렌에게 맡기어 병원을 설립하게 하고, 겸하여 약품비도 부담하게 되었으므로 1885년에 광혜병(廣惠病)이란 이름으로 국립병원을 열었다. 이것이 바로 근대적인 병원의 시작이요, 세브란스의학전문학교의 모체요, 동시에 연세대학교의 역사가 시작되었던 것이다.

한편 아펜젤러(H. G. Appenzeller)는 1885년 서울에 들어와 먼저 와 있던 스크랜턴(W. B. Scranton)의 집 한 채를 사서 들고 방을 터서 시작한 것이 배재학당이다.

1885년 언더우드(H. C. Underwood)는 한국에 도착하여 광혜원에서 화학과 물리학을 가르치다가 다음 해에는 고아학교를 창설하니 이것을 곧 언더우드 학당, 고아학교 등으로 불렀는데 오늘의 경신학교의 전선이다. 1915년 서울 중앙기독교 청년회관을 빌려 연합대학의 설립

---

1) 李弘稙, 上揭書, p.49.
2) 孫仁銖, 韓國近代敎育史, 서울: 延世大出版部, pp.20～36 參照.

인가를 얻기까지 '경신학교대학부'라는 이름으로 개학하게 되니, 이것이 연희전문학교의 시작이었다.

1885년 스크랜턴 부인은 선교사업에 중요한 분야로 한국여성을 위한 교육기관을 세웠으니 이것이 한국여학교의 남상이 된 이화학당이다.

1885년부터 1909년까지 설립된 중요한 기독교계 사립학교를 적어 보면 다음과 같다.

〈 독교계 사립학교〉

연대	교명	교파	소재지
1885	광혜원		서울
1885	배재학당	감리교	〃
1886	이화학당	〃	〃
1886	경신학교	장로회	〃
1887	정신여학교	〃	〃
1894	광성학교	감리교	평양
1894	숭덕학교	〃	〃
1894	정의여학교	〃	〃
1895	일신여학교	〃	동래
1896	정진학교	〃	평양
1896	공옥학교	〃	서울
1897	숭실학교	장로회	평양
1897	신군학교	감리교	서울
1897	영화여학교	〃	인천
1898	배화여학교	〃	서울
1898	맹아학교	〃	평양
1898	명신학교	장로회	재령
1900	평양신학교	〃	평양
1903	숭의여학교	〃	〃
1903	루씨여학교	감리회	원산
1903	정명여학교	장로회	목포
1904	덕명학교	감리회	원산

1904	호수돈여학교	〃	개성
1904	진성여학교	장로회	원산
1904	의창학교	감리회	해주
1905	영명학교	〃	공주
1906	계성학교	장로회	대구
1906	신성학교	장로교	선천
1906	보성여학교	〃	〃
1906	의명학교	안식교	순안
1906	한영서원	감리회	개성
1906	미리흠학교	〃	〃
1907	약현학교	천주교	서울
1907	수피아여학교	장로회	광주
1907	신명여학교	〃	대구
1907	기전여학교	〃	전주
1908	신흥학교	〃	〃
1908	창신학교	〃	마산
1909	의정학교	감리회	해주

1910년 2월까지 설립된 기독교계 학교의 종교별 통계를 보면 장로파가 501교, 감리파가 158교, 성공회가 4교, 안식교가 4교, 종파미상이 84교, 각교파합동 1교, 천주교가 46교로 신구교회가 세운 학교가 모두 796교이며 이 중 신교파만 666교를 세웠다.

2) 정부에 의한 관학의 성립

구한말 정부가 세운 최초의 근대식 교육기관으로 육영공원(Royal English School)이 1886년 개교되었다. 1883년 미국에 갔다 온 보빙사(報聘使) 일행의 요청과 주한미국공사관부무관이었던 포울크(G. C. Foulk) 중위의 알선으로 세워졌다. 1884년 국왕의 설립허가를 받았으나 갑신정변으로 중단되었다가 1886년 헐버트(H. B. Hulbert), 길모어(G. W. Gilmore), 벙커(B. A. Bunker) 등 3명의 미국 교사가 초빙되어 교수에 임하게 되었다. 육영공원에는 좌원과 우원을 두고, 좌원에는 연소한 문무관리 중에서 입학시켰고, 우원에는 통민유학(15~20세)을 정선하여 입학시켰다. 소요경비는 처음 호조와 선혜청에서 부담하였으나 개교 다음 해부터는 인천항의 해관세로 전담하였다. 학과내용은 수학 · 자연과학 · 역사 · 정치학 등을 영어로 교수하였다. 그러던 것이 1895년 외국어학교 설립과 더불어 폐지되었다.

육영공원에서 비롯된 정부의 근대학교는 고종 31년(1894)의 갑오개혁에서 다시금 새로운 학제를 갖게 된다. 지금까지 학정을 맡았던 예조가 없어지고 과거제를 폐지하고 관리등용법을 새로 내고 학정을 학무아문으로 옮기니 이때부터 옛 교육의 형태는 사라지고 새 교육이 나오게 되었다. 나라의 유신은 교육이 없이는 안 된다는 뜻을 같은 해 7월에 학무아문의 명의로 고시를 발포하였으니 물론 순 한문으로 약 700자나 되는 장문이었다. 그 요지의 부분을 소개하면 다음과 같다.

"돌아보건대 시국은 크게 바뀌었다. 모든 제도가 다 함께 새로워야 하지마는 영재교육은 무엇보다도 시급한 일이다. 이리하여 본 아문은 소학교와 사범학교를 세워 먼저 서울에 행하려 하니 위로 공경대부의 아들로부터 아래로 서민의 자제에까지 다 이 학교에 들어와 경서 · 자전 · 문예 · 백가의 문을 배우며 아침에 외우고 저녁에 익히라. 그리하여 장차 힘을 길러 시대를 구하고 내수와 외교에 각각 적용시키려 한다. 진실로 좋은 기회다. 대학교, 전문학교도 또한 차례차례 세우려 한다. 무릇 뜻있는 자는 일심으로 가르침을 받들어 성세를 이루려는 뜻을 버리지 마라."

이듬해 1월 7일에 왕은 홍범 14조를 선언하였다. 이는 우리나라 최초의 헌법이라고도 할 것으로 그 내용은 다음과 같다.

① 청국에 의존하려는 생각을 끊고 자주독립의 기초를 확립한다.

② 본실규범을 제정하여 왕위계승은 왕족만이 하고 왕족과 친척과의 구별을 명확히 한다.

③ 임금은 각 대신과 의논하여 정사를 행하고 종실·외척의 내정 간섭을 허용치 않는다.

④ 왕실사무와 국정사무를 분리하여 혼동하지 않는다.

⑤ 의정부 및 各 아문의 직무·권한을 명백히 규정한다.

⑥ 납세는 법에 의하여 규정하고 함부로 세금을 징수하지 못한다.

⑦ 조세의 징수와 경비지출은 모두 도지아문의 관할에 속한다.

⑧ 왕실의 경비는 솔선하여 절약하고 이로써 각 아문과 지방관의 모범이 되게 한다.

⑨ 왕실과 관부의 1년간 비용을 예정하여 재정의 기초를 확립한다.

⑩ 지방관제를 개정하여 지방관리의 권한을 제한한다.

⑪ 우수한 젊은이들을 파견하여 외국의 학술·기예를 받아들인다.

⑫ 장교를 교육하고 징병을 실시하여 군제의 기초를 확립한다.

⑬ 민법·형법을 제정하여 인민의 생명과 재산을 보호한다.

⑭ 문벌을 가리지 않고 널리 인재를 등용한다.

이 중 ⑪항, ⑫항, ⑬항이 직접적으로 교육과 관계되는 항목이다. 다음 해에 「교육조서」가 내렸다. 이 교육조서는 구교육을 지양하고 근대교육을 통하여 교육입국을 천명한 국왕의 의지로서 우리는 이를 「교육입국조서」라고 부른다. 이 내용을 소개하면 다음과 같다.

"짐이 생각하건대, 조종께서 업을 시작하시고 통을 이으사 이제 504년이 지냈도다. 이는 실로 우리 열조의 교화와 덕택이 인심에 젖고, 우리 신민이 능히 그 충애를 다한 데 있도다. 그러므로 짐이 한량없이 큰 이 역사를 이어 나가고자 밤낮으로 걱정하는 바는 오직 조종의 유훈을 받들려는 것이니 너희들 신민은 짐의 마음을 본받을지어다. …… 짐과 너희들 신민이 힘을 같이하여 조종의 큰 터를 지켜 억만년 평안함을 마저 이어 가야 할지로다. …… 세계의 형세를 살펴보건대, 부강하고 독립하여 웅시하는 모든 나라는 다 그 인민의 지식이 개명하였도다. 이 지식의 개명은 곧 교육의 선미로 이룩된 것이니, 교육은 실로 국가를 보존하는 근본이라 하리로다. 그러므로 짐은 군사의 자리에 있어 교육의 책임을 몸소 지노라. …… 이제 짐이 교육의 강령을 보이노니, 헛이름을 물리치고 실용을 취할지어다. 곧 덕을 기를지니, 오륜의 행실을 닦아 속강을 문란하게 하지 말고, 풍교를 세워 인세의 질서를 유지하며 사회의 향복을 증진시킬지어다. 다음은, 몸을 기를지니, 동작을 떳떳이 하고 근로와 역행을 주로 하며, 게으름과 평안함을 탐하지 말고, 괴롭고 어려운 일을 피하지 말며, 너희의 근육을 굳게 하고 뼈를 튼튼히 하여 강장하고 병 없는 낙을 누려 받을지어다. 다음은 지를 기를지니, 사물의 이치를 끝까지 추구함으로써 지를 닦고 성을 이룩하고 아름답고 미운 것과, 옳고 그른 것과, 길고 짧은 데서 나와 남의 구역을 세우지 말고 정밀히 연구하고 널리 통하기를 힘쓸지어다. 그리고 한 몸의 사를 꾀하지 말고 공중의 이익을 도모할지어다. 이 세 가지는 교육의 강기(綱紀)이니라. 짐은 정부에 명하여 학교를 널리 세우고 인재를 양성하여 너희들 신민의 학식으로써 국가 중흥의 대공을 세우게 하려 하노니, 너희들 신민은 충군하고 위국하는 마음으로 너희의 덕과 몸과 지를 기를지어다. 왕실의 안전이 너희들 신민의 교육에 있고, 국가의 부강도 또한 너희들 신민의 교육에 있도다. 너희들 신민이 선미한 경지에 다다르지 못하면 어찌 짐의 다스림을 이루었다 할 수 있으며, 정부가 어찌 감히 그 책임을 다하였다 할 수 있고, 또한 너희들 신민이 어찌 교육의 길에 마음을 다하고 힘을 다하였다 하리오. …… 상하가 마음을 같이하기를 힘쓸지어다. 너희들 신민의 마음이 곧 짐의 마음이니, 힘쓸지어다. 진실로 이와 같을진대 짐은 조종의 덕광(德光)을 사방에 날릴 것이요, 너희들 신민 또한 너희들 선조의 어진 자식과 착한 손자가 될 것이니, 힘쓸지어다."[3]

이와 같이 정부가 우리의 교육을 근대교육으로 변혁시키려는 노력과 이상은 드디어 법적 체제를 갖추고 나타났다. 그것이 각 학교의 관제와 각종 규정이다. 이를 연대순으로 열거하면 다음과 같다.

한성사범학교관제	1895년 4월 16일 칙령 79
외국어학교관제	1895년 5월 10일 칙령 88
성균관관제	1895년 7월 2일 칙령 136
소학교령	1895년 7월 19일 칙령 145
한성사범학교규칙	1895년 7월 23일 학부령 1
성균관경학과규칙	1895년 8월 6일 학부령 2
소학교교칙대강	1895년 8월 12일 학부령 3
보조공입소학교규칙	1896년 2월 20일 학부령 1

---

3) 吳天錫, 韓國新敎育史, 서울: 現代敎育叢書出版社, 1964, pp.84~86.

중학교관제   1899년 4월 4일 칙령 11
외국어학교규칙   1900년 6월 27일 학부령 2

　이와 같은 학교관제에 의하여 정부는 1895년에 한성사범학교를 비롯하여 외국어학교, 법관양성소, 1899년에 경성의학교, 1900년에 한성고등학교(현 경기 중·고등학교), 1908년에 한성여자고등학교(현경기여자고등학교) 등 관립고교를 설치하게 되었다.

3) 민간인에 의한 사학의 성립

　민간인이 세운 사립학교로서 처음 세워진 것은 민영환이 1895년에 설립한 흥화학교일 것이다. 본교는 민영환이 러시아황제 대관식에 참여하였다가 돌아와 외국어교육의 필요성을 통감하고 세운 학교로 영어와 일어 외에 측량술을 가르쳤고, 과로는 심상과·특별과 및 양지과가 있었다.

　이 흥화학교 설립과 때를 같이하여 을미의숙이 시작되었고, 이것은 낙영의숙으로 재발족하여 주로 일어를 가르쳤으며, 다음 해에 中學洞에 중교의숙을 세워 일어, 영어 및 한문을 교수하였다. 1899년에는 안창호에 의한 점진학교, 1907년에는 안창호의 대성학교, 이승훈의 오산학교가 각각 설립되었다.

　이제 근대사립학교의 교육활동에서 나타나는 공통된 교육정신을 찾아보면[4]

---

4) 車錫基, 「韓國民族主義敎育의 硏究」, 友石大 文理大 論文集 第4卷, 1970, pp.38~39.

① 국권 회복을 위한 민족운동지도자의 양성

② 배일애국교과에 의한 민족의식의 고취

③ 과외활동을 통한 애국사상의 함양

④ 교육실천을 통한 항일운동 등을 들 수 있다.

1895년부터 1909년까지 설립된 주요 민간인사립학교를 들면 다음과 같다.

〈민간인 사립학교〉

연대	교명	설립자	소재지
1895	흥화학교	민영환	서울
1895	낙영의숙(을미)	사회유지	〃
1896	중교의숙	민영휘	〃
1899	점진학교	안창호	강서
1901	낙연의숙	서광세	서울
1902	우산학교	양재새	〃
1904	청년학원	전덕기	〃
1905	양정의숙	엄주익	〃
1905	광성실업학교		〃
1905	한성법학교		〃
1905	보성학교(보성전문)	이용익	〃
1906	휘문의숙	민영휘	〃
1906	진명여학교	엄귀비	〃
1906	숙명여학교(명신여학교)	〃	〃
1906	보성중학교	이용익	〃
1906	중동학교	신규식, 최규동	〃
1906	현산학교	남궁억	양양
1906	양규의숙	여자교육회	서울
1906	혁야의숙	이철용	포천
1906	정화학교		개성
1907	신학원	여자교육회	서울

1907	서우사범학교	서우학회	〃
1907	동인학교	대한동인회	〃
1907	대성학교	안창호	평양
1907	강명의숙	이승훈	정주
1907	오산학교	〃	〃
1907	봉명학교	이봉래	서울
1907	오성학교(광신)	서북학회	〃
1907	정리사	유일선	〃
1907	경성중학교	이종호	경성
1907	양실학교		의주
1907	양산소학교	김구	안악
1907	장훈학교		서울
1908	기호학교(중앙학교)	기호흥학회	〃
1908	동덕여자의숙	이재극	〃
1908	대동전수학교	대동학회	〃
1908	보인학교	보인학회	〃
1908	소의학교(동성)	장지연	〃
1909	융희학교	유길준	〃
1909	양산중학교	김홍량	안악

이와 같이 한국근대학교의 성립과정은 사학이 관학보다 먼저 세워
졌고 특히 그중에서도 기독교계 사학이 민간인의 사학보다 앞서 설
립되었고 민간인의 사학은 교육의 근대화 추세와 기울어져 가는 국
권의 정립 내지 회복이란 과제에서 큰 몫을 하였다고 할 수 있다.

3. 일제 통감부와 교육

한국을 합방하려는 일본의 침략정책은 「한일의정서」(1904. 2. 23.)
를 교환하고 그해 「제1차 한일협약」(1904. 8. 22.)으로 노골화하여 일

본인 및 일본정부가 추천하는 외국인을 외무와 재무의 고문으로 삼게 하는 고문정치를 행하게 되었다. 이 고문정치가 '통감정치'로 바뀐 것이 「을사보호조약」(제2차 한일협약, 1905. 11.)이다. 이 조약으로 일본은 일체의 외교권을 뺏고 통감부를 두어 소위 통감정치를 실시하였다. 한편 日本은 '영일동맹'·'포츠머츠(Portsmouth) 조약' 등에 의하여 한국에서의 우위를 국제적으로 인정받게 되니 이로써 사실상 한국이 일본의 식민지로 화하게 되었다. 때마침 융희 1년(1907)에 화란(네덜란드) 해아(海牙, 헤이그)에서 만국평화회의가 열리자 고종은 밀사를 보내어 보호조약이 군사적 강제에 의한 비합법적 조치임을 호소하고 국제적 힘으로 국난을 극복하려 하였으나 성과를 거두지 못하였다. 이 사실이 알려지자 일본은 고종을 퇴위시키고 '한국신협약'(1907. 7.)을 맺어 각부에 일본인 차관을 임명하고 통감의 권한을 강화, 국정전반에 걸친 지배를 행하였으며 만일의 사태에 대비하기 위하여 통감 이등박문(伊藤博文, 이토 히로부미)은 황제에게 강요하여 비밀조서를 내리게 하여 한국군대의 해산을 단행하였다.

표손일(俵孫一, 다와라 마고이치)은 학부차관이 되어 이 나라 학사행정의 최고 권력자가 되었다.

이제 통감부가 설치되었던 1906년부터 한일합방이 되었던 1910년까지의 통감부교육정책 중 중요한 것만 간추려 보면 그 내용은 아래와 같다.[5]

첫째로, 우민화가 기본방침이었다.

통감부는 이 방침을 수행하기 위하여 학제를 개편하였다. 즉 6년이

---

5) 孫仁銖, 前揭書, pp.48~54 參照.

었던 초등교육을 4년으로 단축시켰다. 뿐만 아니라 통감부는 합방에 이르기까지 중등학교의 학교설립을 극히 제한하고, 고등교육의 학교 설립은 방해하거나 허가하지 않음으로써 우민화를 일층 가중시켰다.

둘째로, 점진적인 동화정책으로 관·공립보통학교(소학교)를 확장하였다.

초대통감이었던 이등박문은 흩어진 민심의 수습과 점진적인 동화정책으로 차관을 도입하여 관·공립보통학교를 1906년에 22개교, 1907년에 28개교, 1908년에 9개교를 설치하였다. 그리하여 한국의 아동들로 하여금 식민정책을 무조건 복종하는 인간을 형성하려고 하였던 것이다.

셋째로, 일본어의 보급에 중점을 두었다. 통감부는 일어의 보급을 위하여 보통학교(소학교)와 고등학교(중학교)에서 일어는 1학년부터 4학년까지 매주 6시간, 그리고 사범학교에서도 매주 4시간을 두는 학부령(23호)을 공포한 것을 보아도 이들이 동화정책에 얼마나 경주하였는지를 알 수 있다.

넷째, 교과를 통한 친일교육을 강화하기 위하여 일본인교원의 배치에 중점을 두었다.

당시 학부가 편찬한 교과서는 은연중 친일교육의 고취를 위한 방향으로 만들어졌고 각급·각종 학교마다 일본인 교원을 초빙케 하여 학교운영의 실권을 장악도록 하였다.

한편 통감부는 사학학교로 하여금 본연의 교육목적을 수행시킨다는 구실하에 칙령 제62호(1908. 8. 26.)로 사립학교령을 공포하고 동년 10월 1일에 시행하였다. 이 令은 전문 17조로 구성되었는데, 그 주요 條項을 보면 다음과 같다.[6]

제2조 사립학교를 설립하고자 하는 자는 다음 사항을 갖추어 학부대신의 인가를 받아야 한다.

① 학교의 목적, 명칭, 위치

② 학칙

③ 교지, 교사의 평면도

④ 1개년 간의 수지예산

⑤ 유지방법

⑥ 설립자, 학교장 및 교원의 이력서

⑦ 교과용 도서명

제3조 학칙에는 다음 사항을 구비하여야 한다.

① 수업연한 및 학년에 관한 사항

② 학과목 및 그 정도와 매주 교수시수에 관한 사항

③ 학원 또는 학도의 정원

④ 입학자격 및 입퇴학에 관한 사항

⑤ 수업료 및 입학료에 관한 사항

제6조 사립학교에서 사용하는 교과용 도서는 학부편찬 또는 학부대신의 검정을 받은 자 중에서 사용할 수 있다.

제8조 다음에 해당하는 자는 설립자, 학교장 및 교원이 될 수 없다.

① 금고 이상의 형에 처한 자, 단 복교된 자는 제외함.

---

6) 徐龍澤, 韓國의 私學, 서울: 民衆書館, 1974, pp.46~48.

② 면관 처분을 받고 2년을 경과하지 아니한 자, 단 징계를 면한 자는 제외함.

③ 교원 면허장 환수 및 처분을 받고 2년을 경과하지 않은 자.

④ 성행이 불량하다고 인정되는 자.

제9조 사립학교의 설비, 수업 및 기타 사항으로서 부적당하다고 인정할 때는 학부대신이 그 변경을 명령할 수 있다.

제10조 다음의 경우에는 학부대신이 사립학교의 폐쇄를 명할 수 있다.

① 법령 규칙에 위반되었을 때

② 안녕질서를 문란하게 하고 또는 풍속을 괴란(壞亂)할 우려가 있을 때

③ 6개월 이상 규정의 수업을 하지 않았을 때

④ 제9조에 의한 학부대신의 명령을 위반하였을 때

제12조 사립학교 교장은 5월 말 현재에 의하여 직원성명, 담당 학과목, 학년별 학도 재적자 수 및 출석자 수, 교과용 도서명 그리고 회계에 관한 보고서를 학부대신에게 보고하여야 한다.

제13조 지방관은 학부대신의 지휘를 받아 그 소관 내 사립학교를 감독한다.

이상을 살펴볼 때 통감부는 대체로 네 방향에서 사학의 설립 및 유

지를 노골적으로 통제하였다.[7]

첫째, 통감부는 사립학교령 공포 후에 정부로 하여금 1909년 4월 지방법을 공포하게 하였다. 이는 종래 사립학교 유지의 큰 재원이던 시장세를 지방관청의 수입으로 규정하여 사립학교군의 유입을 막으려는 것이었다.

둘째, 통감부는 시장세 이외에 유임단체 특히 향교에서 사학에 조달하는 경비를 막기 위해 공입보통학교 비용령을 만들었다. 그리하여 향교재산을 장악 관리하여 그 대부분의 수입을 관립학교비에 편입하였다.

셋째, 통감부는 종래 몇몇 사학이 일반경비를 황실재산 중 궁내부 경이원 보조로 충당하여 왔던 것을, 1908년 11월부터는 궁내부경이원 재산을 도지부로 이관하여 국가재산화함으로써 사립학교를 통제하였다.

넷째, 통감부는 다시 기부금품 취체규칙을 공포하였다. 그리하여 사학경영자의 기부요청행위는 경찰의 허가를 얻도록 하여 재정적으로 사립학교의 맥박을 졸랐다.

또 학부령으로 공통된 교과용 도서 검인정 또는 인가의 기준을 보면 크게 ① 정치적 방향, ② 사회적 방향, ③ 교육적 방향으로 나누고 있다. 이 중 두드러지는 기준은 ①, ②항이다. 이 두 방향에서 나온 검정 또는 인가기준의 주요항목을 들어 보면 다음과 같다.[8]

① 한국의 국시에 위반하여 질서와 안녕을 해치거나 국리민복을 무시하는 것과 같은 언설이 없는가?

---

7) 徐龍澤, 上揭書, pp.48~49.

8) 高橋濱吉, 朝鮮敎育史考, 京城: 帝國地方行政學會 朝鮮本部, 1927, pp.178~180.

② 한국과 일본과의 관계를 비난하는 일이 없는가?

③ 기교하고 오류에 빠진 애국심을 고취하는 일이 없는가?

④ 배일사상을 고취하고, 특히 한국인에게 일본인 및 기타 외국인에 대한 악감정을 품게 하는 것과 같은 기사 또는 어조가 없는가?

⑤ 한국의 고유한 국정(國情)과 달리하는 것과 같은 기사가 없는가?

이상의 자료로서 통감부가 사립학교의 교과용 도서에 얼마나 신경을 쓰고 또 제재를 가했는가를 알 수 있다. 결국 사립학교령이 실시되고 또 변화될 때마다 교육운영 면으로, 정치적인 면으로, 그리고 그 교육내용 면까지 얼마나 가혹하게 규제하였는가를 알 수 있다.

4. 안창호

독립운동가요, 교육자인 그는 호를 도산(島山), 대동강 하류 도롱섬에서 농가 흥국(興國)의 둘째 아들로 태어났다. 서당에서 한학을 수학하다가 16세 때 서울에 올라와 구세학당에서 3년간 수학하고 예수교에 입교하였다. 19세 때 독립협회에 가입하고 평양 쾌재정 연설로 이름을 떨쳤다.

1898년 이상재, 윤치호, 이승만과 같이 만민공동회를 개최하고 독립협회운동을 계속하였다. 1899년 향리 강서에 점진학교를 설립하였고, 1900년 미국에 건너가 신문명을 배우는 한편 공립협회를 세워 교포의 생활을 지도 향상케 하였다. 을사보호조약의 소식을 듣고 1906년에 귀국하여 이갑성, 양기탁 · 신채호 등과 비밀결사 신민회를 조직하여 실력을 배양함으로써 독립을 찾으려는 운동을 전개하여 평양에 대성학교, 정주에 오산학교를 세웠으며, 서울의 대한매일신보를 기관지로 사용하고, 평양과 대구에 태극서관을 설립, 또 평양에는 도자기 회사까지 세워 교육·문화·산업 등 모든 방면으로 활동을 전개하였다. 그 뒤 1908년에는 박중화, 최남선, 김좌진, 이동녕 등과 청연학우회를 조직, 무실력행주의로 민족계몽을 적극 추진하였다. 1911년, 총독 데라우치(寺內正毅) 암살음모사건을 뒤집어씌우려 하자 다시 미국으로 망명하였다.

1913년 로스앤젤레스에서 민족혁명수양단체인 흥사단을 조직하여 활약하다가 3·1운동이 일어난 후 상해로 건너가 임시정부 내무총장을 지내는 한편, 흥사단 극동임시위원부를 조직, 임시정부 육성과 민족계몽을 통한 독립운동에 계속 헌신하였다.

1932년 상해에서 윤봉길 의사의 거사가 있자 일본경찰에 체포되어 본국으로 송환되고, 대전 감옥에서 3년간 복역한 후 가출옥하여 평남 대동군 대보산에 들어가 휴양하다가 1937년 동우회 사건으로 다시 체포되었다. 이듬해 병으로 보석되어 서울대학병원에서 치료하다가 1938년 3월 10일 세상을 떠났다. 그는 일생을 정직과 성실로써 나라를 위해 헌신, 분투했으며, 먼저 교육을 통해 민족의 기둥을 기른 후 나라를 세워야 한다고 하였다. 정부는 1962년 3월 1일 대한민국 건국 공로훈장 중장을 추서하였다.

도산의 교육목적은 건전한 인격의 실현이었다. 현대교육에서 '전인으로서의 인간(men as a whole)'을 그 목적으로 하는 것과 합치된다. 그의 건전한 인격의 내용은 다음 세 가지로 요약할 수 있다.

첫째로, 튼튼한 몸이다. 건전한 육체에서 건전한 정신이 나온다고 그는 믿었다. 그는 지육(知育)보다 덕육(德育)과 체육(體育)을 강조하였다. 덕이 없는 인간의 지식은 악용되기 쉽고, 건강치 못한 인간의 지식은 불건전하기가 쉽다. 그는 덕육 · 체육 · 지육의 순서로 그 비중을 두었다. 이것은 영국의 로크(J. Locke)의 「교육론」(Some thoughts Concerning Education, 1693)에 나타난 사상과 일맥상통한다.

둘째는, 직업교육의 강조다. 그는 각자가 생활력을 가질 수 있도록 일인일기(一人一技)교육을 갖추어야 한다고 하였다. 각 개인은 자기 민족에 봉사함으로써 자기의 天職을 다한다고 생각하였다.

셋째는, 인간다운 도덕적인 품성을 갖추는 것이다. 그는 건전한 인격의 핵심인 덕성을 기르기 위해서는 무실(務實) · 역행(力行) · 충의(忠義) · 용기(勇氣) 등 4대 정신을 역설하였다. 이를 좀 더 자세히 들어 보면 다음과 같다.[9]

무실 – 실은 진실 · 성실의 실이요, 실질 · 실력의 실이다. 실은 참이요, 알맹이다. 거짓이 없는 것이 곧 실이다. 무는 힘쓴다는 뜻이다. 그러므로 무실이란 참을 힘쓰자, 진실을 실천하자는 뜻이다. 간디(M. Gandhi, 1869~1948)는 진리파악(Satygraha)을 주장하였다. 도산의 무실은 진리파악과 흡사하다. 무실주의는 곧 진실주의이다. 저마다 참되기를 힘쓰고 참된 사람이 되자는 것이 곧 그의 무실주의이다.

역행 – 이것은 행을 힘쓰라는 뜻이다. 입으로나 말로만 공리공론하지 말고 실천궁행하기를 힘쓰자는 것이다. 역행이란 내가 나부터 몸소 행하고 실천하는 것이다. 저마다 공론가가 되지 말고 역행가가 되자는 것이다. 그는 백 가지의 논설보다도 하나의 본보기가 더 힘이

---

9) 安秉煜, 民族의 스승 島山安昌浩, 서울: 興士團本部, 1966, pp.36~38.

있고 효과가 크다고 생각하였다. 그의 철학은 행의 철학이요, 실천의 철학이다. 나도 행하고 너도 행하고 우리도 다 행하자는 것이다. 그는 이론보다 실천, 공론보다 역행을 강조하였고, 자기 스스로 실천의 본보기를 보였다. 그는 평생토록 이상촌의 건설을 추진한 것도 그 본보기를 보이려 함이었다. 즉 행함으로써 배우고 배움으로써 행하자는 학행일치의 사상을 그는 말하였다.

충의−충의는 충성과 신의를 합친 말이다. 사람은 언제나 일이나 다른 사람에 대해서 참되고 신용이 있고 충성심이 있어야 한다. 무슨 일이든지 일단 작정을 하면 내게 이롭건 불리하건 간에 끝까지 성실성을 다하고 신의를 지켜야 한다. 변절과 불신은 도산이 가장 미워했던 것이다. 일에 대해서는 충성을 다하고 사람에 대해서는 신의를 다하자는 것이 충의의 뜻이다.

용감−사람은 무슨 일에나 용기가 있어야 한다. '우물쭈물'과 '얼렁뚱땅'과 '비겁'이 온갖 악을 낳는다. 참과 거짓, 의와 불의를 준엄하게 가리고 참의 편에서 움직이고 의의 편에서 살아가려면 언제나 용기가 필요하다. 우리는 용기 있는 인간, 용감한 국민이 되어야 한다.

그의 사상의 기저를 이루고 있는 것이 주인정신이요, 주체성이다. 그는 주인정신과 손님정신을 구별하여, 전자는 잘되고 못되는 것이 모두 나에게 달렸다고 하는 강한 책임감을 말하는 것이요, 후자는 일의 잘잘못이 나하고는 상관이 없다는 것이다. 그는 하루빨리 우리나라 국민들이 손님정신을 버리고 국민정신을 갖는 것이 독립국가로서 발전할 수 있는 에너지라고 하였다.

그는 위대한 인격자요, 동시에 교육자였다. 그는 주위의 많은 사람들에게 크나큰 감화를 주었으며, 개심반성시킬 수 있는 덕을 지니고 있었다.

성을 기저로 하는 교육자로서의 그의 성격을 다음과 같이 분석하였다.[10]

① 성실: 그의 일생의 좌우명은, 성심정의의 한마디로 요약된다. 스스로 행함에 있어서 작은 일에나 큰일에나, 성을 다할 것을 그는 가르치고 또 몸소 실천하였다. 표리부동을 배제하고 모략중상을 극히 경계하였다. 사람을 대함에 있어서도 성심을 주로 하고 허례와 가식을 미워하였다.

애도나 경하는 성심으로 하여야 한다고 그는 항상 가르쳤고, 또 그렇게 하기를 몸소 노력하였다. 그가 유교식의 관혼상제 의식을 비판한 이유는 그것이 형식화되고 성심을 결하였기 때문이다. 영전에서 곡하는 것을 폐하자고 하는 것도 성이 아니고 형식이란 점에서이다. 상가에서 도박하는 것을 배제한 이유도 애도의 성의를 해친다는 데 있다.

② 근엄: 그는 평생을 대인관계에서 자세를 어지러이 한 일이 없고, 그의 대화는 결코 탈선함이 없었으며, 농담을 하더라도 결코 지나치는 일이 없었다. 술을 좋아하였지만 취색을 보이는 일이 없었고, 청년과 희락하기를 즐기었으나 결코 난하기를 허락하지 아니하였다. 오락의 좌석에서도 질서와 예도를 지키는 것이 한층 기쁨을 증진한다는 것을 강조하였다

③ 궁행: 그는 남을 가르치기에 앞서 반드시 자기가 먼저 실천궁행하기를 힘썼다. 샌프란시스코 노동 이민자들에게 청결을 가르치기 위

---

10) 柳炯鎭, 敎育과 主體性, 서울: 敎學社, 1963, pp.137~138.

하여 자기 스스로 비와 걸레를 들고 청소하였으며 창문의 커튼과 상위의 화병을 스스로 만들어 놓아, 다른 사람으로 하여금 와서 눈으로 보고 이를 따르게 하였다. 그가 모범 농촌을 계획할 때에 그 목적은 농민들로 하여금 실제로 보고 배우게 하자는 데 있었다. 말과 글로 가르치는 것보다 보고 따를 수 있는 모범을 보여 주는 것이 가장 빠른 교육방법이라고 그는 항상 주장하였다. 만년에 출옥 후 평양 송태산에 송태정이란 삼간초실을 지을 때, 방의 구조와 실내장치, 소정원에 이르기까지 스스로 설계하고 감독하여 만들었다. 그 본뜻도 농민들이 그 집을 보고, 그 방 안과 뜰을 보고 모방케 하려는 데 있었다. 조그만 뜰에 무궁화를 심고 못을 파고 금붕어를 길렀던 것도 자기의 취미보다도 일반 농민에게 보여 주자는 심경이었다.

④ 인내: 그는 청년을 교도함에 있어서는 무한에 가까운 인내를 가졌었다. 이론을 억지로 주입하는 것이 아니라, 장기간의 문답으로써 청년 자신의 생각으로 바른 결론을 내릴 때까지 계속하는 것이다. 흥사단의 입단문답은 하나의 실례이다. 그는 실무의 정신이 우리 민족에게 필요하다는 것을 깨닫게 하기 위하여 때로는 여러 시간을 허비하였다. 그리하여 상대편이 자발적으로 확신을 표시할 때까지 문답을 계속하는 것이었다. 그는 후배의 과실을 결코 정면으로 질책하는 일이 없었다. 장기간의 토론에 의하여 당사자가 자기의 과실을 진심으로 각성하도록 유도하는 것이었다.

이상은 그의 성격 중에서 두드러진 몇 가지를 지적함에 불과하거니와 그 밖에도 온화인자한 일면이라든지, 그러면서도 원칙적 문제에서 절대 타협을 하지 않는 것이라든지, 구체적인 교재를 중요시하는 것, 정적인 요소를 중시하는 것 등 그의 일동일정이 교육자로서의 천

품을 증명한다.

도산은 '화기 있고 온기 있는 민족'을 그리워하였다. 그는 우리 민족이 서로 깎아내리고 물고 뜯고 시기하고 증오하는 것을 매양 한탄하였다.

그의 우정은 자기를 희생하는 우정이었다. 보수를 바라는 상대적인 우정이 아니라 한없이 주는 것만을 만족해하였던 우정이었다. 그가 북경의 하급 여관에 들었을 때에도 재류동포가 와서 돈 걱정을 하면 시계도 내어 주고 의복도 벗어 주었다. 그는 마치 우정을 위해서는 목숨까지도 내어 주려는 것 같았다. 그의 우정에는 차별이 없었다. 큰 사람에게나 어린 사람에게나 우정은 우정이요, 호의는 호의였다. 여기에는 귀천빈부의 차별이 있을 수 없고 민족의 차별도 있을 수 없었다. 그는 신의의 민족을 얼마나 부러워했는지 모른다. 뿐만이 아니라 그는 영어의 'smile'이란 말을 즐겨 했다. 그는 곳곳마다 '방그레', '빙그레'라고 좋은 모양과 좋은 글씨를 써 붙이고 또는 조각으로나 그림으로도 '빙그레' 웃는 모양을 아름답게 만들어서 전국적으로 미소운동을 일으키려 하였다. '갓난이의 방그레', '젊은이의 빙그레', '늙은이의 벙그레,' 이 모두 얼마나 아름다운 행복의 표정인가! 갓난이의 '방그레'는 갓난이의 청정심의 나타남인 모양으로 사람이란 근심이 없고 설움도 없는 가책(苛責)·혼탁(混濁) 없는 양심에서만 화기 있는 미소가 나오는 것이다. 쓴웃음, 빈정대는 웃음, 건방진 웃음, 어이없어 웃는 웃음, 아양 떨며 짓는 웃음도 다 부정한 물이 든 웃음이다. 순박한 미소, 이것이 그가 요구하는 참사람의 웃음이다.

도산은 우리나라를 '사랑의 나라', '미소의 나라'로 만들고 싶었다. '훈훈한 마음, 빙그레 웃는 낯', 이것이 그가 그리는 새 민족의 모습이

요, 민족운동의 이상이었다.[11]

나중으로 그는 우리 민족의 당면과제를 이루기 위하여 힘을 기르 자고 하였다. 그는 우리가 독립을 쟁취하여 번영을 누리려면 무엇보 다도 '민족의 힘'을 길러야겠다고 믿었다. 그는 흥사단동지들에게 다 음과 같은 서한을 보내면서 우리가 사는 길을 강조하였다.[12]

"우리가 믿고 바랄 바는 오직 '우리의 힘'입니다. 독립이란 뜻이 내 가 내 힘을 믿고, 내가 내 힘을 의지하여 삶을 이룸이요, 이 반대로 남의 힘만 믿고 남의 힘을 의지하며 사는 것은 노예라 하오니, 만일 우리가 이름으로는 독립운동을 한다 하고 사실로는 다른 나라들의 관계만 쳐다보고 기다린다면, 이는 독립운동의 정신에 크게 모순되지 아니합니까.

우리가 설혹 외국의 관계의 시운을 이용한다 하더라도, 그것을 이 용할 만한 힘이 있은 후에야 가히 이용치 아니하리까. 내가 일찍 여 러 번 말하기를 '참배나무에는 참배가 열리고, 돌배나무에는 돌배가 열리는 것처럼, 독립할 자격이 있는 국민에게는 독립국의 열매가 있 고, 노예 될 만한 자격이 있는 민족에게는 망국의 열매가 있다'고 하 였습니다. 독립할 자격이라는 것은 곧 독립할 만한 힘이 있음을 이름 입니다. 세상만사에 작고 큰 것을 막론하고 일의 성공이라는 것은 곧 힘의 열매입니다. 힘이 있으면 사는 것이 하늘이 정한 권리요, 원칙입 니다. 얼른 쉽게 작은 예를 들어 보면, 작은 농장 하나를 경영하더라 도 그 농장을 시설하고 관리할 힘이 있은 후에야 그 농장사업을 실시 하고, 하루 몇 불을 버는 노동이라도 그 노동을 감당할 만한 힘이 있

11) 金善陽, 작은 創造, 서울: 信望愛社, 1974, pp.258~259.
12) 興士團報, 기러기 제23호, 서울: 興士團刊, 1966, 6, pp.1~6.

은 후에야 노동을 실행치 아니합니까. 그런고로 천 번 만 번 생각하여 보아도 우리의 독립을 위하여 믿고 바랄 바는 오직 '우리의 힘'뿐입니다"라고 하였다.

제2부
서양교육사

제1장 희랍의 교육

오늘날 서양문화는 헬레니즘과 헤브라이즘의 2대초석 위에 형성되었다. 오래전 이집트 문명과 바빌로니아 문명이 헤브라이즘으로 기울어졌다고 하면 희랍문화는 그 속에서 숨겨졌던 헬레니즘을 두드러지게 드러낸 문화라고 할 수 있다. 이 희랍문화, 이 희랍정신은 근세에 들어서면서 문예부흥으로, 다시 말하면 희랍정신의 재생(Re－naitre)운동으로 전개되었고, 또다시 18세기 후반에서 19세기에 이르는 신인문주의의 발현을 보았던 것이다. 실로 서양문화는 희랍문화를 그 원류로 해서 오늘에 이른 것이리라.

희랍사회의 첫째 특질로서 휴머니즘의 앙양을 들 수 있다. 오리엔트 문명이 신중심주의(Theocentrism)인 데 반해서 희랍문화는 인간중심주의의 입장을 취했다.

둘째로, 오리엔트문명에서는 세계를 대립투쟁으로 본 반면에 희랍문화에서는 세계를 하나의 아름다운 조화의 실체로 보았다.

셋째로, 폴리스적 성격을 들 수 있다. 희랍문화는 이 성격으로 규정되고 이 성격 때문에 탁월한 에게해의 문화를 형성할 수 있었다.

1. 스파르타의 교육

스파르타는 북방에서 이주해 온 도리아족에 의해서 건국되었다. 스파르타는 원주민을 제압하여 노예로 만들고, 군국주의에 입각한 강력한 정치와 교육을 실시하였다. 스파르타의 남아는 무사로서의 수양을 쌓고 용감으로써 자제심을 견고히 하고 완전한 준법자가 되어 국가를 위해서 봉사하는 것을 불후명예로 삼았다. 남아가 출생하게 되면 그의 부친은 아이를 데리고 공회당으로 간다. 거기서 원로원들의 엄중한 검사를 받은 후 신체가 건강하면 양친에게 6세까지 양육을 명하고 허약하면 깊은 산중에 버리게 했다. 7세가 되면 국가의 공공교육 기관에 이양되었다. 이들은 공동교육장의 엄격한 규율 밑에서 공동생활을 했다. 이들은 달리기, 창던지기, 원판 던지기, 씨름, 권투와 초보적인 독(讀)·서(書)·산(算) 등의 학습을 하고 거의 군대생활을 했다.

18세부터 20세까지의 소년은 매일같이 군사훈련과 엄밀한 시험과 또 많은 시간을 연소아동(年少兒童)의 지도로 보냈다. 20세가 되면 정식으로 군에 입대하여 엄중한 군사훈련을 받았다. 그리고 10년 동안 30세가 될 때까지 국경선에 배치되어 실전을 담당했다. 30세가 되면 비로소 성인이 되어 결혼이 허용되었고 시민권을 획득했다. 그러나 병역의무는 50세까지였고 그 후에야 은퇴하여 자기 사생활로 돌아갈 수 있었다.

한편 여자교육은 주로 가정에서 담당했다. 그러나 각반(Packs)으로 조직되어 유희와 신체적 단련을 과(課)하였다. 여자교육의 이상은 강건한 어린이를 낳을 수 있는 신체를 기르는 데 있었다. 뿐만 아니라 무사의 어머니로서, 처로서의 교양을 닦고 가정에서 어린이를 양성하며 집에 있는 노예를 다루는 훈련도 쌓았다.

2. 아테네의 교육

당시 아테네는 다른 폴리스(Polis)보다 훨씬 귀족적인 지위에 있었고 동시에 교육이상도 극히 귀족적인 성격을 지녔다. 즉 인격을 연마키 위한 미적·인문적으로 풍부한 교양을 쌓고 고귀한 정신과 강건한 육체와의 조화, 이것이 교육의 전 목표였다.

〈아테네의 교사와 학생〉

그렇기 때문에 아테네인은 생산적인 직업에서 멀리 떠나 자유인으로서의 교양, 다시 말하면 '리버럴 아츠(Liberal Arts)'가 관심의 초점이었다. 본래 학교(Schole)라는 어원이 '여가'라는 뜻이다. 아테네 학교는 여가를 가진 자유인이 이 여가를 '선미로운 인간(Kalokagathos)'의 생활을 위한 준비로 이용했던 것이다.

6세까지는 가정에서 교육을 받고 7세가 되면 교복(Paidagogos)을 따라 학교에 갔다. 이들은 오전에는 체조학교(Palaestra)에서 달리기, 창던지기, 원판 던지기, 씨름, 권투를 배우고, 오후가 되면 음악학교(Didascaleum)에서 가요, 기악의 교양을 배우고 간단한 독·서·산을 학습했다. 15세가 되면 체육학교(Gymnasia)에서 보다 전문적인 신체적 훈련을 했다. 18세가 되면 국가에 충성한다는 서약을 하고 그 후 2년간 군사교육을 받았다. 20세가 되면 시민의 자격으로서 사회생활로 들어갔다.

3. 소크라테스(Socrates, B.C. 469~399)

〈소크라테스〉

소크라테스의 아버지는 조각가였고, 어머니는 산파였다. 그는 집안이 가난하여 충분한 교육을 받지 못하였다. 그는 청년시절에 세 차례나 전쟁에 참가하였고 또한 국민회의의원으로 당선된 일이 있었다. 그는 프로타고라스(Protagoras, B.C. 485~415)의 '인간은 만물의 척도이다'(Men is measure of all things)라는 근본원리를 출발점으로 삼았다.

만약에 인간이 만물의 척도라면 사람은 그 자신을 아는 것이 가장 긴요할 것이다. 그렇기 때문에 소크라테스의 근본사상은 '너 자신을 알라'(Know thyself)는 표어로서 요약할 수 있을 것이다. 그는 아테네의 시내를 두루 돌아다니며 진리의 보급, 도덕개선에 힘썼다. 그는 지식의 보편타당성을 주장하면서 이를 근거로 하여 '지는 덕'(Knowledge is virtue)이라는 원리에 도달했다. 다시 말하면 실천의 원리, 학행일치의 원리에로 나아갔던 것이다. 이러한 제 원리에 도달하려면 무엇보다도 먼저 선이 무엇인가 하는 문제에 봉착하게 된다. 선의 반대는 악이다.

본래 악행은 무지의 결과에서 나오는 것이다. 소크라테스는 이 무지의 세계를 애지(Philosophia)의 세계로 개조하기 위하여 일생을 바쳤다. 그는 일반대중들이 참된 덕, 참된 선을 올바로 깨닫기를 바랐다. 그는 이러한 올바른 태도를 생활의 도덕적 개선을 위하여 다음과 같은 대화법을 사용했다. 첫째는, 반어법(Ironic Method)이다. 이것은 교묘한 질문법에 의하여 상대방이 가지고 있는 지식의 그릇됨을 깨닫는 방법이요, 둘째는, 산파법(Maieutic Method)으로 적극적인 반문을 통하여 자기자신이 스스로의 힘으로 정확한 진리를 깨닫는 方法이다.

4. 플라톤(Platon, B.C. 427~347)

플라톤은 그의 스승 소크라테스와는 반대로 아테네의 귀족으로 태어났다. 그는 플라톤이란 이름이 뜻하듯이 심신이 모두 탁월했고 경기, 중회(繪畵), 서정시, 비극 등 여러 방면에 뛰어난 소질을 보였다. 20세 때 소크라테스의 문하에 들어가 스승이 세상을 떠날 때까지 8년간 사사하였다. 그는 당시 아테네의 정계, 국헌, 국민의

〈플라톤〉

풍습에 크게 실망하여 시실리로 여행을 떠났다. 그는 그토록 정치에 마음을 두었던 것을 교육으로 전회하기로 결심하였다. 그는 다시 아테네로 돌아와서 B.C. 388년에 공설체육관이었던 건물에 새로운 학교 아카데미아(Academia)를 세웠다. 그는 이곳에서 많은 학자를 양성하였다. 그는 처음으로 교육론을 체계적으로 조직한 사람이다. 그의 교육설은

주로 국가편(The Republic)과 법률편(The Laws)의 두 저서에서 엿볼 수 있다. 그의 철학 요점은 이데아(Idea)의 철학이다. 이데아란 이념, 이성, 관념의 뜻으로 보편타당성을 가진 진선미의 가치 세계이다. 우리가 오관으로 알 수 있는 현상계는 이데아계의 그림자에 불과하며 영원불변의 것이 되지 못한다. 그렇게 때문에 이 이데아의 세계, 진, 선, 미의 절대적인 가치를 추구하는 것이 그의 교육목적이었다. 인간사회는 국가가 가장 도덕적이므로 국가가 교육의 책무를 맡아야 한다고 생각하였다. 아이들은 6세까지는 어머니의 슬하에서 교육되고 일단 7세가 되면 국가학교에 다닌다. 그들은 여기서 체육, 음악, 읽기, 쓰기 등을 가르쳐 보고 열등한 사람은 농, 공, 상에 종사시키고 우수한 사람은 17세부터 20세까지는 체육 및 군사훈련을 과한다. 이 단계의 교육에서 성적이 좋지 않은 학생은 군인이 된다. 보다 더 발전 희망이 있는 학생만이 30세까지 10년간 철학의 예비교과인 산수, 평면기하, 입체기하, 천문학, 음악이론 등을 배운다. 이들은 대부분 국가관리로 등용되고 극소수의 빼어난 사람만을 뽑아 35세까지 5년간 변증법을 배워서 순수한 사물의 본질을 다룰 수 있는 능력을 기른다. 플라톤은 이 단계를 최고의 단계로 규정했다. 이들은 정치가로 등용된다. 여자 교육도 이와 별다름이 없으나 체육, 군사훈련 등을 경감했다고 한다.

그리고 그는 정신구조와 국가의 조직을 병행적으로 생각했다. 즉 인간의 정신구조를 이성, 용기, 절제의 올바른 조화로 보았고, 국가의 조직도 통치계급, 군인계급, 생산계급의 자유로운 협조로서 이상국가가 실현된다고 보았다. 이 인간의 정신구조와 국가의 조직은 서로 긴밀한 관련 밑에서 통치계급은 이성이 주가 되어야 하고 군인계급은 용기가 주가 되어야 하고 생산계급은 절제가 주가 되어야 함을 밝혔던 것이다.

제2장 로마의 교육

　기원전 7세기경, 이태리의 티벨강 유역, 칠구에 둘러싸인 소도시국가로 출발했던 미미한 한 민족은 B.C. 207년대에는 이태리를 통일하고 B.C. 200년대에는 서지중해의 패권을 장악했다. 희랍인은 도시국가를 초월하는 정치적 조직을 가지지 못했으나 로마인은 이태리 통일의 과정에 있어서 피정복민을 노예로 대하지 않았던 것이다. 오히려 피정복자에게 자치권을 주고 동맹인으로 또는 시민으로 후대한데서 로마의 인구는 급속도로 팽창했던 것이다.

　뿐만 아니라 국내 사회문제의 해결방법에 있어서도 로마인은 희랍인보다 아주 합리적인 방법을 사용했다. 희랍인은 종당 폴리스 내부의 모순을 자기의 힘으로 수습할 수 없었으나 로마인은 견인불발에 가득 찬 자기들의 애국심과 정치력으로 해결했던 것이다. 더욱이 국내에서 귀족과 서민 간의 계급투쟁이나 무력혁명이나 폭동·반란 없이 거의 2세기를 착실한 교섭으로 지날 수 있었다는 점에서 우리들을 경탄케 하는 것이다. 그러나 희랍이 페르시아전쟁을 치러야 했듯이 로마는 두 차례의 포에니전쟁(제1회 B.C. 264~241, 제2회 B.C. 218~201)을 겪어야 했다. 실로 포에니전쟁은 세계사의 동향을 결정하는 대전쟁이었다. 로마인은 비상한 고전 속에서 역경을 참고 최후의 승리를 획득할 수 있었다. 이것은 오로지 로마인의 끈기 있는 애국심과 불굴의 투지에서 온 것이다.

그러나 B.C. 201년, 제2회 전역에 승리를 획득한 후 로마의 대외정책은 아주 변질되었다. 종래의 점진적 정복이나 관대한 통치법을 떠나서 경쟁자를 주저 없이 타도하고, 적극적으로 영토를 확장하는 일종의 제국주의적 야망을 노골적으로 드러내기 시작했다. 이러한 현상은 곧 사회구조의 변질에도 영향을 미쳤다. 즉 생활양식, 생활감정의 변모가 생겼다. 로마인은 희랍문화의 발상지를 점령하고 직접적으로 희랍문화와 접촉함에 따라 로마의 상류계급은 지나친 향락과 소비적인 생활로 기울어져 갔던 것이다. 그들은 세련된 아테네 생활을 동경하고 그 모방에 바빴던 것이다. 로마인의 실질강건한 정신, 애국심, 도의심은 간데없고 극단적인 자아주의와 개인주의와 향락주의가 그들의 뇌리 속에 깊숙이 박혔던 것이다.

한편, 로마는 공화제에서 제정제로 옮겨졌고 476년, 그렇게도 방대했던 서로마제국은 한 작은 게르만의 용병대장에 의해서 멸망되었던 것이다.

1. 공화시대의 교육

데이비슨(Davidson)은 아테네인과 로마인을 다음과 같이 비교했다.
"아테네로부터 로마에 옮기면 시로부터 산문에로, 예술가의 산책으
로부터 사무실로, 현재를 심미적으로 그것을 우아하게 향락하려는 시
민으로부터 현재의 향락을 장래 이익을 위해서 예속시키려는 시민에
로, 이성에 의해서 생활하는 시민으로부터 권위에 의해서 생활하려는
시민에로 옮겨진다." 이와 같이 로마의 교육은 실용적이고 실천적이
고 실리적인 인간상을 이상으로 생각했다.

1) 가정교육

가정은 로마교육의 기본적인 바탕이었다. 어린이는 엄부와 자모의
가정에서 로마 고유의 정신인 순종, 겸손, 성실, 인내, 용기 등 덕을
쌓았다. 어머니는 경건한 도의심으로 자녀를 양육하고 아버지는 아들
을 직접 데리고 다니며 제사, 공무, 외교 등을 가르쳐 훌륭한 인간, 실
천성 있는 사회인, 준법정신이 강한 애국자를 양육하는 데 진력했다.

2) 학교교육

로마에는 공립학교가 없었다. 주로 상류가정에서 교사를 개인적으
로 고용하거나, 한 가정에서 몇 사람의 학생을 모아 놓고, 교사가 가
르치는 정도였다. 그러다 일반민중들이 자녀에게 초보적인 지식을 가
르치기 위하여 시가지에 사립학교를 세웠다. 이 초등학교를 루두스

(Ludus)라고 불렀다. 이 학교에는 리테라토오(Literator, 독서교사)와 카르크라토(Calculator, 셈을 가르치는 교사)를 두어 독·서·산을 가르치고 십이동판법(Twelve Tables)을 암기시켰다. 점차 희랍문화에 접근함에 따라서 희랍의 위인전, 호머의 시(Iliad, Odyssey)를 라틴어로 번역하여 가르치는 문법학교 및 정치가를 양성하는 수사학교가 생기기에 이르렀다.

2. 제정시대의 교육

두 차례에 걸친 삼두정치의 종지부를 찍고 B.C. 27년 아우구스투스(Augustus)가 정권을 장악한 후 실제로 제정제에 돌입했던 것이다. 이 시대를 로마의 페리클레스(Pericles)시대라고도 부를 수 있을 것이다. 두 차례에 걸친 원정을 통하여 외적의 침입 우려가 없게 되자 로마는 국내적으로 타락의 일로를 걷고 있었다. 가정생활은 문란해지고 사회

〈제정제의 교사와 아동〉

생활에서 도의가 땅에 떨어져 극도의 사치와 방종이 횡행했다. 이리하여 가정교육과 사회교육은 무너지고 학교교육만이 쓰러져 가는 로마의 국운을 버티는 동량재였다.

1) 초등학교(Ludus)

제정시대의 교육은 주로 중등교육, 고등교육에 치중했기 때문에 초등학교는 공화시대와 별 차이가 없었다. 6, 7세의 아동에게 독·서·산과 십이동판법 등의 기초적인 지식을 교수했다.

2) 문법학교(School of Grammaticus)

중등교육기관으로 12세 내지 15, 16세 되는 아동을 대상으로 공화시대보다는 훨씬 광범위하고 다채로운 내용을 다루었다. 희랍어와 라틴어 및 문학을 중시했으며 고등교육의 준비과정으로 7자유학과 즉 문법, 수사학, 논리학, 음악, 산수, 기하학, 천문학 등을 가르쳤다.

3) 수사학교(Rhetoric School)

고등교육기관으로 16, 17세가 되면 입학할 수 있었다. 여기서는 수사학을 중심으로 희랍어와 라틴어를 가르쳐 변론의 훈련을 쌓아 로마사회의 실질적인 지도자를 양성하는 데 있었다.

3. 퀸틸리안(Marcus Fabius Quintilian, A.D. 35?~100?)

퀸틸리안은 스페인의 칼라구리스(Calaguris)에서 태어났다. 아버지는 로마의 저명한 수사학자로서 그는 어려서부터 아버지를 따라 로마로 유학하여 법률과 변론술을 배웠다. 그는 일단 고향으로 돌아와서 수사학을 가르쳤다. 그 후, 그는 다시 로마로 건너가 수사학교를 열고 문법, 문학, 변론술 등을 교수하다가 황제의 신임을 얻어 국비 보조까지 받았다. 이 학교는 국가에서 지불을 받은 최초의 학교로 전해지고 있다. 당시 많은 학생들이 학교에 모여 대단한 성황을 이루었다고 한다. 도미티아누스황제 역시 그를 신임하여 황제의 두 누이의 손자를 맡아 가르쳤다. 그는 황제로부터 집정관 상당관의 칭호를 받았다. 전 로마시대를 통하여 퀸틸리안만큼 교양과 교육자로서의 재능을 높이 평가받은 사람은 없었다. 그러나 가정적으로는 아주 불행하였다. 그는 부인을 잃고 두 아이마저 잃고 만년에는 모든 공직에서 물러나 쓸쓸히 지내면서 오직 저술생활에 종사했다. 대표적인 저작은 「웅변교수론」(Institutis Oratoria)이다. 이 대저작은 12권으로 20년간의 교육경험을 통하여 2년간의 기간을 거쳐 이룩된 것이다.

그의 「웅변교수론」은 웅변가를 육성하는 교육방법에 대해서 쓴 것이나 그는 웅변가라는 개념을 로마인의 교육 이상상으로 생각했던 것이다. 따라서 이 저서는 인간교육의 방법론이라고 보아야 옳을 것이다.

그는 "완전한 변론가는 정직청렴한 사람이고 선한 사람이어야 한다. 왜냐하면 실제사회에서는 시민적 자격으로 활동하고 공사양면의 일에 재능을 발휘하고 자기의 권고에 의해 도시를 통치하고 자기의 법률에 의해 도시를 유지하고 자기의 판단에 의해 도시를 개량할 수 있는 사람은 반드시 변론가가 아니면 누구이겠는가."라고 말했던 것이다.

또한 그는 인간의 선천적 능역과 자질에 대해서 낙천적인 생각을 가지고 있었다. 인간의 천성은 대체로 선하고 따라서 대부분의 사람은 스스로 선에 향하려는 성향을 지니고 있었다. 만일 성장해서 선을 등지는 사람이 있으면 그는 자연의 성향을 보지 않고 자연의 성향에 대한 주의의 부족으로 보고 인간의 어질고 우둔함도 교육적 주의 여하에 따라야 한다고 생각하였다. 이 교육적 주의는 아동이 어릴 때일수록 보다 면밀히 개성을 통찰하고 적절한 도덕적 단련을 통해서 적당한 지식을 얻고 성능을 완전히 발달하게 해야 한다고 했다.

그는 또한 언어교육을 기억력이 왕성한 유시(幼時)에 시작할 것을 주장하고 라틴어보다 희랍어를 먼저 가르쳐야 한다고 하였다. 그는 교육분야에서 잊어버린 도덕을 부흥시키려 했고, 다른 한편으로는 희랍어의 습득을 변론가의 불가결한 것으로 생각하였다.

훈육법이 소멸된 뒤에 나온 퀸틸리안은 다시금 체벌을 부활시키려는 생각에 반대하여 적극적으로 체벌의 배척을 주장했다. 그는 어디까지나 교사의 품성을 향상시킴으로써 도덕적 재건을 이룩하려고 했다.

그는 교육제도에 관해서 학교교육을 가정교육보다 우위에 둘 것을 강조하였다. 이러한 주장은 희랍시대에도 공화제 로마시대에서도 볼 수 없는 교육사상사의 매우 주목할 만한 점이다.

제3장 중세의 교육

그리스도교와 희랍문화는 인격의 존엄을 인정한 점에서 일치한다. 그러나 희랍문화의 약점의 하나는 계급의 차별관을 들 수 있으나, 그리스도교는 계급 사이나 남·녀 양성 사이나 차별이 없고, 종족이나 민족 속에 협소한 모든 입장을 취하지 않고, 오직 동권이라는 복음 위에 선 것이다.

모든 인간은 하나님의 자녀로서 초자연적인 가치를 가지는 것과 동시에 초지상적인 은총에 의해서 신의 지체(支體)인 임무를 수행해야 할 과제가 맡겨진 것이다. 그 위에 형제와 이웃을 교육하고 도야하는 데 의해서 높은 사명으로 이끌어야 할 임무를 다해야 한다.

진·선·미는 종교적인 입장을 떠나서는 그 궁극적인 의미를 갖지 못한다. 종교의 입장을 지키고 신에 향한 마음을 연다는 것은 반드시 이 세상에서 금욕생활을 지켜야 하는 것은 아닐 것이다.

지상의 재(財)를 얻기 위한 노작, 정신적 신체적인 노작은 신적인 목표에 접근할 때만 처음으로 가치를 가지고 이 세상의 일은 처음으로 신성화되고 피안에의 봉사가 된다.

기독교는 이와 같은 입장에서 부단히 교육의 임무를 수행하려고 한다. 그리스도교의 생활은 인간과 그 행위를 정화하고 완성하려고 한다. 개인을 협동사회의 성원으로 보려고 한다. 그리스도는 우리들에게 최고의 모범이요, 최대의 교육자이다. 피교육자에 대해서 이 이상을 구원되기 위한 가르침으로 주는 데는 그리스도 이상이 있을 수 없다. 그리스도교의 단체는 그것이 바로 교육협동사회이고, 교회는 시대에 따라서 교육시설의 일부로 제공되어 왔다. 그리스도교는 여자와 어머니를 남자와 같은 지위에 끌어올리고 교육에 의한 신성화된 가족협동사회로 자제를 먼저 신앙으로 이끄는 실천자로서 여겨 왔다.

희랍의 문화재 가운데 특히 가치 있는 것은 그리스도교에 들어와 그 가르침에 관계되었다는 것이다. 아무리 세속적인 내용이라고 해도 구제의 가르침을 넓은 시야에서 받아들이기 위한 한 수단으로 간주해도 무방하기 때문이다.

1. 원시기독교

서양 정신사적 문화의 개전에 있어서 기독교는 진실로 한없이 중요한 지위를 차지한다. 기독교는 기원 초 이래 서양의 사상 및 문화를 구성하는 가장 중요한 요소 중 하나가 되어 오늘에 이르렀는데, 이것과 교섭을 가지지 않은 것이라고는 없었고, 또 서양사상의 각 영역에 걸쳐 기독교를 통하지 않고 영속성을 얻고 또 그 의의를 발휘한 것은 없었다고도 할 수 있다.

기독교는 예수와 그의 가르침에 따라 그를 메시아 · 그리스도로 우러른 그 제자들의 교회적 단체로부터 성립된 종교로서, 특히 바울에 의하여 유태교적 제한을 벗어나 세계적인 것이 되어 2세기에는 교회의 조직이 시작되어 나중에 가톨릭교회가 성립되기에 이르렀다. 처음에는 로마제국 및 이교와 싸웠는데 여기에 이겨 4세기에는 로마제국의 국교가 되었고 로마제국의 와해 시 중세를 통하여 새로운 서구민족의 정신적 지도이념이 되었다. 그런데 서양 근세의 개전과 함께 기독교 안에도 내적, 주관주의적, 개인주의적 운동이 일어나 기독교 본래의 의의를 회복하려는 요구와 결합하여 각국에 프로테스탄티즘(Protestantism)의 정신과 거기에 따르는 교회조직이 나타나게 되었다.

원시기독교란 예수의 활동에서 시작하여 사도시대의 종말에 이르기까지의 기독교를 가리킨다.

이 시대는 기독교의 창원시대(創原時代_로서 순전한 신앙적 열정, 기독교진리의 정화가 나타난 점에 있어서 고전적 시대로 인정되는데 기독교사는 어느 의미에 있어서 이 고전시대의 정신에 돌아오는 운동이라고도 할 수 있다. 그런데 일반교회사의 입장에서 보면 4세기의 초기기독교가 로마제국으로부터 승인될 때까지의 최초의 3세기 동안은, 기독교가 이를테면 사적 종교로서 그 자신의 생존을 위하여 혼신의 힘을 들여 싸운 시대였다. 대내 · 대외의 강세에 향하여 악전고투를 거듭하면서 그 속에서 마침내 강고한 조직을 만들어 내어 사회적으로 확고부동한 기초를 쌓아 올린 시대였다. 이 중에서도 최초의 100년이 한층 더 깊은 의의를 가진다고 할 수 있다. 기독교가 그 자신의 내용을 충실히 하여 한 개의 힘있는 독립된 종교로서의 실력을 갖추기에 이른 것이 원시시대이기 때문이다. 이 시대는 예수 및 그 사도들의 시대, 예루살렘에 원시교회가 설립되었고 뒤이어 복음이 희랍·로마의 세계에 전파된 시대, 바울의 여러 서한과 사복음서와 사도행전이 된 시대, 다시 말하면 기독교의 고전시대다. 그 뒤에 오는 200년 동안도 매우 중요한 시대로서 초대 가톨릭교회가 대체로 성립되어 로마제국의 박해에 견딜 수 있는 지식을 갖추게 되었다. 이때에는 벌써 원시시대의 열정은 볼 수 없었다. 위대한 지도자들이 세계를 떠나게 되면서 독창력도 교회에서 사라져 없어졌다. 그러나 교회는 도리어 그 때문에 받아 내려오는 전승의 유지, 정리에 힘써 교회지식의 확립과 아울러 신약성서와 사도신경의 편성 제정을 보기에 이르렀다.

교육사에 있어서 예수가 끼친 영향은 한없이 깊은 바가 있다. 그는 후기 유태교시대에 살았는데 당시 유태인들은 자기들을 이민족의 구속에서 해방시키는 지도자를 대망했다. 예수 당시의 유태교는 심한 율법주의에 이끌렸는데 율법을 아는 것이 그대로 구원되는 길이었다. 대다수의 경건한 개인들은 대체로 바리새교파에 속했는데, 그들은 자기들 자신의 덕과 의와 정신적 우월성을 과시했다. 그러면서도 그들은 실상 내면성이라고 부르는 가장 중요한 덕을 갖고 있지 못했다. 예수에 있어서의 성격의 기조는 그의 성실성이었다. 그의 말은 언제나 듣는 사람의 가슴을 움직였다. 그는 우리들의 물질적인 소유가 중요한 것이 아니고, 우리들의 정신이 소중하다고 가르쳤다. 그는 모든 인간이 신의 자녀가 된다고 했고 인간 속에 천국이 마냥 깃들인다고 했는데 이 점에서 그는 어느 의미의 이상주의자라고 할 수 있다.

만인은 한 가지로 교육되어야 할 것이라고 예수는 생각했다. 가난한 자나 부유한 자나 학문이 높은 자나 학문이 없는 자나 모두 한결같이 교육되어야 할 자인 것이다. 참된 교육과 참된 종교는—예수에게 있어서 이 두 가지는 결국 하나였는데— 어린이의 소박함이 필요했다. 이것이 없기 때문에 학자들은 참에 대한 정열을 잊어버리고 부질없이 쓸데없는 논쟁에 시간을 보내는 것이었다. 예수는 여러 모양으로 오해를 받았는데 그는 고상한 사랑에 이끌리는 신앙을 원했다. 이 고상한 사랑이란, 인종과 종교와 민족의 장벽을 넘어서서 모든 사람을 하나인 성가족 속에 묶어 세우는 사랑이었다. 이 같은 사랑을 보증하는 것이 행동이었다. 개인의 이상과 형을 근본적으로 바꾸는 행동이 필요했다. 그러나 그를 따르는 많은 사람들은 지나치게 자기들의 전통을 지키려고 했다. 그들은 자기들만이 선택받은 백성으로서 구원될 수 있고, 자기들과 생각을 달리하는 사람들은 누구나 지옥에 떨어질 것이라고 확신했다.

예수는 위대한 교사로서 언제나 단순한 방법을 사용했다. 그는 무수한 비유를 들었고 듣는 자들로 하여금 맑은 심정이 올라오게 하는 데 힘썼다. 우주가 그대로 그의 교과서였고 하루하루는 언제나 새로운 공과(工課)로 제공되었다. 산비탈이나 해변이나 사람들이 모이는 시장이 곧 그가 즐겨 선택한 교장이었다.

소크라테스와 마찬가지로 예수는 덕과 지가 하나임을 믿었다. 그에 의하면 마음이 정결한 자는 우주의 본질을 깨치게 되고, 자연을 올바로 이해하는 자는 신을 사랑하게 되는 것이었다. 우리들의 예사로운 생활 자체가 하나의 이적이 아닐까? 인간이 그대로 신의 창조를 드러냄이 아닐까?

파스칼(Pascal)은 문예부흥기 속에서 다음과 같이 말했다. 심정은 이성이 모르는 이성들을 자기 속에 갖고 있다. 예수는 직관에 의해 이끌렸고 결코 분석적인 지식에 이끌리지는 않았다. 그는 자기 제자들이 무엇을 필요로 하는지를 알았고 제자들은 스승의 헌신과 성실함에 경도되었다.

교육은 다음의 두 가지 방법에 있어서 전진될 수 있다. 첫째 길은, 과학과 분석적인 지식에 의한 길인데, 이 길에 의해서 실제상의 진보가 보장되기는 한다. 그러나 우리들은 분석과 주지적인 지식이 헛되게 되고 때로는 우리들을 속이는 것을 안다. 곰곰이 생각해 보면 우리들은 분석적인 지식이 행복을 가져오는 것이 못 됨을 알 수 있다. 우리들은 깊이 생각하면 할수록 파우스트(Faust)에서 느낀 회색빛 회의에 떨어질 수밖에 없다. 우리들의 분석은 종당 끝없는 신경병과 허탈한 환멸증으로 이끈다.

교육의 두 번째 길은 심정의 지혜로 통하는 길이다. 이 길이 바로 불타와 예수의 길이다. 이때의 지혜는 사물의 핵심에 미치는 지혜로서 조화와 조용한 만족감을 가져온다. 이때의 지혜는 균형과 투시를 가져온다. 이때에 지혜는 이른바 사실에 대한 지식에서 떠나 따뜻한 이해와 함께 나아간다. 이렇게 하여 교육은 헛된 이론보다도 삶의 참된 길이 되기에 이른다.

예수에 의하면 인간은 물질이 그의 행복이나 삶의 보람을 보장하는 것이 못 된다. 물질에 집착됨은 도리어 삶에 대한 장해가 될 뿐이다. 영예와 명성은 도리어 환멸의 탑을 쌓아 올릴 뿐이다. 우리들은 내일을 근심할 것이 아니다. 중요한 것은 오늘이다. 오늘이야말로 결정과 창조적 행동을 일으키는 소중한 시점이다.

예수에 의하면 교육은 개인을 가꾸는 일이 되어서는 안 된다. 이 일은 단순히 입술작업이 되어서는 안 된다. 우리들은 개인을 지적인 존재로서만 생각해서는 안 되고 지식 이상의 것을 요구하는 정의적인 존재로 이해해야 한다.

그러므로 참된 교육은 실재적이 되어야 한다. 교육은 마치 예수가 인간과 하느님과의 조우를 그린 것같이, 가르치는 자와 배우는 자의 반가운 조우가 되어야 한다.

예수 자신이 가정과 성집소에 교육되었다. 그는 스승과의 사이에 긴밀한 연계 속에 있었다. 예수에 의하면 스승은 인간 속에 있는 가장 좋은 것을 이끌어 내는 자이기 때문에 그는 신을 대리하는 자가 되어야 하는 것이었다. 예수 자신이 제자와의 사이에 문답을 통하여 그들을 개종시켰다. 단순한 어구, 이를테면 사람은 빵으로만 사는 것이 아니라는 어구를 통하여 예수는 학자들이 여러 저서 속에서 서술해야 하는 내용을 간결한 말로 표시했다. 이리하여 예수는 교육의 한 단면을 헛된 공식에서 떼어내어 우리들의 생생한 생활, 생생한 관심, 그리고 우리들의 생생한 이상의 일부로 이것을 조각했다.

인류의 위대한 교사들은 불타나 공자나 예수가 한가지로 제자들에게 개별적으로 접근했다. 그들은 몸소 모범을 보였다. 그들은 소수의 천재들뿐만 아니라 일반 제자들을 한결같이 대했다. 그들은 만인이 누구나 배워야 하고 또 진리가 두루 전해져야 한다고 생각한 점에서 교육에서의 민주적인 현해를 가졌다고 할 수 있다. 그들은 확신을 가지고 이야기했고 단순한 논쟁자가 아니었다. 그들은 내면적인 조명에 의하여 영감을 받았는데 이것을 그들은 제자들에게 전해 주었다. 예수는 교육에 있어서 공감의 중요성을 우리들에게 상기시킨다. 그는 결국 자기의 제자를 경천히 여긴 적이 없었다. 그는 언제나 그들의 능력을 존중했다. 그는 제자들의 보는 바를 통하여 인생을 바라보았다. 공감은 진리의 선구자다. 그리고 따뜻한 이해는 진보의 기반을 마련한다.

근대 사람들은 기술적인 훈련에 의해서만 전진할 수 있는 것이라고 생각하는 이들이 있을지 모른다. 이 같은 주장에 의하면 현대는 이미 예수의 교육적 처리에 의해서 좌우되는 것이 아닐지 모른다. 그러나 여기에 대한 대답은 다음과 같다. 우리들은 아직도 인간의 본성과 운명에 관해서 잘 알지 못하고 있다. 우리들에게는 아직도 내면적인 안전성이 필요하다. 우리들에게는 아직도 인정의 따뜻함과 사랑이 필요하다. 우리에게는 아직도 참된 항구성 있는 만족이 그립다. 우리들은 아직도 우리 사회의 존재 자체를 위협하는 안에 대한 싸움에 승리하지 못하고 있다. 예수에서 보는 대로 참된 교사는 자기 사명의 중대함을 알아야 하고 기술적인 조작을 넘어서는 먼 수평선을 바라볼 수 있어야 한다. 참된 교사의 임무는 단순히 지식을 나누어 주는 데 있는 것이 아니고, 새로운 인간형을 축조하는 데 있다. 참된 교사는 그 제자들의 혼을 일으켜 세우지 않으면 안 된다. 이렇게 하기 위해서는 그가 제자들을 올바로 이해하고 또 그들의 생활 속에 파고들어 갈 때만 성취된다.

교육사에 끼친 예수의 영향은 헤아리기 어렵게 깊은 바가 있다. 어거스틴(St. Augustine) 같은 중세 교육자들에게 예수는 악을 피하고 신의 성의를 받드는 길을 가르친 위대한 교사였다. 에크하르트(Eckhart) 같은 신비주의자에게는 예수가 자기희생과 청빈에 몸을 바침이 긴요함을 가르쳤다. 이리하여 신비주의자들에게는 스스로의 무지에 돌아감이 지혜에 나아가는 시초였다.

에라스무스(Erasmus) 같은 문예부흥기의 학자들에게는, 예수는 소크라테스를 신앙의 면에서 한층 더 높인 상이었는데 그는 일찍이 학자가 모든 전도, 몽상에서 벗어나야 한다고 가르쳤다. 종교개혁기의 지도자에 있어서는 예수가 빈부의 차별 없이 한결같이 교육을 받아야 한다고 주장하는 신조의 상징이었다. 코메니우스(Comenius)에 있어서는 예수가 신비주의의 심벌이었고 그는 보편적인 이해가 가능함을 보여 주었다. 퀘이커(Quaker)교에 있어서는 펜(William Penn)에서 보는 대로 사랑의 심벌이어서 모든 사람은 모두 교육되어야 함을 가르쳤다.

경건파의 사람들은 프랑케(Francke)에서 보는 대로 예수가 보인 모범에 의하여 그들의 교육개혁, 특히 서민에 대한 교육계획에 있어서 많은 용기를 얻었다. 페스탈로치는 가난한 자의 자녀와 고아들을 들어 보면서 예수의 행적에 의하여 움직여진 바가 많았다. 프뢰벨(Fröbel)은 예수를 인간과 신과의 융일을 몸으로 보인 이상적인 교육자로 우러렀다.

예수의 교육적인 실행은 행동으로 실증된 새로운 창조작용임을 보였다. 그의 교육적인 실행은 단순한 방법론과 형식적인 지식을 넘어서서 새로운 창조의 생생한 광경을 보였다. 우리들은 보다 본질적인 것에 돌아올 때에만 우리들이 위대한 이상과 꿈을 스스로의 속에 느낄 때에만, 또한 우리들이 모든 형태의 혼수상태와 게으름에서 벗어날 때에만, 인류를 새로 창조하는 교육의 역사에 있어서 전진할 수 있을 것이다.

2. 그리스도교의 교육

로마황제의 오랜 박해에도 불구하고 그리스도교가 끊임없이 정신계를 지배하게 된 것은 예수의 빼어난 인격에서 온 것이었다. 특히 로마의 콘스탄틴(Constantine) 황제가 로마의 국교로서 공인한 이후에 오랫동안 지하에서 햇빛을 못 보던 그리스도교는 새로운 태양의 각광을 받으며 먼저 그 교육은 가정에서부터 실시되었다.

그 후 게르만민족을 그리스도교화하기 위하여 교회가 중심이 되는 교육제도가 발달되었다.

1) 문답학교(Catechumenal School)

이 문답학교는 이교도와 몽매한 민중을 그리스도 교화(教化)하기 위한 학교(學校)로서 출발(出發)되었다. 이들에게 기독교리(基督教理)의 문답(問答)을 통하여 예수의 생애(生涯), 부활(復活), 십자가(十字架)에 대한 예비지식(豫備知識)을 주로 구두(口頭)를 통하여 가르치고 세례(洗禮)를 주어 그리스도 교도(敎徒)로 이끄는 것이다. 처음에는 성인(成人)을 나중에는 어린이를 入學시켰다. 수업기간(修業期間)도 처음에는 단기간(短期間)이었으나 나중에는 2년(年)에서 3년(年)이 있고 교육과정(敎育課程)은 예비과(豫備科)와 본과(本科)로 나누어져 있었다.

2) 고급문답학교(Catechetical School)

이렇듯 문답학교가 널리 보급되면서 이 학교의 교사를 대량적으로

양성할 필요가 생겼다. 특히 알렉산드리아, 안티옥 등 동방의 제 도시에서 고급문답학교가 발달되었다. 이 학교에서는 그리스도교에 대한 보다 깊은 이해를 위하여 신학을 가르쳤고 희랍의 학예도 중요한 교과내용으로 교수되었다. 교회의 지도자 즉 교부(Patres)의 임무는 희랍적인 교양을 가지고 그리스도교의 신조, 교의 등을 증명하고 변호하는 이론적인 기초가 필요했기 때문이다.

3) 본산학교(Cathedral School)

이 본산학교는[1] 교회의 지도자, 즉 성직자를 양성하는 기관이었다. 이 학교는 빈한한 가정과 사회적인 지위가 없는 자제는 입학을 할 수 없었다. 교육내용은 고급문답학교와 별다르지 않았으나 보다 전문적이었다. 성서, 신학, 철학, 과학, 희랍문학 등이 교수되었다. 교육방법에 있어서는 분단수업으로 착실한 교수를 한 면에서 특기할 만하다. 중세의 영축(領軸)이라고 부를 수 있는 스콜라철학도 이 본산학교를 온상으로 하여 그 전성을 이루었던 것이다.

3. 수도원의 교육

수도원은 이집트, 시리아, 팔레스타인 등 동방의 제국에서 1세기에서 2세기경에 일어나 4세기경에 그리스도교에 이입되었다. 529년 베

---

1) 본산학교를 사원학교라고도 한다.

네딕트(Benedict, A.D. 480~543)는 로마의 부패한 생활을 청산하고 나폴리 근처 몬테카시노(Monte Cassino) 산상에 수도원을 창설했다. 이것이 획기적인 제도화가 되어 그 후 전 유럽에 수도원 운동이 전개되었다. 수도사들은 '복종', '청빈', '순결'을 삼대이상으로 하고 이를 준수했으며 '한가함이 정신의 대적'이라고 하여 '기도근면', '연수'의 생활을 되풀이했다. 실로 노동과 독서와 명상이 수도원의 중요한 교육과정이었다.

수도원학교(Monastic School)는 두 과정으로 구분되었다. 하나는 승려를 지망하는 사람을 위한 과정과 다른 하나는 일반인의 수도를 위한 과정이 그것이다. 전자를 내교(Schola Interior)라고 하여 5세, 6세 된 아동을 입학시켜 15세까지 교육을 시킨다. 이들을 정원(Pueri Oblati)이라고 부른다. 후자를 외교(Schola Exterior)라 하고, 일반아동을 외원(Exteni)이라고 부른다. 훈육은 엄격하고 단식, 고행 등이 가해졌다. 교과내용은 초등과 고등으로 분류되어 초등에서는 독, 서, 산, 노래, 라틴어, 고등에서는 7자유학과[2](The Seven Liberal Arts)와 신학이 각각 가해졌다. 6세기에서 11세기에 이르러 수도원과 수도원학교가 전 유럽에 널리 퍼졌던 것이다.

---

2) Cubberley, *A Brief History of Education*, p.86. The Trivium(삼학), grammar(문법), rhetoric(수사학), dialectic(logic ‒논리학). The Quadrium(사과), arithmetic(수학), geometry(기하학), astronomy(천문학), music(음악)이 7자유학과를 7학예로도 번역한다.

4. 기사의 교육

천여 년의 역사를 자랑하던 서로마제국이 게르만의 한 용병대장에게 그 종지부를 찍고 말았다. 이렇듯 무정부상태에 새로이 등장한 것이 봉건제도(Feudalism)이다. 각 계급이 자기능력에 따라 방대한 토지를 사유화함에 따라 새롭게 봉건영주가 각 곳에서 일어나고, 여기에 따르는 독특한 주종관계를 맺고 이 당시 영주는 실제로 정권을 장악하기에 이르렀다. 이리하여 그칠 새 없는 전쟁으로 기사계급이 출현했다. 이들의 생활감정은 극히 황폐했으나 차츰 봉건사회가 안정됨에 따라서 태평세월이 계속되어 이들은 수렵과 향연으로서 즐기며 점차로 세련되고 문화적인 색채를 띠어 기사도(Chivalry)라는 생활규범이 수립되었다. 12세기경에는 이 기사도가 최고의 절정에 달해서 이 정신은 신을 숭배하고 정의를 사랑하고 명예를 소중히 여기고 군주와 귀부인에게 무사로서의 본분을 수행함에 있었다. 그 교육방법은 대체로 다음과 같은 3단계로 되어 있었다.

6세까지는 어머니와 시녀의 손에서 양육되면서 순종의 미덕을 닦으며 또한 명랑하고 쾌활한 성격과 경건한 신앙심을 간직할 수 있도록 양육된다.

일단 7세가 되면 13세까지 시동(Page)이라고 하여 영주의 궁정으로 가서 상류사회의 예법, 노래, 악기, 종교예식, 읽기, 쓰기, 무술을 연마하여 장래 사교생활의 준비를 한다.

14세부터는 종자(Squire)라 하여 기사를 따라 다니며 장래 기사의 경험을 쌓는다. 7자유학과에 반해서 7예[3)를 그 교육내용으로 하고 있다. 그 밖에 모의전쟁, 실전에 참가하여 기사로서의 산 모범을 터득게 한다.

21세가 되면 장엄한 기사입문식을 통하여 기사가 된다. 이 의식일을 준비하기 위하여 후보자는 단식, 기도, 목욕을 하고 의식 전날 밤 교회에 가서 참회하고 성찬을 받고 교회를 지키고 악을 제거하고 승려를 존경하고 부인과 빈자를 보호하고 국가의 안전을 도모하고 자기의 최후의 피 한 방울까지 동포를 위하여 힘쓴다는 맹세를 한다. 그때 영주는 군도로써 그들의 어깨를 누르며 "신의 이름으로 기사의 명칭을 수여한다"고 격려한다. 이때에 높은 곳에서 종이 울리고 나팔 소리가 나며 새로운 기사의 복장과 군마가 수여되며 군중의 환호성 속에서 그 식이 폐회된다.

5. 대학의 발달

11세기경 사라센 문화권에서는 대학이 융성하고 자연과학이나 수학 등이 유럽의 수준을 훨씬 능가하고 있었다. 희랍, 로마의 고전 로마의 고전문예에도 그러하였다. 십자군 원정에 의해서 유럽 사람들은 무엇다도 학예에 대한 커다란 자극을 받았다. 한편,

〈방랑학생〉

---

3) *Ibid*, p.90.
　　Seven Perfections(7예): riding(말타기), swimming(수영), archery(활쏘기), fencing(검술), hunting(수렵), whist or chess(장기), rhyming(글짓기)
　　일찍이 동양에서는 '육예'라는 교육내용이 있었다. 그것은 예(藝), 악(樂), 사(射), 어(御), 서(書), 수(數)이다.

유럽의 대학은 본산학교가 그 모체가 되어 사라센 문화의 자극을 받아 13세기에 들어서면서 우후죽순같이 일어났다.

대학은 처음 교수와 학생과의 단체(Universitas Magistrorumet Scholarium)라고 불린 교수와 학생과의 자연스러운 회합으로 기원을 가졌고 독립자치의 연구단체를 표방하였다. 교수와 학생으로 조직된 일종의 길드(Guild)가 특허단체로서 자유도시와 항쟁하면서 자치적인 학원을 형성한 것에 중세대학의 특색이 있는 것이다. 당시 대학(University)은 특수연구소(Studium Perticulare)와는 다른 의미로 일반연구소(Studium Generale)라고 부른 것은 누구나 어디에서 모여 와도 좋다고 하는 일반적인 것을 강조한 것이다. 이것이 현재의 종합대학(University)의 호칭이 되고 학생의 합숙소(Collegium)가 현재 단과대학(College)의 명칭이 된 것이다.

대학은 어떠한 권위에도 복종치 않고 당시 교권과 제권과의 양세의 대립을 견제하는 위치에 있었고 독자적인 자유의 성격을 지녔다. 대학의 교수와 학생은 병역, 납세를 면제받고 학문의 재판이나 처벌권이나 학장, 총장선출 등의 자치권이 보장되고 대학은 학위수여, 기부금모집의 권리를 갖고 있었다.

완전한 대학조직은 문과를 예과과정으로 하고 그 위에 신학과, 법학과, 의학과를 두었다. 각 분과대학의 교수는 분과대학장(Decane)을 선출하고 분과대학장은 다시 총장(Rector)을 선거했다. 그 임기는 처음에는 반년으로 했다가 나중에는 1년으로 연장하였다. 학위는 닥터(Doctor), 마스터(Master Piece), 배첼러(Bachelor) 등의 학위가 수여되었고, 이 학위호칭의 연한은 대학과 과에 따라 일률적인 기간이 있는 것이 아니었다.

여기서 가장 오래된 대학을 소개하면 이태리의 살레르노(Salerno)

대학,4) 볼로냐(Bologna) 대학,5) 프랑스의 파리(Paris) 대학, 영국의 옥스퍼드(Oxford) 대학, 캠브리지(Cambridge) 대학, 독일 · 오스트리아의 프라하(Prague) 대학, 빈(Wien) 대학, 하이델베르크(Heidelberg) 대학, 쾰른(Köln) 대학 등을 들 수 있다. 국왕과 법왕에 의하여 인가된 대학은 13세기에는 19개교, 14세기에는 44개교, 15세기에는 이를 헤아릴 수도 없을 만큼 많아졌다.6)

---

4) 그리스도교로 개종한 유태인의 의학자 Constantine이 11세기 말에 Hyppocrates 등의 희랍과 Saracens의 의학서를 번역한 것을 기반으로 하여 Salerno 영주의 보조를 받아 설립되었음.

5) 12세기경 법학자 Irnerius를 중심으로 설립되었음.

6) 金成植 著, 大學史(1950) 參照.

제4장 문예부흥기의 교육

15세기에서 16세기에 걸쳐 새로운 시대가 도래한 것이다. 이태리의 국민적 자각, 도시의 발흥, 군소 주권자의 대두가 있었고 고대 로마의 전통이 여기에 합류하여 제 과학의 진보와 여기에 수반하는 발명, 발현이 있었고 서구 전체가 중세의 정신에서 탈출하여 새로운 세계상을 그리는 형세를 갖추었다.

고대 희랍과 고대 로마와의 예술적, 과학적인 업적은 아주 경이적이었다. 자연에 대하여 일찍이 눈을 떴고, 자연을 높이 평가했고 수학과 자연과학의 연구를 진보시켰던 것이다. 인간의 자연성이 발현되고 인간 그 자체는 그의 신체적 정신적인 전 존재에 있어서 또한 그의 독특한 가치에 있어서 높이 평가되어야 할 것이 재확인되었다. 고대 세계의 자유, 진실, 아름다움이 다시 부귀되었고 인간의 힘은 해방되어야 했다. 과학적·예술적인 활동을 촉진시키기 위하여 인간의 힘은 개발되어야 하는 것으로서 중세의 권위에 회의를 갖고 이것을 극복하여 인간을 자유스럽고 고귀한 '인간성'(Humanitas)에까지 이끌어야 했다. 인간은 신체적으로 형성되고, 고대의 정신에 의해서 예술적·철학적으로 도야되고, 수사적으로 숙달되고, 자각적인 존재로서 보편적인 인간(Homo Universale)이 되는 것을 인간의 이상상으로 되어야 할 것이 시대적으로 요청되었다. 중세의 현세도피, 피안에의 사상에서 해방되어 현세에로 마음의 전향이 생겼다. 그리스도교적·교회적인 구속에서 떠나 자연히 종교적인 태도에로 나아가게 되었다. 또한 그리스도교적 휴머니즘의 경향에서 드러나 이것은 그리스도교의 가치적 태도에서 우러나오는 인격의 발현에 중점을 두기에 이르렀다.

1. 이태리의 문예부흥

문예부흥운동의 발상지는 이태리의 도시다. 알프스 남쪽 평야를 거쳐 지중해를 통하여 세계의 동맥이 모이는 곳, 여기에는 플로렌스, 제노바, 쥬네브, 밀라노 등의 도시가 있었다. 이 도시들은 고대 희랍의 도시국가와 같은 성격을 가졌고 다른 한편으로는 세계적인 지반에 서서 아시아, 아프리카, 유럽 등을 잇고 육지와 바다를 연결하고 남과 북을 중개하여 초기자본주의적인 신흥 상인계급을 터전으로 하여 생기 있게 약동했던 것이다. 이것이 문예부흥운동의 생기를 포착한 경제적·사회적인 조건이다.

이와 같이 도시국가는 그 내부에 있어서도 다른 도시국가와의 관계에 있어서도 격렬한 대입투쟁을 계속하여 이 때문에 자기의 존재를 지키는 개성을 현양하려는 노력, 다른 도시국가를 능가하려는 마키아벨리즘(Machiavellism)적인 권모, 다시 말하면 지성과 교양과 명예에의 강한 관심을 환기시켰다.

뿐만 아니라, 이태리 민족은 혈통에 있어서도 고대 로마인의 직계이고 그 생활습관에도 어느 정도 로마풍을 보지(保持)하고 있었으며, 국내 어디에나 잔존하고 있는 대로마 영광의 상징은 그들의 다감한 남유럽인의 회고적 동경을 일으켰다. 이와 동시에 내분에 번민하는 이태리 사람들의 국민감정의 발흥이 결합된 청신한 국민운동도 되어 있었다.

낡은 것에의 동경을 통하여 새로운 것을 낳는 힘, 실로 르네상스(Renaissance)의 동력은 이미 낡았으나 새로운 이태리에서만 새 역사의 여명이 허락되었던 것이다.

1) 단테(Dante, 1265~1321)

단테는 이 운동의 선구자였다. 그는 젊어서 베아트리체(Beatrice)에게 연정을 품었으나, 끝내 이루어지지 않았다. 그러나 그의 생애를 통하여 동경의 대상으로 변하여 이것이 창작의 동기가 되었다. 그는 한 시인으로 끝나는 것이 이상이 아니었다. 장년기에 들어서면서 정치에 관심을 갖고 당시 이태리의 분열과 문란에 분격하여 독일황제(신성로마황제)에 의한 이태리 통일을 희망하였다. 국정에 관해서는 황제파에 속하여 법황파와 투쟁했다. 한편, 그는 귀족의 혈통임에도 불구하고 플로렌스시정에 참여하기 위하여 의사와 약제사의 조합에 가담하여 시정에서는 백파(시민파)에 속했다. 그러나 흑파(귀족파)와의 정쟁에 패하여 압박을 받아 1303년에 동지와 함께 추방되었다. 그는 독일,

프랑스 등을 유랑하면서 여러 면에서 교양을 쌓았다. 그의 주저「신곡」 (Divina Commedia)은 전편 14,000행이 지옥(Inferno), 연옥(Purgatorio), 천국 (Paradiso)의 편으로 이루어졌다. 그는 이것을 '즐거움의 곡'이라 불러 인간성의 명암을 묘사했고 양면의 쟁투 · 시련을 거쳐 암흑에서부터 광명으로 해탈 · 향상하는 방법을 가르쳤다. 단테는 이외에도 베아트 리체를 사모하고 집필한「신생」(Vita Nuova), 정치사상을 발표한「군 주론」(De Monarchia), 또한 교육사상으로 가치를 지닌「향연」(Convivio) 등이 있다. 특히「향연」은, 우주론, 심리학, 신학, 교육론이 융합된 내 용이란 점에서 교육사적으로 중요시되고 있다.「신곡」은 처음에 라틴 어로 쓰였다가 나중에 이태리어로 쓰인 것은 근대국어 존중과 국가 통일에의 지향을 시사한 것이다. 실로, 그는 중세문화를 풍부히 체득 하면서도 다른 한편으로는 문예부흥운동의 선구자적 지위를 점유하 고 있다.

2) 페트라르카(Petrarca, 1304~1374)

어느 의미에서 문예부흥의 최대의 공헌자는 페트라르카이다. 그의 아버지는 정변에 의하여 단테와 더불어 고국에서 추방되었기에 그는 외국에서 탄생했다. 그는 일찍이 법률을 배웠으나 그의 시재는 학재 와 더불어 뛰어나 1340년 로마의 원로원에서 계관시인으로 추대되어 유례없는 명예를 얻었다. 고대 라틴문화에 강한 애착을 가져 스스로 프 랑스, 벨기에, 독일 등 각국을 여행하여 고사본(古寫本) 약 200권을 수집 했다. 그중에는 그가 처음으로 낡은 도서관에서 발견한 시세로(Cicero)의 서한도 있었다. 그는 플라톤 작품 중 16편과 호메로스(Homeros)의 귀중한 사본을 비잔틴에서 가져왔다. 그는 특히 플라톤 작품에 친숙하여 그의 철학에 깊은 동경을 가졌다. 그는 또한 시세로의 문체와 인간과를 숭배했다고 한다. 그의 주저는「서한집」(Epistulae)을 들 수 있는데 이 고전문학의 존숭의 경향은 다시 유럽을 휩쓸어 많은 청소년에게 고전을 탐독하는 기회를 주었던 것이다.

3) 보카치오(Boccacio, 1313~1375)

보카치오는 페트라르카의 친우다. 상인을 아버지로 하는 그는 처음 상업에 종사하고 있었는데, 남이태리의 영향을 받아 나폴리 궁정의 사교계에 접근하는 기회를 가져 여왕의 후대를 받아「데카메론」(Decamerone)을 집필했다. 그도 페트라르카와 같이 희랍, 로마의 고서수집에 노력했다. 그리하여 그는「일리아드」(Iliad),「오디세이」(Odyssey) 등을 비롯하여 희랍의 시를 라틴어로 번역하여 이태리의 학도들이 희랍문학의 내용에 직접 접촉할 수 있었다. 로마 사람들은 희랍문학에서 받은 감격을 당시의 이태리인에게 새롭게 경험시켜 문예부흥운동은 더욱 급속도로 무르익어 갔다. 그의 주저「데카메론」의 내용은 인간자연의 성정을 압박과 위선에서 해방시킨 것으로서 찬상을 받고 있다.

2. 인문주의의 교육

르네상스의 올바른 정신은 우리가 잊어버리고 있던 인간성의 발견이요, 그 개척이기 때문에 바로 인간주의라고도 부를 수 있다. 이 인간주의를 교육목적으로서 추구할 때에 인문이념이 된다. 다시 말하면, 인간성의 개척에 의하여 얻어진 인간적인 문화, 인간교의를 교육의 궁극목표로 하는 것이다. 이러한 이념을 역사적으로 찾아보면 이것은 플라톤, 아리스토텔레스의 교의의 근본사조로서 희랍의 아테네에서 그 전형적인 발현이 보였고, 다시 로마의 시세로 등에 의해서 계승되었다. 휴머니즘은 금욕적·초자연적인 그리스도교적 도야이념에도 또는 물질적·경제적 실제주의에도 반대하여 인간성의 올바른 정신을 발현하려는 자유교육의 이념이 되는 것이다.

르네상스의 발생 당시 인문적 교육이념은 '보다 인간적인 교양'이라고 불리어 직접적으로 고대 문예의 연구를 주로 했으나, 실은 보다 넓고 풍부한 인간적인 교양이었다. 다시 말하면 중세적인 편견에서 탈피하여 풍요한 교육내용의 부활을 요구하여 문예부흥 그것에 의한 미적 정조의 부활이었다.

인문주의교육의 이념은 풍부한 인간적인 교양이 목적이고 그 수단으로서는 고전문학의 학습을 터득하는 것이다. 그러나 현실적으로는 이러한 교육이념의 발현의 목적은 아주 잊어버리고 고전문학 그것의 학습을 목적으로 하게 되어 단순히 고어와 고전문학을 주요한 문제로 여겨 라틴어 학습 그 자체가 교육을 의미하게끔 되었다. 이러한 입장은 협소한 인문주의교육이라고 불리어 유럽의 여러 학교에는 오랫동안 전통으로 남아 있었다. 이렇듯 협소한 인문주의교육을 시세로주의(Ciceronianism)라고 부른다. 시세로는 로마시대에 있어 탁월한 문장에 의하여 누구보다도 뛰어나게 희랍사상과 로마사상의 융화에 성공한 사람이다. 이러한 시세로 문장을 존중하는 풍조가 교육에 성행하여 이것을 시세로주의의 교육이라고 부르게 되었다.

3. 에라스무스(Erasmus, 1466~1536)

에라스무스는 여러 나라를 두루 다녔다.
그는 어느 한 나라 사람이라기보다는 전
유럽의 한 시민이라고 불러 마땅할 것이다.
그는 한때 캠브리지(Cambridge) 대학에서
교편을 잡았다. 가는 곳마다 학자들은 그를
따랐고 그의 서간과 저서는 않은 독자에게
퍼져 갔던 것이다.

〈에라스무스〉

　　그는 인간은 우주의 중심이라고 믿었다.
그는 신에 대하여 굳건한 믿음을 지니고 미신을 증오하였다. 그는 신
학자들과 많은 논쟁을 하였다. 그는 위선이 오든 인류를 지배하고 있
다고 느꼈고 또한 교육자는 자만을 경계해야 할 것이라고 느꼈다. 그
의 저서로서는 교육적인 견지에서 볼 때 「학습방법론」(De ratione
Studii), 「아동대화집」(Colloquia Puerilia), 「아동교육론」(아동을 탄생에서
부터 바로 덕과 학문을 향해 자유인답게 교육하는 것에 대한 제
언)(Declamatio de pueris ad virtutem ac literas liberaliter instituendis idque
protinus a nativitate)이 특히 중요한 것이다. 마키아벨리와는 달리 에라
스무스는 그의 국민 앞에서 황실은 도덕적인 표본이 되어야 하고, 나
아가 전쟁술보다는 평화의 기수를 높이 올려야 할 것이라고 믿었다.
그는 다른 인문주의자와 한가지로 부인은 강력한 가정의 유대를 이
룩하는 올바른 지식을 닦아야 한다고 믿었다. 그의 「아동대화집」은
라틴문학의 대중적인 소개였고 그 당시 이 저서는 가장 소중한 교과
서였다. 또한 그의 「학습방법론」은 교사들의 체계적인 훈련의 지침이

되었다.

에라스무스에 의하면, 교육의 목적은 독입적인 판단에 있었다. 이것이 정직과 올바른 지식을 결합시킨다. 우리는 고대인을 믿어서는 안 된다. 오히려 우리는 우리들 자신이 견고하게 일어설 줄 아는 방법을 배워야 하고 우리들 자신의 시대 문제를 올바로 다룰 줄 알아야 한다.

에라스무스는 동기부여에 대하여 아주 크게 공헌한 사람이다. 교사가 강압과 강제를 사용한다면 그의 학생들은 정반대의 태도로 역전될 것이다. 훈련을 보다 잘 시키기 위하여 채찍을 사용하는 것은 쉬운 일이나 학생들이 스스로 배우려 하는 도덕적인 영감이 훨씬 더 중요하다.

에라스무스는 학습이란 아첨과 장식에 관여되어서는 안 되고 소크라테스적인 정신이 매개되어야 한다고 말했다. 에라스무스에게 있어서는 겸손은 학자의 가장 중요한 특징이었다.

어느 의미에 있어서 그의 교육계획은 편파적이었다. 그는 체육을 무시하고 고전에 지나치게 치중했기 때문에 교육의 전반적인 내용의 전부를 고전이라고 생각했다.

에라스무스는 교사의 과업은 기독교적인 교육철학을 기초로 해서만 수행할 수 있다고 주장했다. 그것은 다음 내용으로 이해될 수 있을 것이다.

"난해한 교훈을 가진 제 철학은 대부분 정신적인 영역에서 제거된다. 연령, 성, 생활조건에 관계없이 제거된다. 태양은 그 자체와 마찬가지로 그리스도의 가르침도 활짝 그렇게 열려 있는 것이다. 나는 성서가 학식이 얕은 사람들에게 읽히고 통속적인 언어로 옮겨지는 것

을 꺼리는 사람들을 절대로 반대한다. 나는 촌부가 밭을 갈면서 스스
로 시편을 읊조리기를 원하노라. 나는 직공이 기계소리에 맞추어 스
스로 성가 부르기를 원하노라. 그리고 나는 집을 떠난 사람들이 여정
에 지친 몸을 스스로 성서의 말씀으로 말미암아 안식에 젖기를 원하
노라."[1]

---

1) Mayer, Frederick, *A History of Educational Thought*(1958).

제5장 종교개혁기의 교육

문예부흥은 희랍, 로마의 고전문예를 부흥하는 데 의해서 새로운 인간성을 형성하려고 한 것이다. 여기에 대하여 종교개혁은 성서에 복귀하여 원시 그리스도교의 진의를 부활시켜 여기에 새로운 인간의 각성을 촉구하고 새로운 사회를 건설하려고 한 것이다. 그러나 문예부흥은 이태리 등의 동방무역에 성공한 자본주의 계급을 지반으로 해서 일어난 운동이나 종교개혁은 농업, 광업, 목축, 임업 등의 생산과 이것을 통한 상업에 종사하는 북유럽 서민계급을 지반으로 해서 일어난 운동이다. 그렇기 때문에 문예부흥은 주로 미적인 것에 동경하여 개인적·귀족적인 교양을 현양하는 세속의 명성과 향락안일에 기울어진 데 반하여, 종교개혁은 진실한 신앙을 구하고 가톨릭교회의 세속적 타락에 반항해서 교회세력에 의한 세계적 국가조직을 부정하고 민족적인 자각의 입장에 서서 새로운 사회조직의 건설을 향해서 나아갔던 것이다.

전자는 자연과 고전문화에, 후자는 그리스도교 문화에 눈을 뜬 결과가 되어 남구에서는 문예부흥운동이 일어났고, 북유럽에 종교개혁운동으로 발동되었던 것이다. 이와 같은 종교개혁의 배경으로서는 두가지를 들 수 있다. 첫째는, 독일의 경제사정에서부터 고찰해 보면, 당시 독일 서남부의 제 시의 중소상업자 또는 중산계급의 농민, 독일 남부의 광산업자, 거기에 하급승려와 하급귀족들이 거칠게 생각하여 중산계급을 형성하고 있어 계급적 자아의식에 의한 주장을 갖고 있었다. 한편 남유럽의 금융자본가에게 융자를 받고 있던 법황과 신성로마 황제는 언제나 재정적으로 궁핍하여 스스로 채무를 과하기 위하여 영민에게 착취하는 방법 외에는 없었다. 여기에 금융자본을 배경으로 하는 로마 법황과 황제는 독일의 중산계급을 비롯하여 서민계급과 대립하는 형세에 이르렀다. 둘째는, 정치적 배경으로서 독일의 제후와 민중들에게는 민족적 자각이 고취되어 교회에 의한 봉건적 형태에서 탈피하여 점점 중앙집권적인 국가의 형성을 열망하게되어 종교개혁운동에 대해서 독일의 제후와 농민들이 이 운동에 적극적인 지지를 보였던 것이다.

1. 종교개혁운동

종교개혁의 선구자는 영국의 위클리프(John Wycliffe, 1324~1384) 이태리의 사보나롤라(Girolamo Savonarola, 1452~1498), 보헤미아의 후스(Johann Huss, 1369~1415) 등을 들 수 있다. 이들은 한가지로 로마교회의 세속화와 폐습에 반대하여 누구나 신과 그리스도에 직접적으로 연결되어 누구나 어느 의미에서는 승려가 될 수 있다고 하는 생각 (Idee des allgemeinen Priestertums)에 나아갔던 것이다.

　루터(Martin Luther, 1483~1546)에 와서는 이러한 생각이 보다 더 철저하게 드러났다. 그는 작센(Sachsen) 주의 아이스레벤(Eisleben)에서 한 광부의 아들로서 태어났다. 1501년에 에르푸르트(Erfurt) 대학에 입학하고 4년 후 법학과에 진학하였으나, 동년 종교적 회심을 경험하고 같은 동리의 아우구스티누스(Augustinus)파의 수도원에 들어갔다. 1508년 비텐베르크(Wittenberg) 동파 수도원으로 옮겨져 신설된 비텐베르크 대학의 철학과에서 강의를 시작하여 1512년에는 동 대학의 신학과 교수로서 오래도록 재직했다. 전하는 바에 의하면 루터는 친구와 함께 아이제나흐(Eisenach)에 여행을 갔다가 돌아오는 도중 에르푸르트(Erfurt) 근교에서 뇌우를 만나 친구는 즉사했다. 루터는 그때 몹시 공포심에 싸인 나머지 성 안나(성 마리아의 어머니)에게 승려가 될 것을 맹세하고 구원을 받았다.

　그는 ‘오직 신앙에 의해서뿐’(Sola fide) 의롭다는 파울(Paul)의 경험을 믿고 진리의 빛에 접하였다. 그는 여기에서 그리스도의 복음의 진리를 깨닫고 비로소 내심의 평화를 회복할 수 있었다. “하나님의 의는 복음에 나타나서 믿음으로부터 나와 믿음에 이르게 하나니, 이와 같이 성경에 써서 일렀으되 의인은 믿음으로 말미암아 살리라(Der Gerechte wird von seinem Glauben leben) 하였나니라”[1]라고 한 구절이야말로 루터가 구한 진리였다. 사람은 로마교회나 교황이나 승려의 권위에 의해서 구원되는 것이 아니라, 원시 그리스도교의 신을 직접 성

---

1) 新約聖書 로마書 1章 17節.

서에서 배우고 그리스도에게 직결되는 데 의하여 사람들은 구원된다고 믿었다.

그런데 가톨릭교회에서는 1504년 이래 각지에 법황의 면죄부를 선전하고, 1516년에는 마인츠(Mainz) 대사교 알브레히트(Albrecht, 1490~1545)의 의속을 받아 로마의 성 베드로 대가람 건립자금을 위하여 기념면죄부를 판매하고, 다음 해 작센지방에 들어감에 이르러 루터의 '95개 조항' 제시의 기회가 되었던 것이다.

면죄부 판매에 있어서 마인츠 대사교가 발행한 교서에 의하면 면죄부는 다음과 같은 공덕을 갖는 것이라고 했다.

① 면죄부를 산 자는 죄를 전부 사하고 신의 은혜로 말미암아 연옥을 면할 수 있다.

② 세계교회의 모든 선행에 끼어 전 교회원이 행하는 기도, 순례 그 밖에 종교적 선행의 모든 공덕에 같이할 수 있다.

③ 당시 연옥에 있는 모든 죽은 자의 죄를 전부 사한다.

루터는 이에 분격하여 1517년 10월 31일 '95개 조항'을 공개하여 종교개혁의 봉화를 올렸다. 그 요지는 다음과 같다.

"면죄부는 무효이며, 빈자는 그 돈을 도리어 가계의 비용에 보태는 편이 좋다. 진실로 참회하는 자는 벌을 도피하지 말고 그 비통하는 표적으로 자진하여 벌을 받으라. 사면을 바라는 것보다도 하나님에 대한 신앙이야말로 구제할 수 있는 것이며, 자기 자신의 죄에 대하여 참으로 애통을 느끼는 모든 기독교 신자는 벌의 완전한 사면을 얻을 수 있는 것으로서 죄인도 또한 마찬가지다. 만약 법황으로서 그의 기관(교회)이 인민을 어느 만큼 잘못 인도하는가를 알고 있다면 헛된 구실을 가지고 착취한 돈으로 베드로 가람이 건립되는 것보다도 도리어 그것이 불타 버린 재[灰]로 돌아가는 것을 바랄 것이리라."

　이것은 교양계급에 호소할 의도를 가지고 라틴어로 써서 비텐베르크교회의 문에 붙였던 것이나, 이것은 상하 모든 계층의 관심을 야기해서 전 독일에 퍼졌고 다시 이태리, 프랑스, 영국 등 서구 제국에 전파마냥 퍼져 갔던 것이다.

　이에 교회는 매우 분격하여 법황 레오 10세(Leo Ⅹ)는 1520년 루터를 파문하고 황제는 그를 소환, 사문하고 그 설을 취소하도록 명했으나 그는 단호히 거절하였기 때문에 이단자라는 선고를 받고 법률상 보호를 약탈당했다.

　작센후(侯) 프리드리히(Friedrich)의 보호 아래 10개월간 바르트부르크(Wartburg) 성내에 숨어서 성서를 독일어로 번역하기 시작했다. 독일의 일상어로 성서가 번역되었다는 것은 독일문학사상 새로운 신기원을 획한 것이다. 이것에 의하여, 독일의 국어통일과 국민의식의 함양에 공헌이 컸다. 1522년에, 루터는 다시 비텐베르크로 돌아가 그 후 종교개혁의 정신을 천명하는 데 노력하면서 이 운동에 관련하여 각 지방에서 발발하는 종교적 범행을 제압했다. 그는 멜란히톤(Melanchton, 1497~1560), 암스도르프(Amsdorf, 1483~1565), 요나(Jonas, 1493~1555), 부겐하겐(Bugenhagen, 1485~1558) 등의 조력을 얻어 복음주의교회를 조직하고 신앙문답, 예배의식 등을 새로이 제정하고 각처에 그 개혁운동을 전개했다.

　한편, 스위스에서도 종교개혁운동이 일어났다. 본래 스위스는 신성

로마제국의 일부였는데 1400년경 스위스 연방을 결성하고 로마황제에서부터 독립되어 있었다. 특히 취리히(Zürich), 제네바(Jeneva)는 유럽의 정국에서 무관하게 독립하여 여기에 따라 법황청에서부터 석방을 요구하는 움직임을 보였다. 이와 같은 정세에 있었기 때문에, 루터와는 달리 스위스에서는 츠빙글리(Zwingli, 1484~1531)에 의하여 종교개혁의 봉화가 올랐던 것이다.

츠빙글리는 취리히 호반에 살았는데 전통적 가톨릭 신학이 성서에 근거를 두고 있지 않기 때문에 신앙과 행동적인 규범에 따르는 복음주의를 주장하여 로마교회에 반대하였다. 그는 법황의 용병제도를 비난했기 때문에 국내에 많은 적을 가졌다. 그리하여 가톨릭교를 신봉하는 분세력과 전쟁을 자주 하여 패하고 그는 전사하고 말았다. 그러나 스위스에 많은 학교를 세웠고 루터와 별 차이 없는 교육방법을 제창하였으나, 애석하게도 그의 정신을 계승하는 사람이 없어 그의 파는 스스로 쇠멸되고 말았다.

칼빈(Calvin, 1509~1564)은 프랑스 북부에서 나서 인문주의교육과 루터의 감화에 의하여 1500년경 신교를 신봉하게 되었다. 1541년 제네바에 가서 종교개혁에 진력하고 정치적 권력으로써 교회제도, 의식, 일반시민의 생활을 개혁하여 제네바는 매우 개혁된 신교의 교회도시로 되었다. 그는 신학교를 건설하고 각국에서 모여드는 학생을 훈련하여 칼빈주의(Calvinism) 보급에 노력하고 스위스 각지에 신교의 학교를 세워 교양 있는 신도를 양성했다. 그는 인간적인 지와 논리로써 지식계급에 호소하여 엄격한 복음주의를 견지하면서도 자유를 지켜 사치적인 오락을 금지했다. 칼빈의 교설은 개인주의적인 자유를 구하여 자본주의 정신에도 영합되는 것이어서 프랑스, 독일, 스코틀

랜드 등의 신흥 시민계급에 확장되어 민족운동에도 結合되었다. 영국의 장로회, 청교도 등이 칼빈주의의 유파인 것이다.

2. 제수이트교단의 교육

유럽에 있어서 16세기, 종교개혁의 정신이 활발하게 움직여 신교가 신흥세력으로서 뭇사람들의 정신세계를 압도하려고 할 때 이 혁신운동에 대한 반동이 일어났다. 그중에서도 아주 유력하고 또 교육적 영향을 남긴 것으로서는 제수이트(Jesuit) 교단이다. 제수이트교단은 스페인의 로욜라(Loyola, 1491~1556)에 의해서 창립되었다. 기사의 가정에서 자란 그는 장년이 되어 전장에 나아가 용맹을 떨쳤으나, 전쟁에서 부상을 입고 이를 요양하는 중에 신의 은총을 받아 여생을 영계(靈界)를 위하여 헌신하기를 결심했다. 그는 파리대학에서 연구하면서 동지 몇 명을 얻어 1534년 파리 시내의 작은 언덕 위에 올라서서 이들은 서로 서약했던 것이다.

이 교단의 활동에 자극받아 교황은 1545년에 트리엔트(Trient) 종교회의를 열었다. 이 회의는 1563년까지 매년 계속되어 가톨릭교의 개혁방향의 방책을 토론했다.

1540년 교황 바울 3세는 이 교단을 공인했다. 로욜라는 이 교단의 수뇌로서 로마에 머물러 총지도를 했던 것이다. 이 교단은 군대식으로서 규율을 엄정히 지키고 포교, 전도를 위하여 전사의 의기를 가졌다. 그는 또한 교단의 세력을 보급 유지하기 위하여 교육에 열의를 경주하여 여기에 유명한 제수이트주의의 교육을 세운 것이다.

제수이트 교단의 수장은 장군이라고 불리어 종신 그 위치에 있다. 각국은 지구를 나누어 각 지구마다 학교를 세워 가톨릭교를 신봉하는 투사인 사관의 양성을 교육목적으로 했다. 각 지구학교에는 왕후, 귀족의 자제로서 14세가 되면 기숙사에 수용하여 교육을 시켰다. 5, 6년간 중등교육을 실시하고 상급에는 대학 정도의 교육을 실시했다. 이 교육방법은 반복연습으로서 암기를 주로 하고 매주, 매월, 매년 시험을 시행했다.

이 교단의 교육은 대체로 인문주의교육 정신과는 반대로 종교교수보다는 종교적 훈련이 강조되었다. 순종과 경건과 금욕(Humiles et vere pii et mortificati)을 종교적 훈련의 목표로 하고 무엇보다도 의지를 강하게 하는 것을 선결조건으로 했다. 기도와 참회와 사색은 매일의 행사이고, 공명심, 명예감정, 경쟁심 등을 고취하여 감시, 감독을 엄중히 했다. 하급에서 상급까지 교육 연한은 거의 20년 가까이 되었다. 교사의 양성은 특히 이 교단에서 중요시하여 많은 실효를 보았다. 오늘날에도 유력한 교육시설이 각국 각지에서 흩어져 있는데 데이비슨(Davidson)의 교육사에 의하면 각종 학교를 합해서 17세기 말에는 769교, 學生 수는 약 20만이었다고 한다. 이 교단의 교육적 활동에 대해서는 오늘날 많은 비판의 대상이 되고 있다. 그러나 이 교단의 교육이 성공한 원인을 데이비슨은 다음 세 가지로 들고 있다. 첫째는 단원의 열성적인 봉사, 둘째는 시대적 요구의 통찰, 셋째는 단일 명확한 목적에서부터 全 과정을 완전히 체계화한 것 등을 들고 있다.

3. 루터(Martin Luther, 1483~1546)

루터[2]는 성서를 독일어로 번역함으로써 교육 일반에 크게 공헌했다. 이리하여 성서는 널리 읽혔고 독일 사람들의 실제적인 성서 및 국민의 교과서가 되었던 것이다.

〈루터〉

중세의 학교는 대부분 교회에 예속되었다. 이것을 루터는 모든 학교가 교회에서 벗어나 국가에서 관리해야 한다고 주장하였다. 그는 황실로 하여금 아동을 가진 양친에게 그들의 자녀를 취학시키게끔 촉구하기를 권했던 것이다.

루터의 많은 저서 중에서 특히 교육에 관하여 저술한 중요한 것은 「기독교적 신분개선에 관해서 독일국민의 기독교귀족에게 주는 글」(An den christlichen Adel deutscher Nation von des christlichen Standes Besserung. 1520), 독일 내 각 도시의 시장 및 시회평의원에 대하여 기독교의 「학교를 설립하고 유지해야 할 것을 논하는 회장(Sendschreiben an die Bürgermeister und Ratsherren aller Städte Deutschlands, dass sie christliche Schulen aufrichten und halten sollen. 1524), 「아동을 취학시켜야만 하는 일에 관한 설교」 (Sermon oder Predigt, dass mann Kinder solle zur Schule halten. 1530) 등이다.

첫째, 논문에서는 초등학교, 고등학교에 대해서 보다 더 중요한 필수적인 수업은 성서, 특히 복음서가 교육의 기본이 되어야 함을 권장했다. 그는 수업을 모든 교회의 임무로 생각했다.

---

2) Luther에 대한 研究物로는 池元溶 博士의 「루터의 思想」 루터敎宣敎部刊(1961)과 金蕙卿 敎授의 「敎育者 Luther에 관한 硏究」 油引物(1953) 등이 있다.

둘째, 논문에서는 학문적 교수를 문제로 다루었다. 이것은 아동을 사회에 적응시키는 데도 필요하고 성직자에까지 끌어올리는 데도 반드시 필요하다고 했다. 그는 이 논문 속에서 종교개혁의 결과, 일반교육내용이 저하된 데에 경고했으며, 좋지 못한 결과를 낳고 있다고 주장했다. 그 이유로 첫째는, 철학의 퇴폐적인 방법인 스콜라철학(Scholasticism)을 지나치게 강조한 점이다. 둘째는 과장된 자만심만 기르는 수사학에 큰 비중을 둔 점이다. 셋째는 당시 대학은 부정의 소굴이었기 때문에 학교는 젊은이들의 도덕적 발달을 저해했다는 점이다. 그렇기 때문에 루터는 누구보다도 새로운 학교에 대하여 열망했던 것이다.

아동은 사회에 접촉시켜 유쾌한 생활, 명랑한 기분, 자유스러운 심정의 도야가 필요하다. 이러한 학교야말로 루터는 참다운 교장이 될 수 있다고 했다. "혼도 천국도 지옥도 없고 오직 세속적인 정부만이 있는 경우라고 하더라도 좋은 학교와 교양 있는 사람은 역시 필요하다. 그것은 희랍과 로마의 역사가 밝히 보여 준다. 사회는 교육받은 선남선녀를 필요로 한다. 남자는 사회질서의 보장을 위하여 여자는 가정을 잘 지키기 위하여"라고 그는 설교했다. 우리들은 문예부흥 이후 종교개혁운동에 연속되는 일련의 반내세적, 반중세적인 동향, 즉 현세적, 인문적인 근대 교육의 기조를 볼 수 있는 것이다.

이러한 세속적 목적을 위하여 교육의 필요를 주장한 루터는 나아가 가정이 교육의 중요한 지반이 된다고 했다. 그는 결혼생활의 최고 사명을 자녀 교육에 두었다.

그는 학교교육의 내용에 대해서도 종교개혁의 정신과 인문주의를 겸하여 풍부한 교과를 요구했다. 그는 먼저 희랍어, 라틴어, 히브리어를 성서연구의 요건이라고 생각했다. 그는 또 성서의 제의가 초등으로부터 고등의 전 과정에 있어서 기초적 교과가 되어야 할 것이라고 주장했다. 다시 대학의 교과로서 수학, 변증법, 수사학까지도 그 내용보다도 형식도야의 면에서 중요하다고 했고 또한 역사를 신이 세계 및 인류를 각각 그 죄업과 선근에 응하여 어떻게 보장하고 방지하고 돕고 상벌을 주었는가 하는 신의 업적, 재판에 관한 학습, 기억, 기념이라고 하여 존중했고 자연연구도 또한 신의 은총과 전능을 알기 위해서 필요하다고 했다. 특히, 주목할 만한 것은 음악과 체육을 중요시한 것인데, 루터에 의하면 셋째, 논문은 학교의 필요성을 설명하고 취학을 태만히 여기는 것에서부터 발생하는 화해에 관해서 충고했다. 아동은 남녀를 막론하고 매일 한두 시간 학교에서 배워야 할 것을 이 논문에서 요청했다.

이 저술들에 나타난 루터의 교육사상은 그 요점을 들어 말하면 다음과 같다.

루터에 위하면, 현존하는 교육기관은 조금도 현실에 도움을 줄 수 없고, 오히려 음악은 신으로부터 가장 아름답고 빛나는 선물이며, 심정을 깨끗하게 하고 위로하며, 인간으로 하여금 정서를 통한 순화로 나아가게 한다고 했다. 체육도 또한 인간을 탐닉과 무절제와 포음포식과 안일에서 이끌어 내는 굳센 힘이라고 했다.

루터는 이와 같이 여러 가지 교재에 관해서만 가르치는 것이 아니고 교수방법과 훈련에 관하여 많은 주의를 우리에게 주었다. 교육은 단순히 책을 배우는 일이 아니고 사물 자체를 배우는 것이라고 하였다. 그는 "사물에 관한 인식에는 두 가지가 있다. 하나는 말에 의한 인식이고, 다른 하나는 사물 자체에 의한 인식이다. 사물 자체에 관한 인식을 갖지 못한 자에게는 단순한 말에 의한 인식은 별로 도움이 되지 못한다. 그리스도는 그가 사람들을 이끌려고 했을 때, 그 자신 사람이 되지 않을 수 없었던 것이다. 우리들은 어린이들을 이끌려면 먼저 우리들 자신이 그들과 함께 어린이가 되어야 한다"고 그는 말했다. 이 말은 모든 교육활동의 가장 깊은 근본전제를 보이는 말이라고 할 수 있다. "말은 문법으로부터 배울 것이 아니라 실용과 연습에 의하여 배워야 한다"[3]고 말했을 때 이것은 확실히 현대의 현해와 일치하는 것이다.

그는 또한 각 도시가 마치 시민을 병역에 복무시키는 것과 같이 부형의 귀천, 빈부, 남녀의 차별 없이 한가지로 그들의 자제를 학교에 보낼 것을 호소했다. "도시의 번영은 거대한 부를 저축하고 견고한 성벽과 당당한 건물을 짓고 대포와 군수품을 정비하는 것에 의존하는 것은 아니다. 이 모든 것을 아무리 증대하여도 거기에 어리석은 민중이 있다고 하면 그만큼 그 도시의 화이고 손실이다. 도리어 도시의 최선·최대의 팽창, 번영, 강화는 교양 있는 시민의 다수를 옹호하는 것에 있다. 이러한 시민이야말로 부를 획득하고 또 그것을 선하게 사용할 수 있는 것이다."[4] 그의 이 제안은 그대로 근대 국민교육의 목표를 보여 준 것으로 국가번영의 기초를 국민교육에서 찾은 것은 중요한 사상의 표현이었던 것이다.

마지막으로 루터는 교직의 중요성과 고귀성에 대하여 그의 찬사를 아끼지 않았던 것이다. "그는 성직자가 될 수 없다면 교육자가 되겠다"고 하여 성직과 교직의 차원을 같이 보았던 것이다. 루터는 교육

---

3) Luther, *Sermon oder Predigt, dass man Kinder solle zur schule halten.*

4) Luther, *Sendschreiben an die Bingermeister und Ratsherren aller Stadte Deutschands, dass sie christliche Schulen aufrichten und halten sollen.*

의 중요성을 그 목표로 하는 진정한 기독교도다운 조건으로서만 국가의 복리와 책임을 다할 수 있다고 생각했다. 그리하여 근대국가의 보통교육제도의 사상적 계보가 그에게서 발견되고 제창되었다. 이 같은 그의 교육사상의 구체적인 의견은 많은 후계자들에게 계승되었으나 그중에서도 가장 공헌이 큰 사람은 멜란히톤(Melanchthon)이었다.

제6장 실학주의의 교육

15, 6세기는 세계사상 인간생활에 획기적인 발전확장을 가져온 시대다. 르네상스와 종교개혁에 의한 자아의 발견, 인간의 발견, 인간성과 양심의 발견인 말하자면 내면적 세계의 발견에 대해서 신항로의 발견, 신대륙의 발견은 외적 세계의 발견이요, 구라파 사람들에게는 새로운 세계의 발견이었다.

이리하여 발견과 발명은 연달아서 이 양자는 서로 겪고 틀면서 문화의 연보를 추진했다. 활판인쇄술, 나침반, 망원경, 증기기관 등의 발명이 문화의 교류, 세계의 개변, 교통로의 개척, 산업혁명의 원동력을 낳았던 것이다. 중세에서부터 근대에로의 진전은 이와 같은 발명·발현에 의해서 길(도)을 연 것이다. 그렇기 때문에, 16, 7세기의 내적·외적 확장은 말하자면 소재적인 것이고 또한 충분히 자태를 갖추지 못했던 것이다. 일정한 향상의 상태로 나아가려면 보다 더 많은 인간의 노력과 시간이 필요했던 것이다. 이것을 준비하기 위하여

서는 무엇보다도 먼저 실학주의의 교육이 요청되었다. 여기에 이 시대의 교육으로서 실학주의를 다루는 의미가 있는 것이다. 우리는 실학주의의 조류를 다루는 데 있어서 이 시대의 배경으로서 지리상의 발견과 자연과학의 발달을 개관하려 한다.

1. 실학주의의 운동

고대희랍, 로마의 역사는 에게해 문명으로 확대되어 발칸반도, 소아세아, 북아프리카, 서구라파 등의 연안 제도가 대체로 활동무대였다. 중세 그리스도교는 점점 전 구라파에 전파되어 구라파인의 정신세계는 완전히 통일되어 외적으로는 회교도를 견제하고 내적으로는 구라파적 봉건제도를 확립하여 소위 암흑시대(dark age)라는 비교적 안일한 시대를 지냈던 것이다. 그러나 12, 3세기경 성지 회복을 위하여 십자군과 몽고인의 구라파 침입으로 말미암아 전 구라파의 분위기를 교란시켰으나, 한편으로 동서의 교섭을 일으켜 동서세계는 처음으로 접촉을 시작하게 되었다. 중세 구라파 사람들에게 동방 아세아의 세계는 부하고 복된 문화의 세계요, 동경의 세계였다. 이태리의 마르코 폴로(Marco Polo, 1254~1323)는 상인인 숙부를 따라 원조에 올 기회를 얻어 20년 동안 몽고의 수도, 개평에 머물면서 원왕으로부터 극진한 대우를 받았다고 한다. 그 후, 폴로는 이태리로 귀환하여 「동방견문기」라 하여 자기가 여행에서 보고 듣고 한 것을 써서 세상에 발표하였다. 이로 인해서 구라파 사람들은 동방 아시아라는 세계를 극락으로 느꼈고 동방에의 여행에 대한 강한 열망은 그들의 자손에게까지 전해졌던 것이다. 그런데 동로마제국까지 멸망되어 1453년 동방과 구라파와의 교통무역이 방해되고, 또한 이태리의 상인이 동방무역을 독점하여 구라파 사람들에게 거대한 중간착취를 하였기 때문에 구라파의 왕후, 귀족, 민중은 동방으로 항해를 개탁하여 직접 아세아와 교섭하려고 하는 기대가 짙어 갔다. 이것을 실행에 옮긴 것이 유리한 지리적 조건과 내정적 조건을 가지고 있었던 서남 구라파에서 패권을 잡고 있던 스페인과 포르투갈이었다. 이리하여 스페인과 포르투갈은 인도네시아, 일본 등과 통상을 개척하여 인류는 전 세계의 완전한 연락망에 성공했던 것이다.

이렇게 신항로, 신대륙의 발견은 구라파인의 생활에 커다란 영향과 변화를 가져왔던 것이다. 이 결과 동서시장을 독점하고 있던 이태리 상인, 남독 부호의 자본적 지위는 몰락하고, 이 경제적 세력은 스페인과 포르투갈로 이동되었다. 이것이 근대 후기에는 불란서, 영국 등으로 전이되었던 것이다. 그러나 이것보다도 정신사상 특히 주목할 것은 대지가 구형인 것이 실증되었기 때문에 천체의 발현, 만유인력의 법칙 등이 발현되어 새로운 과학이 발흥되는 데 크게 기여한 것은 특기할 만한 일이다.

그런데 중세가 암흑시대라고 불리는 하나의 이유는 과학적 정신의 결핍이다. 다시 말하면 경험되지 않고 실증되지 않고 사물현상이 상상되며 신앙되어 인생에 지대한 영향을 미쳤던 점이다. 근대과학은 이렇듯 중세적인 몽매한 것에 대한 반항으로 일어났다. 이 운동의 선구는 13세기 영국의 승려 로저 베이컨(Roger Bacon, 1214~1292)이었다. 그에 의하면 자연에 대해서는 공허한 언어의 논의보다도 수학적 해석과 실천에 의하지 않으면 안 된다고 하였다. 그는 이렇게만 한다

면 돛이 없는 배, 말이 없는 차를 만들 수 있다고 예언하여 과학의 힘을 찬미하였던 것이다.[1]

문예부흥기에 들어서면 스위스의 게스너(Konrad Gesner, 1516~1565)는 대저 「동물학」(Historia Animalinm)을 내어 놓았고, 아그리콜라(Agricola, 1494~1555)는 「광산학」(De re metallica)을 내어 놓았고, 이태리의 다빈치(Leonardo da Vinci, 1452~1519)는 생리해부학, 천문학, 광학, 음향학, 지질학, 수력학, 일반공학 등 여러 면에 걸쳐 근대과학의 선구자적 노역을 했다. 16, 17세기에는 코페르니쿠스(Nicholas Copernicus, 1473~1543), 갈릴레이(Galileo Galilei, 1564~1642), 케플러(Johannes Kepler, 1571~1630), 프랜시스 베이컨(Francis Bacon, 1561~1626) 등의 근대과학의 개척자가 점차 그 업적을 발표하여 이들이 최초로 과학적 운동을 전개하는 단서를 이룩해 놓은 것이다. 중세 그리스도교의 신학은 세계의 모든 자연과 인간의 역사는 신이 의도하는 목적을 향해서 진행한다는 목적론적 우주론의 입장이었다. 여기에 대해서 자연과학의 입장은 이러한 사상을 타파하고 기계적인 자연관을 확립하는 데 이르렀다. 이 때문에 종교개혁의 전위대에 섰던 사람들과 같이 이 자연과학의 개척자들에게도 꼭 같은 박해가 가해졌던 것이다. 자연과학의 대표적인 개척자들을 열거하면 지동설로 유명한 코페르니쿠스는 「천체의 전향에 대하여」라는 태양중심설을 1530년에 완성했고, 갈릴레이는 물리학의 천재적 재능으로써 물리적 원리와 천체 속의 목성을 발견하고, 다시 1609년에는 현미경을 발견하고, 케플러는 갈릴레이의 연구방법을 이어받아 천문학에 있어서 '케플러의 법칙'을 발견했다.

---

1) 로저 베이컨의 三大 重要한 著書는 *Opus Majus, Opus Mnius, Opus Tertium*이다.

이와 같은 과학적 운동의 전개는 천문학을 중심으로 해서 점차 그 시야를 확대하여 종래의 우주관을 일변시키려는 운동이 파급되었는데, 이 과학적 연구방법에 대하여 조직적인 연구가 무르익어 가기 시작했다. 이 근대과학의 방법적 기초의 확립에 성공하고 후세의 모든 학의 연구방법에 절대적인 영향을 준 사람은 프랜시스 베이컨이었다.

그는 종래의 비과학적 연구태도를 일소하기 위하여 네 개의 우상 – 종족의 우상(Idola tribus>, 동굴의 우상(Idola specus), 시장의 우상(Idola fori), 극장의 우상(Idola theatri)[2] – 을 우리들의 뇌리에서 청산할 것을 갈파했다. 그는 또한 고대는 멸하고 이성은 이긴다고 했다.

"Vetustas cessit, ratio vicit!"라고 부르짖어 아리스토텔레스의 연구법 (Organon)인 연역법에 실입하여 학문연구의 신방법(Novum Organum)으로서 제창한 귀납법은 근대과학에서 적극적인 공헌이 되었다. 그가 자연연구의 방법을 연구한 것은 '지식이 힘이다.'(Scientia est potentia>, '자연은 정복하는 일에 의하여 정복된다'(Natura parendo vincitur)는 신조 밑에서 과학의 목적은 결국 발명술에 있고 그의 이상향은 이 목적이 실현된 낙원을 뜻하는 것이다.

근대의 경험과학의 확립과 함께 같은 합리주의적 사고를 최고권위로 하는 이성주의적 경향은 데카르트(Rene Descartes, 1595~1650), 스피노자(Baruch de Spinoza, 1632~1677), 라이프니츠(Gottfried Leibniz, 1646~1716) 등 많은 합리주의 철학자를 낳았다. 합리주의철학은 모든 전통적 지식을 배척하여, 이성으로 합치되는 것의 확실성에 그 기저를 두고 있다. 근대과학은 경험적인 합리성에 입각하여 있는 것으

---

2) Mayer, Frederick, *A History of Educational Thought*, p.203.

로서 이성적인 각성에 기초를 둔 합리주의에 공통적인 기반을 두고 있는 것이다. 이러한 학적인 근본기조가 교육방법관으로 확대되어 여기에 17세기의 실학주의 교육이 발달한 것이다.

2. 실학주의의 교육

이태리의 인문주의는 시간이 흐름에 따라 형식화되고, 응고화되어 타락되었다. 인문주의는 그의 생기를 잃었고 편협한 시세로주의에 굴러 떨어져 고루한 독단적인 형식주의에 빠졌다. 개성을 실현하고 전통에서 벗어나 진리탐구의 자유로 향해서 매진하려는 르네상스 본래의 정신이 이 때문에 상실되었다.

특히, 17세기에 들어서면서 이 타락이 극도에 달했다. 여기에 르네상스의 정신과 의의를 되찾으려는 운동, 다시 말하면 개성의 발현, 진리의 자유로운 탐구에 향해서 재출발하는 새로운 노역이 일반으로 실학주의라는 교육사상으로 드러났다.

이 때문에 실학주의의 교육사상은 올바른 의미에서 그 속에 인문주의를 품고 있는 것이다. 실학주의도 인문주의도 실은 르네상스의 정신이라는 새로운 포대에 넣어진 것이다. 이지러진 인문주의를 바른 르네상스 정신으로 개선광정하기 위하여 실학주의라는 새로운 기풍과 내용을 불러일으킨 것이다.

그렇기 때문에 실학주의의 근본정신이나 인문주의의 근본정신이나 모두 개인의 자유라는 일치점을 갖고 있다. 다시 말하면 개인의 자유로운 정신을 밑받침으로 해서 진리를 파악하려는 것이다. 그저 실학주의에 있어서는 이 사상의 발전에 따라서 진실한 실제의 사물에 관한 지식을 강조하는 점이 다를 뿐이다. 실학주의자들은 이것만이 참된 지식이라고 확신했다. 이러한 참된 지식은 응고된 형식적인 학문이나 편협된 지식이나 방대한 전통의 속박에서 떠나 개인의 자유로운 인식력, 이성과 감각의 힘에 의해서만 획득될 수 있다고 믿었다.

그러나 이 실학주의가 보다 철저히 개인의 인식력에 의해서, 다시 말하면 감각력에 의해서 올바른 지식을 획득하려는 보다 철저한 실학주의, 즉 감각적 실학주의(Sense Realism)로 발전하기까지는 인문적 실학주의(Humanistic Realism)와 사회적 실학주의(Social Realism)의 2단계를 경과했던 것이다.[3]

1) 인문적 실학주의(Humanistic Realism)

희랍, 로마의 고전을 교재로 하는 점에서는 인문주의나 시세로주의와 같이 고전의 형식적 · 언어적 면에 붙들리지 않고 그 내용의 수득을 존중한 면에서는 인문적 실학주의가 있다. 다시 말하면 이 실학주의는 언어주의에 대입하는 내용주의이면서 그 내용을 고전 속에서 구하려는 것이다. 종교개혁운동의 대표자 멜란히톤(Melanchton, 1497~1560)도 고전을 대단히 중요시하였으나, 그것은 주로 그리스도교 성서연구의 목적을 위하여 고전어의 이해를 필요로 한 현지에서 볼 때 고전의 내용 그 자체에 대한 존중은 아니었다. 이렇게 생각할 때 인문적 실학주의는 문예부흥운동의 참된 정신을 계승하고 본래

---

3) P. Monroe, *A Brief Course in the History of Education*, 1928, pp.225~253.

인문주의의 취지로 귀착되었다고 하지 않을 수 없다. 인문적 실학주의의 대표자로 라블레, 몽테뉴, 밀턴 등을 들 수 있다.

　라블레(Francis Rabelais, 1488~1553)는 프랑스 사람으로, 승려요, 의사요, 풍자작가였다. 그의 장편소설 「가르강튀아와 팡타그뤼엘」(Gargantua et Pantagruel) 5권은 전설상의 거인 가르강튀아 부자를 모델로 하여 자유로 구상한 내용인데 그중에는 루소의 선구라고 보이는 신교육의 원리를 포함하고 있다. 특히 제1권은 팡타그뤼엘의 아버지 가르강튀아가 처음으로 받은 구교육, 즉 고전의 암송에 20여 년을 소비하여 무기역한 인간을 만든 교육과 팡타그뤼엘이 받은 신교육, 즉 인간의 성선설을 인정하고 우리 주위의 사물에 대해서 배우고 명랑하게 규율을 지키는 성격을 도야하고 우주의 지식 등을 배우는 교육과를 풍자적으로 비교했다. 제3권에서는 광범한 고전학습, 이것을 통해서 의학, 민법, 성서의 연구, 칠자유학과의 습득, 동물식물, 광물의 지식 등 여러 가지 백과전서주의적 교육을 제창한 점은 인문적 실학주의의 입장을 가르치는 것이나, 하여간 근대교육에의 대담한 부르짖음, 솔직한 시사는 라블레의 불멸의 공적으로서 인정하지 않을 수 없다. 그는 이 시대의 교육에는 직접 영향을 주지 못했으나, 록크(John Locke, 1632~1704), 루소 등 후대의 교육사상가에게 막중한 영향을 주었던 것이다.

　밀턴(John Milton, 1608~1674)은 영국의 문호다. 그는 「실낙원」(Paradise Lost)의 저자로서 널리 알려져 있으나, 그의 다른 업적은 누구나 잊어버리고 있다. 그는 근면한 학자로 「교육론」(Tractate on Education) 외에도 교육에 관한 많은 논문을 발표하였고 특히 그는 9년간 사립학교를 직접 지도했다. 그는 먼저 형식화한 인문주의교육을 공격했다. 형식화한 교육은 결국 학생들에게 학문을 증오하고 경멸하게 할 따름이다. 그는 「교육론」에서 12세에서 21세까지의 청년기의 교육과목을 세목으로 제시했다. 그는 어디까지나 고전의 올바른 연구와 이해를 주장하고 그것으로 실생활에 대한 준비로 삼았다. 이와 같은 밀턴의 교육사상은 당시 의회가 정치문제 때문에 교육개혁에까지 미칠 여유가 없어서 직접적으로 실현을 보지 못했다. 그러나 왕정부흥기에 있어서 승려와 교사에게 국교를 강요하는 통일령(Act of Uniformity, 1662)이 공포되어 여기에 따르지 않는 많은 승려, 교사들은 대학과 중등학교를 떠나 고향으로 돌아가 아동교육에 종사하여 이들에 의해서 밀턴의 교육사상이 실제로 빛을 보았던 것이다.

2) 사회적 실학주의(Social Realism)

고전을 연구하는 교육보다 사회생활의 경험을 주요내용으로 하는 사회적 실학주의는 인문적 실학주의보다 한층 더 철저한 실학주의로 접근한 것이다.

고전의 함축성 있는 참 의의를 파악하기 위해서는 동시에 사회현상이나 현실의 사물을 연구하는 편이 훨씬 더 편리하다고 하는 생각이 들었다. 교과, 즉 교육의 재료로서 그저 고전뿐만이 아니라 사회에 있어서 또는 자연계에 있어서 실사물을 보고 이 실체에 직접 해서 연구하는 편이 올바른 지식을 획득하는 데 적절하다. 현실사회, 이것만이 올바른 지식의 요람이고 학교라는 사유가 일어나 여기에 사회적 실학주의의 교육사조가 대두되었다. 본래 구라파 사람들의 상류가정의 제자는 청년시대에 널리 국내, 해외를 여행하고 또는 사교에 진출하여 여러 가지 풍속, 습관, 예의를 배우고 현문을 넓힌다는 전통이 있어서, 이것과 사회적 실학주의가 합류되어 크게 발전을 보았던 것이다. 이 사상의 대표자로서 로크, 몽테뉴(Michel seigneur de Montaigne, 1533~1592) 등을 들 수 있다.

로크(John Locke, 1632~1704)는 영국의 철학자요, 교육사상가다. 그는 「교육에 관한 고찰」(Some Thoughts Concerning Education)에서 사회적 실학주의자로서 몽테뉴와 상통하는 많은 사상을 표현했다. 그는 샤프츠베리(Shaftesbury) 백작의 가정에 들어가 가정교사로서의 경험을 토대로 하고 자기가 맡은 교육체험을 반성하여 그냥 생각나는 대로 체계 없이 발표한 글이다. 이 내용은 체육론, 덕육론, 지육론, 속지육론의 4부로 되어 있다.[4]

제1부 첫 장에는 "건전한 신체에 건전한 정신(A sound mind in a sound body)"이라는 구절로 시작하여 교육에서는 무엇보다 먼저 건강에 관한 교육의 중요성을 주장하고 있다. 그는 스스로 의학을 배웠고 생리, 위생에 대한 지식을 가져 그의 체육론은 가공의 논열이 아니다. 그의 체육론은 단련주의에 입각하고 있다. 즉 상류사회의 자제나 농가의 아이나 똑같이 취급하고 옷을 엷게 입혀 한서에 대한 저항력을 길러야 한다고 주장한다. 그 저항력은 냉수에 의한 목욕, 수영연습, 동계난방의 배제, 신선한 대기의 호흡 등을 들고 있다. 의복은 외관을 중요시하지 말고 되도록 크고 활동하기 편리하게 하고 아동의 음식

---

4) John Locke, *Some Thoughts Concening Eduction*.

물은 빵과 우유가 가장 좋고 매운 맛의 전폐를 주장하고 있다.

제2부는 덕육론으로 지육보다 중요시했다. 덕육의 근본방침은 체육과 같이 단련주의다. 도덕의 가치는 욕망을 억제하고, 이성의 명령에 복종하는 것이다. 어릴 때는 부모에게 복종하는 행동을 한다. 이것은 아동의 이성이 아직 발달되지 못했기 때문에 부모의 이성이 그 대용을 해야 한다고 생각했다. "이와 같이 극기, 인내의 단련은 부모의 가르침으로서 어려서부터 시작하여 아동이 성인이 된 후에는 부모는 가장 좋은 벗이 되는 것이 좋다"고 했다. 그는 체벌을 부정했다. 체벌은 노예적 심정을 기르게 되고 사람을 무기력하게 만든다. 예의는 외형으로 갖추는 것보다 먼저 그 마음으로 친절과 겸손이 우러나야 한다. 훈육상 학교와 가정의 임무는 구별된다. 도덕상의 교육은 가정교육이 보다 유효하고 학교는 교수의 임무를 진다. 그러나 대담 활발한 행동의 훈련은 학교교육의 특색이다.

제3부는 지육론으로 영국의 신사도(Gentlemanship)인 이성적 성격을 가지는 인간의 모습을 다룬 것이다. 영국의 사회는 이 인격관념이 자연히 발달하여 왔는데 로크는 여기에 대해서 명료한 분석설명을 가하여 이 교육내용에 대해서 장내의 지침을 제시했던 것이다. 그에 의하면, 신사의 성격요건의 제1요건은 덕(virtue)으로서 신을 믿고 진실을 말하고 사랑과 친절을 가지고 사람을 대해야 한다. 제2는 실천적 지식(wisdom)으로 처세상의 지식이 있어야 한다. 제3은 예의(breeding)로 타인에 대하는 마음자리와 습관을 가져야 한다. 제4는 학예(learning)로 지육 자체를 말한다. 로는 지육을 교육의 중심으로 생각지 않고 지식은 오직 덕을 높이고 사고를 깊이 하는 수단에 지나지 않는다고 했다.

제4부는 속지육론으로, 신사의 요건으로서 취미, 운동, 작업, 여행

등에 대해서 다루었다. 무용, 승마, 올바른 품격, 올바른 몸가짐이 교양과 건강증진에 유효하다. 휴양을 위해서는 자유로운 휴식과 원예, 목공 등에 의하는 것이 좋다. 이렇게 여가를 선용하면 태만한 성격을 물리치게 되고 심신이 휴양을 얻게 된다. 여행은 아주 좋은 휴양법이다.

지육일반에 대해서 학과는 먼저 모국어로 시작해야 한다. 이것은 유희, 동화에 결합하여 가르쳐야 한다. 다음에 프랑스어, 라틴어로 나아가야 한다. 교육내용은 박물, 지리, 역사, 수학에 관한 것을, 그 위에 의학, 법학, 논리학, 수사학을 배우는 것이 신사의 교양이다.

이와 같은 로크의 교육사상은 18세기의 귀족교육을 지배했던 것이다.

3) 감각적 실학주의(Sense Realism)

실학주의는 감각적인 직관을 교육의 기초로 하는 감각적 실학주의에로 나아갔다. 이것은 인문적 실학주의에서 사회적 실학주의에로 옮겨 온 것과 같이 당연한 귀결이었다. 이제야 실학주의는 사물에 관한 참지식을 기본적 목표로 하기에 이르렀다. 참지식은 실물이고, 표본이고, 회화다. 이러한 감각적 지각을 통하여 구체적인 사물로 믿을 수 있는 것에서부터 감각적 실학주의가 출발했다. 따라서 감각의 연마가 교육의 중심적인 일이 되어야 한다. 고전 지식의 주입이나, 기억 활동의 훈련 등이 교육의 중심적인 일이 되어서는 안 된다. 감각을 연마하고 이것을 건전히 하여 반응과 감수를 예민하게 하는 훈련이 무엇보다도 긴요하다. 자연히 교수내용에도 변동이 생기게 된다. 즉 형식적으로 다루어지던 전통적인 고전 등은 교재로서의 가치가 부정되고 자연계, 사회생활의 실제적인 일이나 물건이나 산 언어가 교재로 중

시되었다. 여기서 산 언어란 인문적 실학주의, 사회적 실학주의에서
도 중요하게 다루어졌으나, 감각적 실학주의에 들어와서 비로소 철저
한 이해를 받았던 것이다. 감각을 통하여 사람의 마음속에 들어오는
것이 사물에 관한 참지식인 것이다. 이런 의미에서 감각적 실학주의
는 확실히 사회적 실학주의보다 발전적인 결과를 갖고 있다고 봐도
무방할 것이다. 감각적 실학주의의 대표자로는 코메니우스, 라트케
등을 들 수 있다.

라트케(Wolfgang Ratke, 1571~1635)는 교수학자(Didaktiker)라고 불
리는 최초의 사람으로 「교수학」(Didaktit)을 하나의 독립적인 것으로
생각한 최초의 사람이다. "교수학은 연구와 실지 검증으로서 확실한
기초 위에 서야 한다"고 했다. "모든 것은 귀납과 실험으로서 확입한
다"(Per inductionem et experimentum omnium certitudo)라는 그의 표어는
이것을 의미한다. 근세의 교육학교수는 코메니우스에 의하여 건설되
었으나, 라트케는 코메니우스보다 먼저 근세교육학 발생의 터를 마련
한 공로자라고 할 수 있다.

그는 교육의 목적에 대해서는 루터와 같이 아동으로 하여금 신의
인식에까지 나아가게 하는 것을 그 목적으로 삼았다. 그렇기 때문에
신의 인식을 위하여 히브리어, 희랍어를 배워 성서를 연구하고 또한
당시 학자의 용어인 라틴어도 배워야 한다고 했다. 이리하여 종교적
의식의 확립을 위하여, 모든 교수는 언제나 기도로서 시작해야 한다.

라트케에 의하면, 종교의 기초개염을 주기 위하여, 고전을 배우게
하기 위하여, 먼저 독일어를 읽고 쓰고 하는 능력을 기르지 않으면
안 된다. 6, 7세의 아동을 수용하고 독일어로 제 학과와 종교를 가르

치는 독일어학교가 필요하다. 고전어를 배울 때 독일어는 그 보조수단으로서 사용해야 한다. 실로 모국어(materna lingua)의 교육적 가치를 인정한 것은 라트케의 커다란 공적이다.

"교수는 자연법칙에 합치되어야 하기 때문에 인간교육도 자연의 순서에 따라 교육하지 않으면 안 된다." "모든 것은 자연의 방법에 따른다"(juxta methodum naturae omnia)라고 주장한 그는 확실히 근대교수의 선구자다. 그렇기 때문에 ① 모든 지식은 감각을 통하여 습득되어야 하고, 기지의 지식과 관련되어 교육되어야 한다. ② 모든 정의, 법칙은 개개의 예를 들어 해열되어야 한다. ③ 교사는 교재를 쉬운 것에서 어려운 것으로 그 순서를 배열하여 쉬운 것에서부터 곤란한 것으로 교수해야 한다. ④ 완전한 주의는 언제나 일시에 한 대상으로 향하기 때문에 일시에 한 교재를 반부해서 가르쳐야 한다. ⑤ 교재는 이해하기 전에 먼저 암기되어서는 안 된다. 먼저 이해된 후에 암기되어야 한다. ⑥ 교수는 서서히 확실히 규칙 바르게 하급에 있어서는 상급에 있는 것보다 복습을 더 많이 해야 한다고 주장한다.

다음으로 라트케는 교재취급상의 제 원칙을 제창하고 있다. ① 모든 교재는 아동의 능역의 정도에 응해서 초보적인 것과 학문적인 것의 이중 과정으로 취급해야 한다. 초심자에게는 간결하게 쓰인 교과서에 의하고 성숙한 학생에 대해서는 완결된 체계로 쓰인 교과서가 좋다. ② 교재는 개개의 단원으로 나누어져 한 단원씩 아동에게 제공되어야 한다. ③ 교수는 학교에서 충분히 해열하고 이해하고 기억하여 가정에서는 그 복습으로 그쳐야 한다. ④ 아동을 유쾌하게 배우게 해야 한다. ⑤ 교사는 아동의 약점에 대해서 관대하고 모든 것을 자유롭게 가르쳐야 한다고 주장한다.

라트케의 교육목적은 중세적이나 그 방법은 자연주의에 의한 것이다. 이와 같은 그의 교육사상은 코메니우스에 의하여 체계적인 이론으로 조직되어 근대 교육학의 위대한 건설을 보았던 것이다. 이상 서술한 인문적 실학주의, 사회적 실학주의, 감각적 실학주의를 와일즈는 다음과 같이 일람표로서 비교했던 것이다.[5]

〈일람표〉

	인문적 실학주의	사회적 실학주의	감각적 실학주의
교육 목적	· 고대 고문학 연구로 현대세계 현대생활을 위한 준비 · 자연계 및 인간사회에 실제로 돌아갈 것	· 서적, 사람과의 접촉과 사회활동을 통하여 세사에 밝은 신사를 만드는 것 · 사회적 조화	· 자연력과 자연법칙 가운데서 현실을 발견하는 것 · 과학적 지식이용에 의한 인간력의 증강 · 모든 진리 · 교수로 사회적 신질서를 수립하는 것
교육 형식	· 문학적이면서도 실제적 · 인문교육 · 지적 훈련 · 도덕적 훈련 · 사회적 훈련 · 체육 종교	· 실제적 교육 · 사회적 교육 · 체육 · 도덕육 · 지육 · 귀족적 교육	· 실제적 · 과학적 교육 · 인문교육 · 종교교육과 덕육 · 언어교육과 지육 · 민주주의 교육
교육 내용	· 무진장하여 백과사전식인 내용 · 고대의 모든 사상, 모든 학과에 관한 서적과 각 국어로 쓴 서적	· 활동적 학과과정 타인의 경험에 대한 간접적 참여 · 역사－철학－문학, 회화를 위한 어학 여행경험	· 자연현상의 연구 · 광범한 학과과정 보조 · 학과로서의 어학 · 공예 및 유희활동 · 과학적 연구조사
교육 기관	· 양친가정교사(라블레) · 공립주간학교(뷔베스) · 아카데미(밀턴)	· 중학교 및 대학기관을 많이 이용치 아니함 · 사립가정교사제도 · 기사학원 · 고등가정학교	· 학교를 강조함 · 초등학교 · 중학교 · 대학교 · 연구조사기관

---

5) Wilds, Elmer Harrison. *The Foundations of modern Education*, 1942, p.350.

교육 조직	·단일기관에서 모든 교육 을 할 것 ·24시간교육	·산만한 교육 ·가정교사 ·고등가정학교 ·여행 ·세사	·주도한 계단조직 ·유아학교 ·자국어학교 ·라틴어학교 ·대학교 ·광명대학 ·학교내부의 계통적 조직
교육 방법	·개별적 교육 ·임기학습법 ·토의와 설명으로 독서를 활기 있게 하는 법	·기억보다 이해와 판단 ·유쾌하고 재미있는 교수 법 식별 ·독자적 사고 응용	·학습 과정에 내재한 자연 법칙의 인정 ·관찰에 의한 감각훈련 ·귀납적 방법 ·실천에 의한 학습 ·개별적 지도 ·취미본위 ·온화한 훈련

3. 실학주의의 학교교육

먼저 독일에 있어서는 프랑케(August Hermann Francke, 1663~1727)가 신교의 일파인 경건주의(Pietism)의 영향을 받아 자선사업으로서 할레(Halle)에 세운 「프랑케 학원」(Franckesche Stiftung)을 들 수 있다. 그는 독일의 뤼베크(Lübeck)에서 나서 고타(Gotha)의 김나지움(Gymnasium)에서 코메니우스의 실학주의에 의하여 교육을 받고 다시 에르푸르트(Erfurt), 킬(Kiel), 함부르크(Hamburg), 라이프치히(Leipzig)의 제 대학에서 수학하고 1692년에는 신설된 할레대학의 동양어교수로 취임하고, 동시에 그곳 교외에 있는 그라우하(Glaucha)의 목사를 겸임하여, 여기를 그의 영주지로 정하고 평생을 지내면서 교육사업에 부후의 공적을 남겼다. 그가 할레에 처음 왔을 때 빈민의 한 무리가 목요일마다 그의 숙소에 모여 구걸을 했다. 그는 처음으로 그들에게 빵을 주고 그 기회를 이용하여 신의 말씀에 의하여 그들의 정신을 구조하려는 의욕에 찬다. 그래서 그는 방 안으로 그들을 안내하여 종교상의 대화를 해 보았다. 그 결과 그는 하층농민의 무지를 알고 깊은 동정과 군은 결의를 가지게 되었다. 그리하여 그는 그들의 구제자금을 얻기 위하여 자기 집 문 앞에 자선함을 걸었다. 어떤 날 그 속에 4달러의 돈을 발견하고 크게 기뻐하며 바로 세 명의 고아를 모아 필요한 교과서를 구입하고 자기 집 한 방을 비워 교실로 하고, 한 사람의 빈곤한 대학생을 고용하여 적은 보수를 주어 가면서 하루에 두 시간씩 이들을 가르치게 했다. 이것이 바로 '프랑케 학원'의 시초였다. 그 후 중류사회의 사람들도 그들의 아동을 이곳에 보내어 프랑케는 교실 두 개를 세워 한 곳에는 수업료를 낼 수 없는 빈곤한 아동을 수용하고 다른 한 곳에는 수업료를 자담할 수 있는 아동들을 수용했다. 1695년에는 빈민학생에게 교육방법을 가르치는 교육연습소(Seminarium Praeceptorum), 즉 나중에 사범학교가 설립되었고, 1679년에는 중등교육정도의 라틴학교, 1712년에는 귀족자제의 '교육소'(Pädagogium)를 설립했다. 그가 세상을 마칠 때에 이 학원은 초등학교, 고아원, 사범학교, 중등학교, 실과학교, 여학교, 기숙사, 시약소, 도서인쇄소 등이 있었고 이곳에서 교육받은 사람의 수가 3,200명이 넘었다. 그 후 이 학원은 날이 갈수록 확장되어 이곳을 거쳐 나간 사람이 100,000명을 넘었던 것이다.

다음으로 독일의 일반교육계통에 있어서 실과학교(Realschule)는 헤커(Hecker)가 백림에 설립한 '경제적, 수학적 실과학교(Ökonomisch - matheatische Realschule)'를 시발점으로 한 것이다. 그 교과과정은 독일어, 프랑어, 라틴어, 습자, 도서, 역사, 지리, 기하, 산수, 기계학, 건설학, 종교 및 윤리로 되어 있는데 여기에서 우리들은 과학적 운동의 영향과

실생활에 알맞은 교육의 요구를 엿볼 수 있다. 이리하여 실학주의는 그 후 여러 가지 교육사조의 영향을 받아들여 오늘에 이르기까지 독일학교의 주요한 지위를 차지하고 있다.

프랑스에 있어서 실학주의교육사조는, 풍자작가, 라블레를 선구로 하고 몽테뉴에 의하여 크게 발달하였으나, 이것이 그리스도교의 자선사업과 결합하여 학교교육상에 현저한 시설을 한 것은 라살(Jean Baptiste de La Salle, 1651~1719)의 공적이었다. 그는 프랑스 귀족 가문에서 태어나 파리대학, 소르본대학에서 수학하여 1678년 승적에 입적했다. 1682년 로마 가톨릭교를 신봉하고, 초등학교 교사를 희망하는 동지와 더불어 '그리스도교 학교동포'(Fréres des Écoles Chrétiennes)라는 한 단체를 조직했다. 1685년에는 렘에서 '학교교사의 연습소'(Séminaire de Maitres d' École)를 설립하였는데 이것은 프랑케 학원 안의 '교원연습소'에 앞서기 10년 전의 일이고, 세계에 있어서 사범교육의 기원이다. 1688년에 라살은 학교설립의 목적을 가지고 파리에 갔었으나, 여러 방면에서 반대를 받아 뜻을 이루지 못하고, 1693년에 이 단체의 규약을 정하고 단원인 동포로 하여금 각 지의 학교에 교편을 잡게 했다. 그 후 1968년에는 직공에 대한 일요학교를 열고 다시 1705년에는 공업학교를 설립했다. 이리하여 그가 1719년 산 욘(St. Yon)에서 세상을 떠날 때는 281명의 동포와 123의 학급과 90명의 학생을 갖고 있었던 것이다.

영국에 있어서는 멀캐스터(Richard Mulcaster, 1530~1611) 등의 감각적 실학주의나 밀턴 등의 인문적 실학주의의 영향 밑에 반국교파(Non-conformists)의 종교가에 의하여 아카데미(Academy)가 17세기경 창립되어 이것이 영국에 있어서 실학주의 중등교육의 근간이 되었다.

즉 1665년에 프랭크랜드(Richard Frankland)에 의하여 라스밀(Rathmill)에 이 아카데미가 설립되었고, 다음에는 우드하우스(John Woodhouse), 셰리프헤일즈(Sheriffhales)에, 모튼(Charles Morton)에 의해 뉴잉턴 그린(Newington Green)에, 이 외에도 30인의 교육가에 의해서 각지에 아카데미가 세워졌다. 이와 같은 학교는 인문적 실학주의에 근거를 두어 라틴어, 희랍어, 히브리어를 주로 하면서 자연과학, 사회과학, 현대외국어 및 국어를 다루고 있다. 영국의 이와 같은 아카데미는 미국에까지 이식되었던 것이다.

4. 코메니우스(Johann Amos Comenius, 1592~1679)

〈코메니우스〉

코메니우스는 코멘스키(Komensky)라고도 부른다. 그는 보헤미아의 모라비아(Moravia)의 물방아집 아들로 태어났다. 량친은 모두 신교교단인 '모라비아 동포교단'(Moraviabrüder Gemeinde)에 속한 신앙이 두터운 사람이었다. 그는 일찍이 부모를 여의고 친척집에서 양육되었다. 그는 16세 때 처음으로 프레라우(Prerau)의 라틴어학교에 들어가 2년간 교육을 받았다.

그는 만학을 개탄하여 비상히 실력배양에 정진하였고 다른 한편으로는 당시 어학교수의 결함을 발현하여 교육개혁의 뜻을 굳게 다짐했다. 그 후 그는 헤르본(Herborn)대학에서 신학과 철학을 수업하면서 비베스(Juan Luis Vives, 1492~1540), 이태리의 자연철학자 캄파넬라 (Tommaso Campanella, 1568~1639)의 저작에서 영향을 받고, 또한 라트케의 교육개혁안에 깊게 공감하고, 또한 백과전서주의자 알스테드 (Johann Heinrich Alsted, 1588~1638)에 의하여 교육연구에 심혈을 기울일 수 있었다. 1613년에는 암스테르담(Amsterdam) 하이델베르크(Heidelberg) 대학에서 수학하였고 다음 해에는 부레라의 학교에 교사가 되었고, 1618년에는 풀넥(Fulneck)의 장학관 및 동포교단의 목사가 되었다. 그는 이곳에서 3년간 체류했으나, 1621년 30년 전쟁이 발발하여 스페인 군이 침입하여 이 도시를 불살랐기 때문에 그의 서적과 원고도 잃었다. 그 후 독일황제 페르디난트 2세(Ferdinant Ⅱ, 1578~1637)와 그의 신하들에게 신교도라는 이유로 국외로 추방되었다. 그는 1628년 이 신교도들과 더불어 폴란드의 리사(Lissa)에 머물러 이 교단에 투신했다. 그는 13년 동안 이곳에 체류하면서 목사로서, 김나지움(Gymnasium)의 교사로서, 교수상의 경험을 쌓고 동시에 대저 「대교수학」(Didactica Magna), 「어학입문」(Janua Linguarum Reserata)을 집필했다. 어학입문은 라틴어 교과서다. 이것은 출판하자 곧 12

〈코메니우스의 세계도해〉

개어로 번역되고 아세아 제 어에까지 옮겨졌던 것이다. 다음에 「어학 최신교수법」(Janua Linguarum Reserata Atrium)은 코메니우스의 언어교수론으로 언어는 사물과 병행해서 가르쳐야 하고, 쉽고 재빨리 습득할 수 있게끔 그 내용이 배열되어야 한다는 것 등 제 원칙이 설명되어 있다. 1658년 출판된 「세계도해」(Orbis Sensualium Pictus)는 여러 사물을 라틴어·독일어로 설명한 세계 최초의 그림이 들어간 교과서로서 유명하다. 이것은 직관교수의 구체화된 것으로서 독일아동의 애독서로400여 년 동안 이용되었다. 그의 주저 「대교수학」은 1628년에서 1632년 사이에 이루어진 것으로서 '대교수학은 모든 사람에게 모든 사물을 가르쳐야 하는 교서'(Grosse Unterichtslehre oder die Kunst alle alles zu lehreh)라고 하여 보헤미아 지방의 독일어로 쓰였으나, 다음에 라틴어로 다시 쓰여 다른 저서와 같이 출판되었다. 이것은 교육사상을 조직적으로 다룬 점에서 세계 최초의 교육학서로 그가 근대교육학의 창시자로 불리는 것은 이 때문이다.

코메니우스는 당시의 교수에 정면적으로 반기를 들었다. 그것은 지나치게 신사연(紳士然)하고, 비실제적이고, 신을 소홀히 했기 때문이다. 교육은 인간의 희망이며 교육은 이 땅 위에 하늘나라를 이룩할 수 있는 오직 하나의 방법이라고 생각했다.

이 목적을 어떻게 성취할 것인가? 이 높은 이상을 어떻게 실현할 수 있으랴? 코메니우스는 여기에 대하여 다음과 같이 대답했다. "교육은 가정에서 학교로 옮겨져야 한다. 아동은 집약적으로 교육되어야 한다. 이러한 방법으로 교사들은 보다 큰 영향을 주게 되는 것이다. 면밀한 조직과 계획이 학교생활을 교도시킬 수 있다. 교사는 학문을 사랑하고, 어린이에 대하여 진실한 관심을 가진 사람으로 선발되어야 한다.”

이 당시 대부분의 교장은 엄격한 훈육으로 다스리는 사람들이었다. 코메니우스에 의하면, 이러한 태도는 아동을 도리어 잘못 지도하는 결과를 초래한다고 믿었다. 왜냐하면 아동은 자라나는 어린 나무 같아서 조심성 있게 사랑으로 가꾸어져야 하기 때문이다.

코메니우스는 가정과 학교와 사회를 포함해서 사람의 수학기간을 탄생에서 24세까지로 하고 이 사이를 4기로 나누어 각 시기에 해당하는 교육단계를 다음과 같이 제안했다.

모친학교(Schola Materna)는 1세에서 6세까지의 유아기 아동으로서 주로 가정에서 어머니에 의하여 교육하고 여러 사물, 일상의 언어가정과 사회의 제 현상에 대해서 기초적 지식을 받고, 또한 도덕 및 신앙의 기초를 쌓는다.

모국어학교(Schola Vernacula)는 7세에서 12세까지의 아동으로서 독일어의 독서, 산수, 그 외의 기본적 도야를 받는다. 이 학교는 6개 학년으로 나누어 각 학년마다 쉬운 데서 어려운 데로 순환적으로 진행시킨다. 수업은 매일 4시간을 오전, 오후로 나누어 실시한다.

라틴학교(Schola Latina)는 13세에서 18세 되는 청년기의 학생으로 4종의 언어(독일어, 희랍어, 라틴어, 히브리어)와 7자유학과 그리고 자연과학, 지리, 역사, 윤리, 종교 등을 이수한다.

대학(Academia)은 19세에서 24세까지의 초기, 장년기의 학생으로서 신학, 의학, 철학, 법학 그리고 고전과 여행을 통하여 그 교양을 완성한다.

그리고 코메니우스는 정신은 능력인 반면에, 지식은 타고난 것이 아니고 우리들의 감각적 경험에서 이끌어 오는 것이라고 믿었다. 이 말은 아동이 경험에 의하여 교도될 수 있다는 것을 의미하고, 그들의 정신은 교사의 마음대로 하나의 틀[型]로 형성할 수 있는 것이다. 교육과정에서 중요한 것은 단순한 지식이 아니라, 젊은 사람들로 하여금 환각에서 깨어나게 하는 것이다. 여기에서 그는 화이트헤드(Alfred North Whitehead)의 교육목적론에 나타난 결론을 예기했던 것이다. 그는 실천을 기억의 강화로 생각했다. 만일 어린 시절에 올바른 지적 습관을 길러 주면 그 후 성인이 되어 헤아릴 수 없을 정도로 유익한 것이다. 감각적 실학주의자의 한 사람으로서 그는 감각을 통한 학습이야말로 아동의 지적 생활을 강화하는 것이라고 생각했다.

현대의 진보주의교육학자와 같이 코메니우스는 행동의 중요성을 강조했다. '학행일치'(learning by doing)는 그의 학설의 중점이었다. 우리는 쓰는 공부는 씀으로써 학습되고, 추리력은 추리함으로써 학습된다(We learn to write by writing, and we learn to reason by reasoning). 그러나 행동만으로는 충분치 않다. 즉 아동들의 비판적이고 사변적인 능력이 길러져야만 한다. 이것은 판단에 대한 기초를 말해 주는 추리의 기능인 것이다.6)

그 당시 어떤 사상가들보다도 코메니우스는 합리적이고 정신적인 요인의 상호관련성을 강조했다. 지식만을 축적한 학자는 올바른 의미에서 생활의 진수를 놓치고 그 보수적인 것만을 가지고 사는 사람들이었다. 반면에 실천적인 사람은 추리의 중요성을 소홀히 하기 때문

---

6) Mayer, Frederick, *A History of Educational Thought*, p.216.

에 왕왕 실패했다. 코메니우스에 있어서 학습이라는 것은 피교육자의 흥미와 호기심을 중심으로 하는 과정이었다.

그의 교육방법은 자연의 질서를 따라가는 9대원리로 요약할 수 있다.

1) '자연현상'은 적당한 시기가 있다. 말하자면 그의 종족을 번식하려는 새는 그 일을 겨울에는 시작하지 않는다. 겨울에는 만물이 응축하고, 여름에는 마르고 시들어서 위축된다. 겨울에는 태양빛이 쇠퇴함으로써 모든 생물의 활력이 감퇴한다. 그리고 점차로 초겨울이 다가온다. 그러나 따뜻한 봄에는 태양이 생명과 정력을 만물에게 가져온다.[7] 당시의 학교는 이 원칙이 따르지 않았다. "우리는 다음과 같이 결론을 내렸다. 첫째로 인간의 교육은 인생의 봄에 시작되어야 한다. 소년기는 봄에 해당하고, 청년기는 여름에 해당하고, 장년기는 가을, 노년기는 겨울에 해당한다. 둘째로 아침 시간은 공부하는 데 아주 적당하다. 아침은 봄에 해당하고, 낮은 여름에 해당하고, 저녁은 가을에 해당하고, 밤은 겨울에 해당한다."[8]

2) "자연은 사물을 만들기 위하여 먼저 재료를 준비한다. 새가 새끼를 낳으려고 하면 그의 속으로부터 잉태한다. 그리고 그 새는 알을 낳을 둥지를 준비한다."[9]

첫째로 교수하는 데 필요한 교재와 자료는 먼저 준비되어야 한다. 둘째로 이해는 먼저 사물에서 교수되고 그러고 나서 언어로써 사물

---

7) Comenius, *Didactica Magna*.

8) *Ibid.*

9) *Ibid.*

을 표현하도록 가르쳐야 한다. 셋째로 언어는 문법에서 배워지는 것이 아니고 적합한 작가에게서 배워진다.[10]

3) "자연은 불필요한 일을 하지 않는다. 새는 둥지에 다른 물건을 놓지 않는다. 그 둥지에서는 새끼만을 부화할 수 있는 것이다. 혹 그 둥지에 다른 물건이 들어 있으면 새는 그것을 그 둥지에서 던져 버린다."[11] 학교생활에서도 다음과 같은 내용을 받아들이는 것이 바람직하다.

"첫째로 학교에 들어간 아동들은 그들의 연구에 인내가 있어야 한다. 둘째로 어떤 특수한 연구가 시작되기 전에 학생들의 마음은 그 연구에 대하여 준비가 되어 있어야 하고 받아들여져야 한다. 셋째로 모든 장해물은 학교생활에서 제거되어야 한다."[12]

4) "자연은 그의 작용에 혼란됨이 없이 한 가지에서 또 다른 곳으로 뚜렷이 순서 있게 옮아간다."[13] 우리는 많은 것을 동시에 열중시킬 수는 없기 때문에 라틴어가 숙달되기까지는 희랍어나 다른 연구를 시작하지 않아야 한다.

5) "자연의 사물은 모두 그 근본이 되는 뿌리로부터 발생한다. 교사는 사물을 먼저 이해하고 나서 기억해야 하고 모든 지식을 터득할 수

---

10) *Ibid.*
11) *Ibid.*
12) *Ibid.*
13) *Ibid.*

있는 방법을 알아야 한다."[14] 아동은 지식을 될 수 있는 대로 책에서 구하지 말고 자연 그 자체에서 구해야 한다.

6) "자연은 그 형성과정에 있어서 보편성에서 특수성으로 나아간다. 화가가 사람을 스케치할 때 특수한 입, 귀, 코를 그리지 않고 먼저 보편적인 몸과 얼굴 전반에서부터 그리기 시작한다."[15]

7) "자연은 뛰어넘지 않고 그 단계를 지킨다."[16]

8) "자연이 어떤 일을 시작한다면 그 일이 완성될 때까지 계속한다. 그것은 다음에 따른다.

첫째로 학교에 보내어진 아동은 그가 일정한 덕과 경건이 터득될 때까지 계속해야 한다. 둘째로 학교는 조용한 장소여야 한다. 셋째로 연구주제에 따라서 해야 할 것은 주저함이 없이 줄곧 연구하여 해결해야 한다. 셋째로 아동은 어떠한 구실 밑에서도 무단결석을 해서는 안 된다."[17]

9) "자연은 조심스레 장해물을 피한다. 화가는 새로 그린 그림은 바람과 먼지가 나지 않는 곳에 보호한다."[18]

---

14) *Ibid.*
15) *Ibid.*
16) *Ibid.*
17) *Ibid.*
18) *Ibid.*

그리고 나중으로 코메니우스에게 있어서는 교육이란 사회적인 기능을 가진다. 사랑은 지식의 직접적인 부분이다.

"지식, 덕 그리고 경건의 바탕은 스스로 우리 속에 깃들이고 있는 것이다."[19] 인간이란 가르칠 수 있는 동물이라고 그가 정의했다. 그에 의하면, 교육이란 과거를 받아들이는 것이 아니라 미래에 대하여 이야기하는 것이다. 유토피아적인 사상가의 한 사람으로서 그는 정치나 경제의 개선을 촉구했다. 국가들이 서로 물고 뜯고 전쟁을 하는 한, 역사의 진보는 있을 수 없는 것이다. 그는 보편적인 대학, 보편적인 언어, 그리고 보편적인 학교를 바랐던 것이다. 오늘날 우리는 평화의 서식처를 가지지 못하고 있다. 우리들은 진실한 세계연합을 촉구했던 코메니우스의 꿈을 건너지 못하는 강마냥 멀리서 바라보고 있는 것이다, 언제나 편파적인 완고에 의하여 위협받고 있다고 그는 생각했다. 교육은 언제나 무지와 폭력에 의하여 인간성의 정진이 위협받고 있다고 그는 생각했던 것이다.

우리는 지금, 평화와 폭력, 자유와 무지의 교차로에 서 있는 것이다. 폭력과 무지는 갈수록 허다한 인간의 갈등을 이끌어 오는 것이다. 참된 교육을 위하여 평화는 사치가 아니라 가장 기본적인 필요인 것이다. 평화로운 환경에서만이 지식은 승리를 거둘 수 있고 평화로운 시대에서만이 참으로 이성이 자랄 수 있을 것이다.

코메니우스는 우리가 한결같이 하나로 뭉치기 위하여 인간의 선의지를 갈구했다. 교사, 정치가, 기관장, 상인들 모두가 하나로 뭉칠 때 자비와 사랑의 사회를 이룩할 수 있는 것이다. 인류는 바야흐로 생기

---

19) *Ibid.*

있는 역군으로서 무장될 수 있다. 인류는 진실로 생활에 대한 창의 있는 가슴으로 밀고 나아가야 한다. 코메니우스는 학교를 위하여 보다 많은 재화가 사용되어야 하고, 사회에 관한 최선의 투자는 위대한 교사를 기르는 것이고, 또한 교수를 위한 자원인 교재는 자유롭게 제공되어야 한다고 주장했다. 종교는 학교조직의 근간이 되어야 한다. 이것이 그리스도를 본받는 길이라고 했다.

이것은 코메니우스의 고귀한 꿈이었고, 원이었고, 유현(幽玄)한 소망이었다. 그는 실제에 대하여 또렷한 감각을 지닌 신비주의자였고, 사회의 혁신을 외친 교사였다. 창조적인 교육이야말로 인간의 최고선이라고 믿었던 것이다.

제7장 계몽사조와 교육

절대주의는 중세적 봉건체제에서 근대적 민주체제로 옮겨 오는 과도기적 시대현상의 산물이었다. 따라서 근대적으로 계몽된 안목으로 볼 때, 절대주의에는 중세적인 몽매성이 깃들어 있어, 진실한 근대의 문을 활짝 열어젖히기 위해서는 이 몽매성을 계발하려는 일련의 운동이 필요했던 것이다.

이것이 다름 아닌 「계몽사조」(Aufklärung, Enlightenment)이다. 현세는 재발현되고, 주관성은 회부되었다. 초자연주의에서 자연주의로 동향이 드러났다. 자연, 자연성, 자연적 제 과학의 체계 등이 스토아(Stoa) 학파 철학의 계승이었다. "이성이야말로 궁극적인 판단자요, 지도자다"라는 요구가 이 세기를 지배하게 되었다. 계시종교의 시대는 가고 자연종교의 시대는 왔다. 그렇기 때문에 절대주의적인 왕권이 붕괴되고 인간의 자유, 국민의 주권 등이 강화되어 국가는 계약에 의해서 자유로운 시민의 이성적 합의에 의해서 이룩되는 의현이 지배적이 되었다. 경제상으로도 자유주의가 주장되어 계시에 붙잡히지 않고 인간의 자연적 요청을 원리로 하는 자연적 윤리학도 일어났다. 이리하여 계몽사조는 자연히 교육의 기회균등을 주장하기에 이르렀다. 계몽사조의 교육목표는 인간의 진보와 행복을 실현하려는 것이다. 그러기 위하여 계몽사조는 이성적이고 그 힘을 연마해야 했다. 이리하여 계몽사조는 현실주의, 실행주의, 범애주의 등과 합류했던 것이다. 프랑스 혁명, 미국의 독립 등이 계몽사조의 커다란 정치적 귀결이었다. 계몽사조를 한마디로 요약한다면 근대의 과학적 문화적ㆍ정치적 생활을 기초로 한 정신운동이었다.

1. 계몽사조의 교육

계몽정신의 첫째 특질은 자연주의(Naturalism)이다. 그것은 인간을 자연적 그대로 보는 것을 그 본질로 한다. 자연의 빛(Lumen Naturale)에 비추어 볼 것 같으면, 모든 인간은 본래 자유 평등이고, 승려, 귀족 등이 특권을 행사하는 사회는 인간의 자연적인 인권을 유린하고 자연의 질서에 상치되는 것이다. 자연법을 중심으로 하는 정치적 자유주의의 주장은 이 자연주의가 정치사상상에 드러난 것인데, 당시 절대주의 정치체제에 대한 예민한 비판을 가했던 것이다. 로크의 「시민정부론」(Two Treaties on Government)은 시민은 정부에 대해서 정치를 위임하는데, 정부는 동시에 시민의 자연권(생명, 자유, 재산)을 보호해야 된다고 하는 국가계약설을 주장했다. 프랑스의 몽테스키외(Montesquieu, 1689~1755)도 「법의 정신」(De l'esprit des lois) 속에서 법은 국민의 신성한 의지에 기반을 두어야 된다고 제창하여, 이를 위한 입법, 사법, 행정의 3권이 분리되어야 한다는 것을 역설했다. 루소는 한 걸음 더 나아가 시민은 단순히 재산소유자로만 볼 것이 아니라, 모든 국민은 그 의지가 국가최고의 주권이라는 것을 강조했다. 이와 같은 정치적 자유주의는 18세기의 절대왕정제에서 억압되었던 뭇사람들의 지지를 얻어 미국의 독립, 프랑스 혁명으로 드러났던 것이다.

계몽정신의 둘째 특질은 합리주의로서 이성이나 지성을 존중하는 것이다. 이것은 사유, 행동에 있어서 전통의 속박을 떠나 인식, 종교, 도덕 등 모든 현상을 이성적으로 비판하고 생활의 모든 문제를 이성에 의해서 해결하려고 했다. 디드로(Denis Diderot, 1713~1784)를 중심으로 하는 프랑스의 백과전서파(Encyclopédistes)들은 인간의 행복을 가져오는 확실한 길은 지성에 있다고 생각하여 많은 새로운 지식을 민중에게 보급하여 지성의 계몽에 크게 공헌했다. 또한 볼테르(Voltaire, 1694~1778)는 당시 타락한 승려에 대해서 예리한 공격을 가하여, 이성의 입장에서 그리스도교를 비판했다. 그는 신을 세계의 창조자로 보지마는 일단 창조된 세계는 그것 자체의 법칙에 따라서 움직이는 것이라고 하여 종교에서 기적이나 예언과 같은 신비적 요소를 부정하고 이성적 진리만을 믿었다. 이것은 이신론(Deism)이라고 하여 영국의 허버트(Herbert of Cherfury, 1583~1648), 톨런드(John Toland, 1670~1722) 등에 의하여 발달되었던 것이다.

코페르니쿠스(Copernicus)의 지동설을 긍정할 수 없었던 교회는 자연과학의 발달에 의한 이성적·진보적인 사람들도 역시 받아들일 수 없었다. 여기에 또한 극단적으로 형식주의, 의식주의에 대한 부만이 깊이 뿌리 박혀 있어 18세기는 일반적으로 종교적인 혼돈기라고 한다. 이신론은 이 같은 종교적 사정 속에서 이성적인 입장에서 출발되었다. 한편, 독일에서는 정서나 감정의 입장에서 경건주의가 일어나서 마침내 영국의 감리교, 퀘이커교도 등으로 번졌고, 또한 루소가 인간성은 본래 악은 아니라고 하여 전통적인 원죄설을 부정하여, 종교사상상에는 각종으로 분파된 세력이 서로서로 자기의 확장을 위한 투쟁으로, 교육 일반에도 막대한 영향을 주었다. 특히 이러한 종교단체와 운동이 서민교육에 크게 영향을 준 것을 주목하지 않으면 안 된다.

계몽정신의 셋째 특질은 실리주의, 현세주의를 들 수 있다. 이러한 실리주의, 현세주의는 자연과학의 발달을 응용하는 새로운 기계를 발명하기에 이르렀다. 특히 1765년 와트(James Watt, 1736~1819)의 증기기관, 1769년 아크라이트(Arkwright, 1732~1792)의 방직기계의 발명에 의해서 영국의 산업혁명을 가져오게 되어 이 같은 실리에의 추구는 일층 더 박차를 가하게 되었다. 이러한 현세주의의 하나의 결과는 매일매일 생활에서 거리가 멀어만 가는 고전어에 대한 비판적인 태도를 낳아, 종래 고전어 존중에서 모국어 존중의 기운을 일으켰다. 고전어는 당시 각국의 학교, 대학에서 커다란 비중을 가지고 있었으나 18세기에는 많은 학문상의 논문까지도 모국어로 쓰이고 신문, 잡지 등도 모국어로 표현되었다. 자연과학, 기계, 모국어에 대한 관심은 학교교육의 내용에 크게 영향을 주어, 종래 고전주의에 대해서 실과주의라고 할 만큼 변화되었던 것이다.

계몽정신의 특색과 이것이 교육에 어떠한 영향을 준 것인가는 이상 서술한 바와 같으나 그러나 보다 더 큰 영향을 받는 것은 교육관의 변혁이었다. 먼저 지성의 문제를 경험론(Empiricism)의 입장에서 보았던 것이다. 여기서는 지식, 관념, 가치가 외적 경험에 의해서 모든 인간의 밖에서부터 주어지는 것이라고 생각했다. 로크의 백지설 (Tabula Rasa)은 그 본질을 지시하는 것으로서 사람의 마음은 이 세상에 태어날 때는 전혀 백지와 같은 것으로서 이 세상에 떨어진 후 외계의 자극을 받아 다양한 경험을 하여 이 경험을 쌓아서 마침내 여러 가지 복잡한 지식이 얻어진다고 생각했다. 이리하여 교육은 경험을 하기 위한 외적인 활동작용이라고 생각하여 여기서 교육은 모든 인간에게 모든 지식을 줄 수 있다고 생각하여 교육의 힘의 만능을 믿고, 어떠한 교육에 대해서도 요천적인 신뢰감이 생겼다. 프랑스에서는 감각론(Sensationalism)을 중심으로 하여 이 교육만능론이 널리 퍼졌다. 감각론은 내적인 반성작용을 배제하고 선천성을 인정치 않고 모든 인식은 오로지 오관에 의한 감각에서 생기기 때문에, 오관을 가진 인간에게는 모든 인식을 줄 수 있다는 것을 확신하였다. 이리하여 거칠게 말해서 자연주의, 합리주의, 실리주의 및 현세주의 등의 계몽정신의 특징이 교육만능주의를 가져오는 데까지 이르렀던 것이다.

2. 범애파의 교육

범애파의 교육사조와 그 실제의 운동이란, 계몽사조를 그 기반으로 하는 것으로서, 특히 루소의 영향과 합리주의, 자연주의가 그 주요 내용을 이루고 있었다. 이 교육사상은 공리공론보다는 실리에 중점을 두고, 평화하고 행복한 생활을 하는 시민을 만드는 데 있었다. 이 파의 사상을 범애주의(Philanthropism)라고 한다. 이것은 문자 그대로 '인류애'(Philanthropia)의 실현을 그 목표로 한다. 즉 종교나 국가의 차이 없이 전 인류를 사랑하여 그 행복을 증진시키는 것을 의도하는 것이다. 여기에 교육상의 휴머니즘의 외연적 확대, 양적 발전을 볼 수 있다. 이 사상은 계몽운동의 동역이고, 프랑스혁명을 일으킨 자유, 평등, 박애의 기치였다. 따라서 범애파의 교육사업은 계몽사조를 일반적인 배경으로 해서 루소에게도 공통적으로 드러나고 있는, 같은 시대정신을 교육상의 구체적인 성과로 가져온 것이라고 생각한다.

이 범애파를 대표하는 사람으로는 바제도(Johann Bernhard Basedow, 1723~1790), 잘츠만(Christian Gotthilf Salzmann, 1744~1811)을 들 수 있다.

바제도는 함부르크에서 출생하였다. 그의 아버지는 교양이 부족하고 완고한 성품이었고, 어머니는 언제나 우울해하였고 그는 마침내 광사(狂死)하고 말았다. 그는 이와 같은 부모에게서 유전된 성격으로 민감하고 초조와 우울과 성급함과 술을 좋아하였다. 그는 이와 같이 불우한 가정에서 자랐고 소학교에서까지도 가혹한 교육을 받았기 때문에 18세 때 그곳에서 뛰쳐나왔다. 그 후 라이프치히(Leipzig) 대학에서 신학과 철학을 배웠고, 1748년에 홀스타인의 한 귀족 쿠알렌(Qualen)의 가정교사가 되어 그의 아동을 아주 새로운 방법으로 가르쳐 커다란 성과를 올렸다. 그 후 그는 여러 곳에서 교편을 잡았다. 그의 추종자는 갈수록 늘어났다. 그는 이신적 사상을 발표했으나, 가톨릭 신학자나 경건파의 시민에게 많은 존경을 받았다. 특히 그의 저서 「모든 계급에 대한 실천철학」(Praktische philosophie für alle Ständ)은 당시 비상한 갈채를 받았다. 한때 그는 많은 사람에게서 질투도 받았고, 그의 저서가 판매금지도 당했고, 심지어 그는 투옥 직전에서 구출되기도 했다. 그는 과로로 건강이 악화됨으로써 신역이 아주 쇠퇴하여, 자필원고마저 읽을 수 없게 되었고, 또한 저술까지도 말[言]로 불러서 옮겨야 했다. 1768년에는 교직을 떠나, 그해에「인류의 벗에 대한 의현」(Vorstellung an Menschenfreunde)을 저작하여 학교의 설립, 교수법, 초보 독본의 편찬 등에 관한 그의 사상을 발표했다. 1770년에는「가족 및 국민의 부모에 대한 방법서」(Methodenbuch für Väer und Mütter der Familien und Völker)를「초보독본」(Elementarische Bibliothek)의 제1권으로서 간행했다. 거기에는 교육의 모든 기초공사의 계획, 교회와 학교와의 관계, 왕자의 교육 및 교수의 제도에 관한 국가의 감독, 상류계급의 교수, 언어교수, 여자교육, 청년의 교육, 교수용 보통교재의 여러 문제에 관한 논문이 수록되어 있다. 이어서 그는「상류계급에 있어서의 청년과 교사와 친구에 대한 초보독본」(Elementarbuch für die Jugend und ihre Lehrer und Freunde in gesitteten Ständen)을 발간했다. 이러한 저서로서 일약 유명하여져서 1771년 데사우(Dessau)에 초빙되었다. 그는 거기서 초보독본을 개정했다. 여기서는 유아교육 교수론에서 시작하여 인간의 심신 양면을 다루었고, 또한 일반논리학, 종교론, 도덕론, 인간의 직업 및 계급론, 역사, 지리, 자연과학, 문법, 수사학의 초보를 수록했다.

1774년 여름, 데사우에 사범학교를 설립하고, 이것을 범애학원(Philanthro pinum)이라고 불렀다. 이 학원은 부자의 자제에게는 월사금을 받고 일반도야를 목적으로 하고, 빈자의 아동에게는 소액의 월사금을 받고 교사가 될 때까지 양성하는 것을 목적으로 했다. 교직원으로는 바제도, 볼케(Wolke), 바제도의 딸 에밀리(Emilie) 등 20여 명이 이에 종사하고 있었다. 학생에게는 질박한 제복을 입히고 두발을 짧게 깎고 목도리 사용을 금했다. 이러한 모습은 당시 일반학생들의 사치에 비하여 현저한 대조가 되었다. 교과는 되도록 고어를 줄이고, 인체 및 동식물, 광물 등의 자연에 관한 지식을 주로 하고 실물 및 모형에 의하여 이를 학습시키고, 또 지구의, 지도 등을 이용하여 지구의 모양, 운동 등을 가르치고, 도량형을 사용하여 산수, 물리학 등을 가르치며 매일 공작, 원예 등을 가르쳐 야외교수를 실시하는 등 대단히 진보된 교육을 하고 있었다.

훈련은 오직 학생들의 명예심, 염치심에 호소하고, 체벌은 일절 금했다. 또한 선행을 장려하기 위하여 석차, 표창, 상장, 패를 많이 이용하였다. 1주 6일 중 2일은 선행일(Meritentag)로서 선행을 쌓은 학생을 상석에 놓고, 2일은 부력일(Reichtumstage)로서 부형이 학교에 바친 기부금에 의하여 학생의 석차를 정했고, 2일은 계급일(Standestage)로서 신분 계급에 의하여 석차를 정했다. 매월 중 1일은 특별일로서 학생에게 단식을 하게 하고, 딱딱한 침상에서 자게 했다. 체육으로서는 야외생활, 운동, 목욕, 검술, 승마 등을 장려했다.

이와 같은 특색을 지닌 범애학교는 곧 그 명성이 사방에 떨치어 한때 내관자가 끊일 사이 없었다. 그러나 바제도는 성질이 완고하고 아량이 부족하고 통솔력이 모자라고 너무 성급히 성공을 서둘렀기 때문에 실패로 돌아갔다.

그는 기부금의 부족으로 범애주의의 이상을 실현키 곤란한 것을 이유로 이 학원을 '데사우 교육소'(Dessauisches Educationsinstitut)라고 개명했다. 그는 한때 이 관리권을 아랫사람에게 맡기고 또는 실무를 다른 사람에게 위임하고 그는 단지 감독자로 있었다. 이리하여 이 학원은 1793년, 창립한 지 19년 만에 문을 닫게 되어 바제도를 따르던 많은 사람들은 각지로 흩어져 그의 교육방법을 널리 폈던 것이다.

바제도는 이 학원이 폐쇄되기 전에 은퇴하고 문필생활을 하여 각지를 편력하던 중 1970년 66세를 일기로 객사했던 것이다.

잘츠만은 본래 목사의 아들로 독일의 쇄메르다(Sömmerda)에서 출생했다. 그는 예나(Jena) 대학에서 신학을 연구하였고 25세에 목사가 되었다. 그는 바제도의 저서를 읽고 깊이 공명하였고, 1781년에 데사우의 범애학원에 초빙되어 종교 교수로 있었다. 그러나 그는 바제도와 뜻이 맞지 않아 재직 3년 만

〈잘츠만〉

에 그만두고, 1784년 슈네펜탈(Schnepfenthal)에 범애학원을 열고, 전 가족과 함께 그 경영에 종사했다. 그의 밑에는 근세체조교수의 창시자인 구츠 무츠(Guts Muths, 1759~1837), 지리교수의 대가 칼 리터(Karl Ritter, 1779~1859) 등도 있었다. 이 범애학원 내에는 잘츠만의 가족, 교직원과 그 가족 및 전 학생이 거주하여 생활을 함께하며, 서로 도와 전체가 하나의 가족같이 조직되어, 잘츠만은 이것을 '동로조합'이라고 불렀다. 이리하여 그는 전 직원, 학생에게 '아버지, 잘츠만'(Vater Salzmann)이라고 불렀다.

〈잘츠만의 학교〉

그는 스스로 "학생의 모든 과실이나 결점의 원인은 자세히 살펴 교사 자신 속에서 그 잘못을 찾아내지 않으면 안 된다"고 하는 태도로 교육에 임했다.

그는 언제나 "생각하라, 참으라, 행하라"(Denken, Dulden, Handeln!)는 표어를 부르짖었고, 이것을 근본으로 하여 헌신적 · 체험적인 훈육을 진흥시켰고, 체육을 장려했으며, 제 교과목의 교수방법의 개선에도 성공했다.

특히 교수에 관해서는 자발 · 자동을 역설하고, 자연적인 사물과 친근할 것을 강조하였고 형식도야는 그가 역설한 중심점으로서 관찰력, 사고력의 연마를 열거할 수 있다.

잘츠만의 많은 저서 중에서 주요한 것은 「작은 게에 대한 책 또는 아동의 비이성적 교육의 지시」(Krebsbüchlein oder Anweisung zu einer unvernünftigen Erziehung der Kinder)이다. 그는 이 속에서 당시에 부모들이 제각기 자기 자신을 반성하지 않고 아동을 질투, 불순종, 잔인, 허위 등의 악습관에 물들게 하고 있는 사실을 풍자하고 있다. 또한 「콘라드 키퍼 또는 아동의 이성적 교육에의 지시」(Konrad Kiefer oder Anweisung zu einer vernünftigen Erziehung der Kinder)에 있어서 모범적인 아버지가 건전하고 근면하고 숙달한 아들을 교육하는 방법을 지시한 것이고 다시 「작은 게에 대한 책 또는 교육자의 이성적 교육에의 지시」(Ameisenbüchlein oder Anweisung zu einer vernünftigen Erziehung der Erzieher)에서 올바른 교육을 하기 위하여 필요한 교육자의 자기수양을 해열하였다.

범애파의 대표자로서 이 두 사람 외에도 캄페(Joachim Heinrich Campe, 1746~1818), 트랩(Ernst Christian Trapp, 1745~1848), 바르트(Karl Friedrich Bahrdt, 1741~1782) 등이 있다.

3. 루소(Jean Jacque Rousseau, 1712~1778)

루소는 1712년 스위스의 제네바(Jeneva)에서 출생했다. 고대희랍의 폴리스를 연상케 하는 자유, 소박, 명랑의 기분을 담뿍 지닌 이 소도시국가(당시는 독립한 한 공화국)는 그의 생애에서 언제나 떠나지 않는 이상향으로 남아 있었다. 그것은 그의 만연의 사상에서 엿볼 수 있는 영원한 모델 도시로서 그의 여러 작품 속에 드러나고 있다. 그의 아버지 아이작(Isaac, 1672~1747)은 시계사이고 어머니 베르나르(Bernard)는 목사의 딸이었다. 어머니는 아름답고 총명한 부인이었고 동시에 아버지는 자유롭고 활발하며 동정적인 사람이었다. 이들의 성격은 루소에게 민감한 마음을 유전시켜 "나는 생각하기 전에 먼저 느낀다"고 고백할 정도로, 예민한 감수성을 주었던 것이다. 그러나 그의 어머니를 생후 바로 여의고, 또한 그의 아버지도 그가 8세 때 제네바에서 추방되었다. 곤란하게 된 루소는 백부의 소개에 의해서 제네바에서 조금 떨어진 목사 랑베르시에(Lambercier, 1676~1736)의 별장에서 지내게 되었다. 그는 여기서 대자연을 호흡하고, 따뜻하게 목사의 가족과 친애의 정에서 자라서, 나중에 자연을 찬미하고 인성을 선이라고 보는 그의 사상의 맹아를 이곳에서 갖게 된 것이라고 생각된다.

그 후, 16세에서 3년간 북으로는 파리에서 남으로는 이태리까지 방랑생활로 지냈다. 그는 이 생활 중에서 가톨릭의 한 승려 포베르(Pontverre)의 구제를 받아 개종한 후 그의 지도와 소개로서 와랑 부인(Madame de Warens)을 알게 되어, 1741년 그가 파리에 정착하기 전까지 그의 생활은 대부분 와랑 부인을 둘러싸고 전개되었다. 이 10년간의 생활은 루소에게 있어서는 일생 동안에 가장 행복하고 수확이 많

〈에밀 초판의 삽화〉

은 시기였다. 특히 독서에 열중하여 볼테르, 몽테뉴, 데카르트, 라이프니츠, 로크 등의 저서를 즐겨했다. 뿐만 아니라 수학, 물리학, 화학 등을 연구했고 또한 라틴어의 교양을 쌓았다. 그가 교육문제에 대해서 깊은 관심을 가진 것도 이 시기였다.

1741년 파리로 돌아와서 문필가 디드로(Diderot)와 친교를 맺고 있었다. 1750년 프랑스의 디종학사원(L'Academie de Dijon)이 현상논문으로서 모집한 「과학예술론」(Discous sur les sciences et les arts)에 당선되어 루소의 명성은 일약 전 프랑스 사회에 퍼졌던 것이다. 1754년 「인간불평등기원론」(L'origine de l'ínēgalité parmi les hommes)과 「경제론」(Economie politique)을 저술하여 이 사상의 체계화에 노력했다. 1761년의 연애소설 「신엘로이즈」(Julie ou la nouvelle Héloïse) 1762년의 「사회계약설」(Contract social)과 「에밀」(Emile)의 3대저술로서 루소는 당시 그 사회에 대하여 정면으로 도전했던 것이다.

「신엘로이즈」는, 인간감정과 자연미를 묘사함으로써 18세기의 주지적인 계몽문학에서 19세기의 낭만주의문학으로 전향하는 선구가 되었고, 또한 「사회계약설」은 급진적인 인민주권사상을 강조하고 민주정치의 원칙을 가르쳐 혁명의 경전이 되었다. 「에밀」에서는 루소의 교육사상을 그대로 전개한 것으로, 인간교육의 근본적인 혁신을 주장하고 있다.

이와 같은 작품은 전 구라파에 크게 반향을 일으켜 그의 명성은 날로 높아 갔다. 그러나 「에밀」에 나타난 사상이 기성종교를 비판하고 자연종교를 제창하고 있어, 이것이 당시 많은 사람들에게 열광적인 공명을 주었으나 정부당국은 루소에 대한 박해를 의도하게 되었다. 1762년 정부는 「에밀」을 불태우게 명했고, 파리의 고등법원은 루소에게 체포상(逮捕狀)을 내었으며, 승정은 그를 파문했고, 파리의 신학부도 그에 대해 반대 의사를 표명했다. 그는 고향 제네바로 내려갔다가 끝내 쫓겨 독일, 영국 등을 전전하다가 1770년 파리로 돌아왔다. 그는 도피생활에서 참회록(Confessions)을 집필했다. 그는 이어서 「대화-루소 장 자크를 재판한다」(Dialogue, Rousseau juge de Jean-Jacques)와 「고독한 산보자의 몽상」(Les Rêveries de promeneur solitaire)을 저술했다. 그는 만년에 비교적 평화한 은둔생활을 보내며 1778년 7월 2일 파리 교외에서 66세의 파란 많은 생활을 마쳤다. 문학사상, 고백문학의 대표인 참회록은 그가 세상을 떠난 후 출판되었다. 이것은 인간만이 가질 수 있는 미점과 약점을 동시에 노정했고, 방랑곡절한 그의 운명과 그 내적 생활을 놀랄 만큼 치밀성을 가지고 고백하고 있다.

루소의 교육사상은 「에밀」에 잘 드러나 있다. 그는 여기서 위선적·교권적·인습적인 교육에 반대하여 자유로운 교육 의현을 생생하게 묘사한 교육소설이다. 여기에 나오는 주요한 인물은 교육을 받는 소년인 '에밀', 후일 에밀의 이상의 처가 될 소피(Sophie)와 에밀을 교육하는 가정교사 이 세 사람이 등장한다. 전권은 5편으로 되어 있어, 제1편은 총론과 유년기, 제2편은 소년기, 제3편은 청년전기, 제4편은 청년후기의 교육을 발달과정에 따라 다루었고, 제5편은 에밀의 장래의 처가 될 소피의 교육에 대해서 특히 여성교육의 문제를 다루었다.

루소에 있어서 교육사상의 특색은 먼저 주관적 자연주의를 들 수 있다. 즉 그는 인간의 본성을 신장하려는 점에 교육의 본질을 두었다. "조물주의 손에서 나올 때는 모든 것이 선이었으나, 인간의 손에 들어와서 모든 것이 타락되었다"(Tout est bien sortant des mains de l'auteur des choses, tout dégénère entre les mains de l'homme)[1]라고 하는 권두의 명귀는, 인간 본연의 성은 선미로웠으나 불순한 환경과 전통적 교육에 의하여 인간은 갈수록 쇠퇴하여 이것을 어떻게 회복할 것인가의 명제가 그의 교육적 관심의 전부였다.

루소에 있어서 교육의 3요소는 자연(nature)과 인간(hommes)과 사물(choses)이다. 그러나 이 3요소는 모순 없이 조화되어야 한다. 즉 자연이 사람을 교육하는 것처럼 다른 사람과 사물에 봉사케 하는 것이 참된 교육으로, 이것이 참된 주관적 자연주의이다. 이와 같은 교육의 중점을 자연의 발달에 기초를 둔 것은 전통적인 교육이 그 목적이나 내용을 국가의 입장이나 사회의 요구 등에 의하여 이끌려지는 경향, 다시 말하면 교육의 표준을 아동의 밖에 있는 객관적인 면에서 찾으려는 경향에 대해서 이것은 획기적인 전향인 것이다.

루소에 있어서 교육사상의 제2의 특색은 일반도야 및 인간도야의 이념이다. 여기서는 먼저 사회인(l'homme civil)과 대립하여 자연인(l'homme naturel)의 도야가 강조되고 있다. 사회인이란 특정한 전통적 사회에 의하여 제약된 사람으로 이것은 이 사회와의 관계에 있어서 상대적인 가치를 지니고 있는 사람이다. 여기에 반해서 자연인이란 그 자신을 위하여 가치를 가지는 사람으로 「절대완전체」(entier absolu)이다. 특정 사회를 위한 사람은 루소의 의도하는 목적이 아니다. "자

---

1) Rousseau, *Emile*. 이를 영어로 번역하면 다음과 같다: Everything is good as it leaves the hands of the Author of things; everything degenerates in the hands of man.

연질서 속에는 인간은 모두 평등이다. 이 공통적인 천직은 인간으로서의 상태(l'état d'homme)이다. 인간으로서 훌륭히 교육된 사람이라면, 어느 일에 대해서 할 수 없다고 하는 것은 없는 것이다."2) 이와 같이 루소가 보는 자연인은 특정한 직업인과도 대립한다. 직업적 도야로 나아가기 전에 먼저 인간을 인간으로서 교육한다는 일반적 도야가 그의 의도하는 바인 것이다. "우리들의 아이들이 군인이 될 수도 있고, 목사가 될 수도 있고, 변호사가 될 수도 있다. 그러나 나에게는 조금도 관계가 없는 일이다. 양친의 직업을 채택하기 전에 자연은 그 아이들을 인간으로서 생활할 것만을 내가 그들에게 가르치려고 생각하는 직업이다."3) 루소는 이와 같이 국민교육이나 사회교육보다는 단적으로 인간교육을 주장했던 것이다.

루소의 교육내용은 아동의 자연적인 발달단계에 의해서 결정되고 또 각 단계는 여러 고유한 힘에 의해서 통일되어 있는 것으로서 이 원동력에 응해서 정해져야 한다고 생각했다. 유년기에는 신체, 소년기에는 감각, 청년기에는 이성, 청년후기에는 심정이 각각 지배적인 힘을 가지고 있어 여기에 밑받침하는 교육내용을 「에밀」 속에서 전개시켰던 것이다.

유년기(1~5세까지)에는 신체의 발육에 중점을 두어 신체가 약하면 약한 만큼 정신은 신체에 명령하여 부자유롭게 되고, 강하면 강한 만큼 정신은 신체에 명령하는 것이 되어 자유롭다. 그러므로 어린이의 신체 건강에 유의해야 한다. 인위적인 인습은 피하여야 하고 직접적

---

2) *Ibid.*

3) *Ibid.*

으로 어린이는 생활을 경험해야 한다. 이 시기의 어린이는 동물과 유사하다. 루소는 지식이란 너무도 인간을 억압하는 것이기 때문에 무엇보다도 합리적인 활동을 피해야 한다고 주장했다. 신체의 고통 때문에 자살하려는 사람은 없다. 육체의 고로(苦勞)는 그렇게 참혹한 것과 비통한 것도 아니다. 어린이의 근육은 유연하고 신축성이 많기 때문에 "사계절의 불순한 여러 기후나 자연의 조건에 어린이를 두게 하여 기아, 고갈, 피로를 경험시켜 아이들의 신체를 단련하는 것이 좋다"[4]고 했다.

소년기(5~12세까지)에는 감각기관의 훈련이 중심이 된다. 뛰어난 주의, 기억력, 사고의 힘은 건전한 시각, 청각, 미각, 후각 등의 매개에 의하여 비로소 완전하게 된다. 이것은 마치 건전한 육체가 건전한 소화기에 의하여 기대되는 것과 마찬가지다. 루소는 "너의 아이가 12세가 되었을 때, 아직 바른손과 왼손을 구별할 줄 몰라도 건전한 감각만 가지고 있다면 그 아이에게는 머지않아 이성이 개화될 것이다"[5]고 하여 당시 기계적인 암기를 강요하는 교육에 대해 사람들을 정반대의 길로 잘못 인도하려면 차라리 가르치지 않는 것이 더 낫다는 소극적인 교육을 주장했다.

청년전기(12~15세까지)의 아이들은 이성에 눈이 뜨게 되고 호기심을 갖게 되고 또한 자기생활에 필요한 힘 이상의 힘이 생긴다. 이 시기에 처음으로 지식교수가 가능하다. 이제 그들은 스스로 평가할 수 있고 비판적 판단을 형성할 수 있다. 그렇다고 해서 지식을 무조건 주어서는 안 된다. 지식선택의 제일원리로서 '생활에 유용한 경우에

---

4) *Ibid.*

5) *Ibid.*

서 뿐'이라고 하는 공리주의를 생각했다. 물리학, 지리학, 천문학, 박물학이 이 시기의 교육내용으로 든 것은 무엇보다도 생활에 가까운 경우를 대상으로 했기 때문이다. 「로빈슨 크루소」(Robinson Crusoe)가 이 시기의 교재가 되어야 하는 것도 이것이 자기 힘으로 대자연을 상대로 하여 필요한 지식을 확실히 획득하여 가는 과정을 전형적으로 묘사했기 때문이다. 또한 이 시기에는 남는 힘을 유효하게 쓰기 위하여 수공의 교육이 행해져야 한다. 그들은 행동하므로 이것을 배울 것이다. 이것은 어떤 특정한 직업인을 양성하기 위한 것이 아니고 수공이 인간의 재산이면서 다른 사람들에게서 독립하여 자기의 능역으로 생계를 유지할 수 있는 직업이기 때문이다. 루소는 "에밀은 농부와 같이 일하고 철인(哲人)같이 생각하는"[6] 인간이 되어야 한다고 했다.

청년후기(15~20세까지): 이 시기에서 아주 특징적인 것은 감정과 성에 대하여 눈을 뜨는 것이다. 이것은 인생은 제이탄생이라고도 하여 인간이 처음으로 사회관계에 직면하게 된다. 그렇기 때문에 루소는 이 시기의 교육에 주된 임무를 성의 자각에 대한 교육, 애타적 감정의 양성, 도덕적·종교적 정조의 도야에 두었다. 이리하여 도덕의 기초를 순진한 감정에 두고, 정의애와 인류애의 실행자가 될 것을 에밀에게 요구한다. 또한 종교는 순수한 도덕성에 의하여 양심의 만족을 알고, 신의 사랑을 알고 마음을 깨끗이 하는 것을 배우게 해야 된다고 했다. 결국 이러한 생각이 당시 종교계를 자극하여 루소를 극도로 배척하는 커다란 원인이 되었으나, 그의 올바른 종교심의 강력한 표현은 후일 많은 사람들의 심금을 울렸던 것이다.

---

6) *Ibid.*

여성의 교육: 「에밀」의 제5편에서는 여성교육이 다루어졌다. 루소는 낡은 남성 중심적인 교육의 범주를 벗어나지 못했던 것이다. 여성은 남성을 즐겁게 하는 일이 그의 천직이기 때문에 오직 순종, 겸양의 미덕을 기르고 노인을 위로하고, 가사를 정이할 수 있는 현모양처를 양성하는 것이 여성교육의 이상이었다.

오늘날 많은 현대인의 머릿속에 루소에 대한 강력한 영상은 그의 현대적인 경향 때문이다. 그는 현대의 아동심리학의 어버이였다. 그는 새로운 교육과정을 위하여 그 기반을 닦아 놓았던 것이다. 그는 유희학습의 중요성을 강조했다. 어린이는 내적으로 키워져야 된다고 믿었다.

언어는 새로운 방법으로 가르쳐져야 한다고 믿었다. 호기심과 유용성은 교육과정의 기초라고 그는 믿었다.

루소에게 있어서 교육사상의 약점을 들면, 교사들의 활동이 교육에 있어서 아주 작은 부분이라고 생각한 점이다. 오늘날 향도(嚮導, guidance)는 교육의 기본적인 과업의 하나다. 만약 향도가 교사에 의해 이끌어지지 않는다면 통신의 기능에 의해서 수행될 것이며 또한 개인과 사회를 위하여 일반적인 기준으로 이끄는 문화적인 규범에 의하여 수향될 수 있다고 우리는 알고 있다.

루소는 이성의 중요성을 전망했다. 확실히 이성이란 오용될 수도 있다. 지적인 훈련이 지나치게 강조될 수도 있고, 아동들은 필요 없는 사실을 배우게 될 수도 있다. 그러나 이성이란 인간의 가장 영광스러운 소유물인 것이다. 이성이 없는 인간은 동물과 다를 것이 없다. "나는 생각한다. 그러므로 내가 있다"고 데카르트는 말하였다. 현실성은 지적일 수는 없지만 이성의 밑받침을 통하여 올바로 드러나게 되는 것이다. 이것은 이성과 감성의 분리를 시사하는 것은 아니다. 교육의 건전한 내용에 있어서 필요한 것은 합리적인 정서를 이룩하는 것이고 우리들의 창조물인 충동과정을 통하여 이성을 강화하는 것이다. 인간의 모든 능력 가운데 이성이란 가장 심연 속에 누워 있는 것이리라.

루소, 칸트, 페스탈로치 사이에는 뚜렷한 선을 그을 수 있는 맥박이 있다고 생각한다. 현대교육에 있어서 루소의 영향은 특히 미국에서 많은 결실을 맺었다. 그는 자유의 고지자이고 자유방임의 예언자였다. 그러나 교육에 있어서 창조적인 자유는 책임감을 요구하며 사회적인 것을 잊어서는 안 될 것이다.

제8장 신인문주의의 교육

역사는 18세기에서 19세기에 이르는 동안 근대화 과정에 거보를 내어 디뎠다. 그것은 계몽사조, 프랑스혁명을 중심으로 하는 민주적 정치형태의 발달과 영국의 산업혁명을 중심으로 하는 민주적 정치형태의 발달과 영국의 산업혁명을 대표하는 자본주의적 경제기구의 구축 등을 말한다. 그러나 이 같은 외적·현실적인 분야에 병행하여 다른 한편으로는 내적, 이념적 영역에 있어서 일대 비약이 있었다. 이것이 다름 아닌 신인문주의(Neu-humanismus)의 운동이었다.

이 정신적인 운동은 고전문화에의 동경을 원동력으로 하면서도 낡은 인문주의(Alt-humanismus)가 지나친 언어주의, 라틴어편중주의에 반대하여 희랍어를 존중하고 희랍문학, 희랍미술의 내용으로서의 인간성을 존중했다. 이 신인문주의는 '인문적 실학주의(Humanistic Realism)의 연쇄로 볼 수 있으나, 이 새로운 운동은 계몽주의에 대립하여 일어난 것으로서 여기에 또한 사적 의의로 보아 자못 크다고 할 것이다.

즉 이 운동은 계몽사조의 자유주의, 합리주의, 반역사주의, 개인주의적인 세계주의에 반대하여 정의주의, 역사주의, 국가주의를 주장하는 점에서 그 특색을 찾을 수 있다.

1. 휴머니즘(Humanism)의 역사성과 제 입장

휴머니즘은 인간을 중심으로 하고 자연과 인간과 역사, 그리고 절대자의 질서조차를 밝히려는 입장이 되는데, 이것을 밝히는 기점으로서의 인간 자신의 구조와 보람과 운명에 대한 이해의 차이로부터 여러 모양의 휴머니즘이 성립된다.

인간을 호모 사피엔스(Homo Sapience)로 보느냐, 인간을 호모 화버르(Homo Faber)로 보느냐 혹은 인간을 호모 렐리기오수스(Homo Religiosus)로 보느냐에 따라서 이성주의, 자연주의 혹은 초월주의에 접근하게 된다.

거칠게 볼 때 같은 휴머니즘이면서 희랍의 경우는 호모 사피엔스에 이끌려 이성주의가 그 주류를 차지했고, 중세의 경우는 호모 렐리기오수스에 이끌려 초월주의가 그 주류를 차지했고 근세의 경우는 호머 화버르에 이끌려 자연주의가 그 주류를 차지했던 것이다.

또한 인간성(Humanitas)을, 로고스(Logos), 즉 조용한 조화로 보느냐, 파토스(Pathos), 즉 격동하는 질풍노도(Sturm und Drang)로 보느냐, 그리고 위로 향한 간절한 절규로 보느냐, 아래로 미끄러지는 충동의 분류로 보느냐에 따라서 복잡한 색채와 농도를 보인다.

마리텡은 초자연적인 신에 연결되는 '충족적 휴머니즘'(Integral Humanism)

을 내세웠고, 학스레이는 세계성과 과학성을 강조하는 '진화론적 휴머니즘'(Evolutionary Humanism)을 주장했고, 사르트르는 자유로운 행동에 의한 창조성을 역설하는 「실존적 휴머니즘」(Existential Humanism)을 내세웠고, 톨스토이, 간디, 토마스 만, 로만 로랑은 '평화적인 휴머니즘'(Humanitarianism, 인도주의)을 주창했다.

이렇듯 복잡다기한 휴머니즘의 성정, 다시 말하면 휴머니즘의 폭과 깊이를 휴머니즘의 역사성이라고 부른다. 휴머니즘은 그 자체가 역사의 산물이면서 동시에 역사를 이끌어 가는 푸른 실마리가 되는 것이다.

문예부흥기의 휴머니즘은 희랍의 파이데이아(Paideia), 칼로카가토스(Kalokagathos)의 재생이다. 그렇기 때문에 문예부흥기의 인문주의의 특징은 ① 중세 가톨릭교회로부터 인간의 해방, ② 인간의 감성과 욕망의 해방, ③ 자연의 발현, ④ 고대 희랍, 로마 학예의 부흥 등이었다. 문예부흥기의 휴머니즘의 이상은 다빈치에서 보는 바와 같이 보편적 인간(universal man)이었다. 이것은 어느 의미에서 자연의 면을 보이면서 한편 인간성의 아름다운 선율을 지닌 다각적이고 다면적인 조화를 풍기고 있다. 이런 뜻에서 문예부흥기의 휴머니즘을 '조화'의 휴머니즘으로 부를 수 있을 것이다. 이 '조화'의 휴머니즘이 극단적인 언어주의, 시세로주의로 전락되는 데 미쳐 이것을 회부하고 전진시키려는 노력을 교육사에서는 전술한 바와 같이 실학주의라고 부른다. 17세기의 라블레, 밀턴, 코메니우스 등이 이 입장을 대표한다. 이것을 '지'의 휴머니즘으로 불러 무방할 것이다. 이들은 한결같이 자연의 정복, 생활의 편익, 과학문명, 기계화 등에 박거를 가했던 것이다. 실로 이들에게는 지식이야말로 힘이라고 믿었던 것이다.

그러나 이것으로 말미암아 인류는 가장 소중한 인간의 존엄성을 상실하게 되었던 것이다. 여기에 칸트는 "인격은 언제나 수단으로 사용되어서는 안 되고 반드시 목적으로 다루어져야 한다"[1]고 도전하기에 이르렀다. 칸트는 무엇보다도 우리에게 가장 중요한 것은 인간의 존엄성, 의무, 도덕률, 실천적인 주체라고 했다. 이 같은 칸트의 비판 철학에서 엿볼 수 있는 이 입장을 '선'의 휴머니즘이라고 할 수 있을 것이다. 이러한 '선'의 휴머니즘은 인간 자신의 의무와 책임과 도덕에 지나치게 얽매어 인간성은 한없이 메말라 가는 것을 느꼈다. 인간 생의 개념을 지나치게 추상적으로 파악하기 때문에 이를 배격하고 무한히 풍성한 개성으로서 이해하려는 경향이 대두했다. 이 입장을 훔볼트나 실러에게서 찾을 수 있을 것이다. 훔볼트는 교육의 이상을 전인(Whole Men)으로 보았고 머리와 마음과 손의 조화를 이룬 인간을 그 이상상으로 그렸던 것이다. 이 교육사상이 괴테, 페스탈로치에 와서 구체화되었다. 실러는 감성과 이성의 조화, 경향성과 의무의 조화, 이와 같은 인간상을 '아름다운 혼'(Schöne Seele)이라고 불렀다. 이것을 '미'의 휴머니즘이라고 부를 수 있을 것이다. 한편 이 입장이 지나치게 심미적이고 관조적인 면을 보였기 때문에 괴테는 이 '미'의 휴머니즘을 좀 더 생생한 생활로 파고 들어가는 '생'의 휴머니즘으로 발전시켰다. 이 '생'의 휴머니즘이 그 대상이 없이 벗어나서 니체(Nietzsche)의 경우에 머무를 때 이것을 '무'의 휴머니즘이라고 할 수 있고, 이것이 일정한 대상 즉 절대자와 연결될 때 키에르케고르(Kierkegaard)가 말한 대로 '실존'의 휴머니즘으로 전개되었던 것이다.

---

1) Kant, *Kritik der Praktische Venunft.*

2. 신인문주의의 교육사상

실러[2](Johann Christoph Friedrich von Schiller, 1759~1805)는 1796년, 「시간의 신」(Die Horen)이란 잡지에 「인간의 미적 교육에 관한 서한」(Über die ästhetische Erziehung des Menschen in einer Reihe von Briefen)이란 논문을 게재하기 시작했다. 이 논문은 그가 덴마크의 왕자 크리스챤(Friedrich Christian)에게 보낸 서한을 모은 것이다. 이 서한은 1793년에서 그다음 해에 이르기까지 실지 사신(私信)으로 쓰인 것이다. 위정의 최고당사자로서 국민을 어떻게 지도할 것인가, 그러기 위하여 인간 자신의 성정을 어떻게 밝혀야 할 것인가, 이 문제의 근본을 이 서한에서 밝힌 것이다. 실로 이 「인간의 미적 교육에 관한 서한」은 제이의 국가편이라고 부를 수 있을 것이다. 이 속에서 다루려고 한 문제는 실러가 일찍부터 그 해결을 시도한 숙제였다. 그는 졸업논문 「인간의 동물성과 정신성과의 관계에 관한 연구」(Über den Beziehung von Animalität und Geistlichkeit des Menschen)에서도 이 문제를 다루었다. 또한 1793년 「우미와 품위에 관하여」(Über Anmut und Würde)에 있어서도 의무와 성향이 완전히 융합된 인간의 장태를 다루었고, 1795년 「인간의 미적 교육에 관한 서한」에 있어서는 자료충동(Stofftriebe)과 형상충동(Formtriebe)과의 조화적 종합인 유희충동(Spieltrieb)으로 전개시켰다. 실러는 인간의 전체성을 찾아 도덕적 세계로부터 미적 세계로 옮겨 간다. 칸트가 이상적 인간으로 생각한 데 반하여 실러는 이것을 미적 인간이라고 했다.

---

2) 金善陽 著, F. *Schiller*의 「美的 敎育論」에 나타난 「*Humanität*」 思想의 研究 參照.

실러는 이 시대의 정신적 활동에 대해서 고도의 감수력의 문을 개방하여 루소, 훔볼트, 칸트, 괴테 등이 특히 그에게 많은 영향을 주었다.

실러는 인간성 형성의 목표를 자연과 정신의 조화, 감각적 쾌락과 영혼의 평정 사이의 조화, 경향성과 의무의 조화, 자유와 도덕성의 조화라고 생각했다. 그는 5년 동안이나 칸트 철학에 경도했으나, 그 후에 그는 인간의 도덕적 자율에 관한 칸트의 「무상명령」(Kategorische Imperativ)이 실러에게는 지나친 느낌을 주었다. 이리하여 그는 칸트의 엄격한 의무개념에서 벗어났다. 칸트의 경우에 있어서 경향성과 의무와의 사이의 투쟁이 일체의 도덕적인 행위의 전제였다. 실러는 이와 반대로 이성과 감성의 조화 속에서 도덕적인 미의 본질을 보았다. 이것은 일찍이 희랍 사람들에게서 경험된 것이다.

실러는 「인간의 미적 교육에 관한 서한」에서 자세히 이 문제를 논술하고 있다. 인간이 느끼는 도덕성이 의지의 향도를 감정에 맡기되 불안스러움이 없고, 의지의 결단이 모순에 떨어질 위험이 없을 정도의 견고함에 이르렀을 때 이것을 '아름다운 혼'이라고 부른다.

'아름다운 혼'에 있어서는 감성과 이성, 의무와 경향성이 조화된 상태에 있다. 따라서 우미가 나타난 모습이다. 오직 '아름다운 혼'에 있어서뿐만 자연으로서의 인간성이 자유를 누리기에 이른다. 그렇기 때문에 교육의 과제는 다음과 같다. 정신적 인간이 자유의 법칙에 따라서 신체적 인간으로부터 단순히 자기 자신을 발전시키는 것에 지나지 않는 정도로 신체적 인격을 높이는 일인 것이다.

실러의 견해에 의하면 미적 교육은 그것이 감성적 인간을 자기 자신을 넘어서서 높이는 일에 의해서 인간의 자연적인 생충동(生衝動)을 순화하고 밝히고 높이고 이리하여 선의 충동을 인간 속에 낳아 놓게 되는 것이다. 자연과 정신을 합일 속으로 가져오기 위해서 선으로의 충동을 인간 속에 낳아 놓는다. 미에 의해서 감성적인 인간이 사고로 이끌어지고 미에 의해서 정신적인 인간이 감성적인 세계에로 오르게 된다. 이 같은 교육의 모범을 실러는 빙켈만이나 훔볼트와 마찬가지로 희랍정신에서 발현한 것이다. 여기에 관해서 그의 시 「희랍의 제신」(Die Götter Griechenlands)에서 말하기를 "그 당시는 아름다운 것보다 더 성스러운 것은 하나도 없다"(Damals war nichts heilig als das schöne)라고 말하고 있다.

또한 실러는 인간의 진보를 물적·미적·도덕적이라는 세 개의 발전단계로 나눈다. 제1단계에 있어서 우리들은 사물의 세력으로부터 지배되어 세계를 어두운 운명으로 체험한다. 제2단계에서 우리들은 사물의 세력을 지배한다. 우리들은 이 복잡한 과정을 오직 미에 의해서만 해탈할 수 있다고 실러는 생각했다. 이토록 예술이 높게 평가되어야 하더라도 가치의 순위에 있어서 예술이 첨단에 설 수는 없다. 참된 것보다 선한 것이 모든 예술작품보다 먼저 놓인다. 실러는 확실히 미적 교육의 힘을 과대평가했다. 그가 미적 교육이 교육 전반의 기반이라고 생각할 때 그것을 과대평가했던 것이다.

실러의 사상은 먼저 대립에 의하여 구성되었고, 그 뒤 이 대립을 넘어서서 한층 더 높은 차원에 올라가려고 하는 노역으로 일관되었다. 그것은 그의 사색 대상의 차이에 의하여 여러 가지 명목으로 불렸는데, 말하자면 고대와 근세, 이교와 기독교, 감성과 이성, 육체와 정신과 같은 대립적 경향을 그 각자의 특색에 따라서 깊이 생각했고, 이렇게 하여 그 대립의 화합에 도달하여 한층 더 커다란 세계로의 활약을 이루려고 하고 있었다. 여기에 뛰어난 비극 시인으로서 인생의 갈등을 묘사하여 마침내 영원에 회귀하는 윤리적 세계질서 속에서, 언제나 새로운 감명을 주는 그의 본령이 있고 인생의 필연성 이상에 솟구쳐 올라 시원스러운 경지를 보이는 그의 낙천적인 이상주의가 있는 것이다.

미적 인간과 도덕적 인간과의 관계를 결국 실러는 어떻게 해석했는가? 도덕에서 찾은 실러의 견해는 칸트의 견해와 어떻게 다른가? 실러의 보는 바에 의하면, 간단한 결론에 도달한 것이 못 된다. 실러의 주장을 옳다고 하면, 칸트의 주장은 그르다고 해야 하는 이율배반적인 명제에 떨어질 수밖에 없는 것이다.

아우구스텐부르크 공자에게 보낸 서한 속에서나, 「인간의 미적 교육에 관한 서한」 속에서나, 실러는 도덕의 근본명제에 관해서는 칸트와 완전히 의견을 같이함을 분명히 보이고 있으나, 「우미와 품위에 관하여」의 논문 속에서는 인간의 천성에는 근본적인 악이 있다고 하는 칸트의 도덕적 엄숙주의, 즉 덕은 언제나 욕망을 물리치지 않으면 안 된다는 설에 반대하여 아름다운 혼, 도덕적 우아, 천성이 되어 버린 의무라는 개념을 가르쳤다. 크세니엔<Xenien>의 두 조시(嘲詩)에서 실러는 의무와 욕망과의 사이에는 근본적 모순이 있다는 칸트의 도덕론을 풍자의 표적으로 했다. 그렇기 때문에 미적 인간이라고 해서, 어떤 단서나 발단을 이루는 것이 아니라 도덕적 인간의 완성된 형태였다. 미적 인간이란 감각적 인간과 정신적 인간과를 통일한 것, 개인적 인간과 우주적 인간을 통일한 것이다.

우리들의 이성 진리와 이념은 우주적이다. 우리들의 감각과 감정은 개인적이다. 감각과 감정은 개인생활이고, 진리와 이념은 우주의 법칙이다. 개인생활에 우주의 법칙을 연결시켜 우리들의 두뇌가 생각해 내는 이념이 우리들의 심정을 만족시키고, 이념을 우리들은 표상할 뿐만 아니라 이것을 감득하고 체험하고 동화할 때, 즉 단순히 이념을 소유할 뿐만 아니라 이념 그 자체가 될 때, 거기에서 비로소 '자기의 이상'이 탄생된다고 했다. 이 같은 아름다운 혼, 감성과 이성의 조화, 개인과 우주의 전입이야말로 철학적·예술적 세계관의 정점에서 있는 실러의 상망한 이상적 인간이었다.[3)]

〈괴테〉

괴테(Johann Wolfgang von Goethe, 1749~1832)의 생애는 인생에 대한 자기도야사다. 라이프치히대학 재학 중 발병으로 그의 고향 프랑크푸르트(Frankfurt)로 돌아가 당시 미술학교 교장인 에저(A. F. Oeser)로부터 희랍의 조형미술을 배웠고, 이태리 여행(1786~1788년)은 시인으로서 입신할 결의와 희랍예술에의 깊은 이해를 받았다. 교육에 대해서는 초기에 루소의 영향을 받아 자연적 소질의 발전, 인위적 교육의 제한, 개인주의적 도야목적관 등에 지배되어 있었으나, 이태리 여행을 계기로 해서 신인문주의의 심미적 도야이념으로 나아가 「빌헬름 마이스터의 수업시대」(Wilhelm Meister & Lehrjahre)에서 주인공을 생활과 예술에 의하여 아름답고 자유로운 인간성에까지 교육하려는 것을 서술했다. 또한 「빌헬름 마이스터의 편력시대」(Wilhelm Meisters Wanderjahre)에서는 사회공공에의 봉사에 있어서 부단한 활동을 강조하고, 이것에 의해서만 인간의 자기완성의 길을 찾을 수 있다고 하여, 사회적 교육

---

3) Johannes von den Driesch und Josef Esterhues: *Geschicte der Erziehung und Bildung*, 1952), pp.170~173.

학으로의 방향을 드러내고 있다.

괴테는 그의 육안과 한가지로 심안으로써 언제나 사물의 전체성을 바라보고 있다. 그에게 있어서는 자연현상이 언제나 모든 사물의 상징으로 보였다.

> "하나하나의 풀이 너에게 영원한 법칙을 알리도다.
> 하나하나의 꽃이 너와 더불어 갈수록 점점 명료한 음성으로 네게 말하도다."[4]

교육은 생명의 약동이다. 교육은 새 생명을 탄생하는 역사적 진통 속에서만 이루어진다. 한 포기 풀, 한 움큼의 꽃을 직관하여 어린 생명의 생장을 해부하는 자야말로 인간을 키울 수 있고 가꿀 수 있는 교육자가 될 것이다. 그는 한 포기 풀에 대한 직관에서부터 인간에 대한 직관으로 나갔다. 그러나 괴테는 여기서 한 걸음 더 나아갔다. 즉 인간에 대한 직관에서부터 인생에 대한 직관으로 나아갔다. 땀 묻은 빵을 먹어 보지 못한 사람, 밤새워 자기 자신의 고백을 못 해 본 사람, 이 사람은 교육자가 될 수 없다고 그는 말하고 있다.

괴테는 정신에서뿐만 아니라 자연현상의 모든 발현 속에서 하나의 특유한 운동, 즉 외부적인 작용에 의해서 방해되는 것이 아니라 도리어 촉진되는 운동을 발견했던 것이다. 이 같은 환경과의 교호작용 속에서 모든 생물은 건전한 성장과 성숙을 이룩하는 것이다. 다시 말하면 동적 작용과 정적 작용, 그 사이 극단적인 긴장상태 속에서 살고 있는 것이다. 이를테면 힘과 제한, 자의와 법칙, 자유와 절도, 운동과

---

4) *Ibid*, p.175.

휴식 등이 같은 긴장상태에 의해서 낳아진 율동 속에서, 모든 사물은 자기를 드러내고 있는 것이다. 그렇기 때문에 자연계에 있는 모든 생명은 자연계에 있는 경우와 마찬가지로 다음의 법칙에 타당하다.[5]

　　"거기에 의해서, 네가 나타난 그 법칙에 따라서, 너는 있지 않으면
　　안 된다. 너는 너 자신으로부터 떨어져 달아날 수는 없다."

이와 같은 받는 것과 주는 것의 리듬 속에, 분리되는 것과 연결되는 것의 리듬 속에, 자기주장과 자기폐기의 리듬 속에, 자발성과 수용성의 리듬 속에서 모든 사물이 자기를 형성한다. 그렇기 때문에 들이쉬는 숨과, 내어 쉬는 숨이 모든 생명의 상징이 되는 것이다.

　　"우리들의 호흡 속에 두 종류의 은총이 있도다.
　　들이쉬는 숨과 내쉬는 숨과, 하나는 나를 채우고
　　다른 하나는 나를 시원케 하고, 이 모양으로 신비스럽게 우리들의
　　목숨은 혼합된 것이리라.
　　너 신에게 감사하라.
　　들이쉬는 숨으로 너를 채울 때, 그리고 다시 감사하라. 나가는 숨
　　이 너를 도울 때."[6]

한 개체에 있어서 그 속에 깃들어 있는 형성법칙이 전개되어 올라올 때 거기에다 하나의 인을 찍는 정신적인 특성을 괴테는 생명실현 (Persönlichkeit)이라고 부른다. 이 같은 생명실현으로 성숙되어 가는 일이 생명 본래의 의의이다. 그의 널리 인용되는 말대로 "대지 자녀의 가장 높은 행복이 생명실현일 따름이다(Höchstes Glück der Erdenkinder

---

5) *Ibid*, p.175.

6) *Ibid*, p.177.

sei nur die Persönlichkeit)."[7]

괴테의 최고 노력은 하나의 인간이 되는 일이었는데, 즉 자기 속에 누워 있는 인간의 이념을 가장 순수한 형태로 이끄는 일, 이 일이 그에게 있어서는 모든 교육활동의 핵심이었다. 그런데 이 같은 생명실현으로 자기의 내면적인 요구 또는 특성에 따라서 스스로를 형성할 때에 있어서만 사람은 이 같은 생명실현에로 도달할 수 있는 것이다. 괴테는 "그 사람 속에 있지 않는 것은 그 사람 속에서 나올 수 없다"고 했다.

괴테에 의하면, 교육은 자연을 아낄 뿐만이 아니라 '가꾸는 손'(diepflegende Hand), 즉 이끄는 권위가 필요하다고 했다. 이것은 모든 보람 있는 것에 대한 순종과 숭경이 필요했기 때문이다. 순종이란 말은 다음과 같은 이야기로 설명할 수 있을 것이다.

한 번은 괴테가 자기 조카가 보여 주는 기념장 속에 "순종하기를 배우라"라고 쓴 문구를 가리키면서 이 말이 책 전체 속에 있는 오직 하나의 이성적인 말이라고 한 적이 있다. 그는 루소가 말한 대로 '순종한다', '명령한다'는 말을 교육사전에서 지워 버리기를 원치 않았다.

괴테는 순종뿐만이 아니라 숭경(崇敬, Ehrfurcht)을 가지라고 했다. 숭경은 다음의 이야기로 설명할 수 있을 것이다. 가을이다. 곳곳마다 산과 들이 은파마냥 펄럭이고 있다. 이곳 청연, 아동, 부인, 그리고 노인까지 동원되어 추수하는 광경이 벌어졌다. 이 대자연 속을 물질문명을 자랑하는 행렬이 길게 줄을 지어 지나간다. 이 행렬은 울긋불긋 꽃으로 장식되어 있었다. 바로 이 숭엄한 대자연 속을 지금 지나가고

---

7) *Ibid*, p.178.

있는 것이다. 이곳 추수하던 청년, 아동, 부인, 그리고 노인까지 이 행렬이 지나가는 것을 물끄러미 쳐다보고 있다. 괴테는 이 광경을 보는 행렬에 있는 사람에게 이렇게 말하고 있다. 이 대자연, 이 속에서 추수하는 뭇사람들의 적나라한 얼굴들, 이 분위기 속에 행렬이 지나칠 때, 마음속 깊이 파고드는 숭경이 안 생긴다면, 아니 이것이 싹트지 아니한다면 이 사람은 교육자가 될 수 없다고 했다. 우리들의 심장이 뛰고 있다면 어찌 이 광경만이 우리에게 숭경이란 인이 찍히랴! 우리들이 새벽에 눈을 떠서, 밤늦게 잠자리에 들어갈 때까지 얼마나 많은 숭경의 인이 우리들 가슴 깊이 찍힐 기회가 지나치랴! 이 기회를 한 번도 붙들지 못하고 지나치는 생활이 끊임없이 연속된다면 교육자는 되지 못할 것이 아니랴.

괴테는 숭경을 세 가지로 나누었다.

첫째, 우리들 위에 있는 것에 대한 숭경,
둘째, 우리들 옆에 있는 것에 대한 숭경,
셋째, 우리들 아래에 있는 것에 대한 숭경.[8]

첫째는, 신에 대한 숭경을 가르친다. 둘째는, 사람에 대한 숭경을 가르친다. 셋째는, 자연에 대한 숭경을 가르친다. 신에 대한 숭경이란 누구나 다 이해할 수 있다. 그러나 사람에 대한 숭경이란 말을 한 사람은 아마 드물 것이다. 사람에 대한 숭경이 개개인의 인격, 성정을 이해하여 숭경을 가슴속에 지닌다는 것―이것이 얼마나 고귀한 것이랴. 그는 여기서 멈추지 않았다. 자연에 대한 숭경이란 말은 우리들

---

8) *Ibid*, p.179.

심정에 혁명을 가져온 것이다. 이 말이 휴머니즘의 총결론이 아닌가 싶다. 적게는 연필 하나, 책 한 권에서부터, 크게는 대지, 대양, 창공에 이르기까지 우리들 마음 깊이에 숭경을 가지고 대한다는 것⋯⋯. 역사 이후 우리에게 이보다 더 우리들의 가슴을 출렁이게 한 말은 없을 것이다.

3. 페스탈로치(Johann, Heinrich Pestalozzi, 1746~1827)

페스탈로치는 1746년 1월 12일, 서서 취리히(Zürich)에서 출생했다. 아버지는 안과 겸 외과의사로서 덕망이 있었는데 33세의 젊은 나이에 세상을 떠났다. 이때 페스탈로치의 나이는 5세였다. 그는 형과 누이동생, 어머니 수잔나(Sussana)와 헌신적인 시녀 바바라(Barbala) 등에 의해 양육되었다. 이렇듯 페스탈로치는 여성들의 틈에서 성장했던 것

〈페스탈로치〉

이다. 그렇기 때문에 그는 부끄러움을 잘 타고 겁이 많으며 낭만적이고 비현실적이었다. 그는 독일어학교와 라틴어 학교를 거쳐 1761년에서 1763년까지 인문대학(Colleginum Humanitatis)에서 수학했고, 그 후 신학을 연구하기 위하여 카로리눔대학(Colleginum Carolinum)에 들어가서 1765년 가을까지 언어학 및 철학 두 과정을 마치고 신학과정은 마치지 못했다. 그는 보드머(Bodmer) 교수에게 아주 강렬한 감화를 받았다. 보드머는 인격적으로 한 사람 한 사람의 학생 속으로 뛰어들었

〈학교에서의 페스탈로치 모습〉

으며, 무엇보다도 먼저 고전적인 자유정신으로서 그들을 조국에 필요한 인재로 기르기에 힘썼다. 보드머 문하의 많은 취리히 사람들은 하나의 이상과 같은 이념 밑에서 한 협회를 조직했다. 이 협회에는 페스탈로치, 라바터(Lavater), 퓌슬리(Füssli), 블룬칠리(Bluntschli) 등도 입회해서 매주 역사, 정치, 도덕 및 교육에 관한 논문을 낭두하고 때로는 토론했다. 이 협회는 과격한 민주주의적인 경향으로 말미암아 시당국에 의해서 해산되었다. 페스탈로치도 위험한 음모의 혐의를 받고 구금되었다가 결국 심한 경고만 받고 무죄석방되었다. 이 협회에서 발행한 「경고자」(Der Erinnerer)지에 페스탈로치는 「희망」(Wünsche)이란 제목으로 두세 번의 단편을 실었다. 그 속에서 그는 소박한 시민이나 농민을 위하여 간단한 교육법이 필요하다고 주장했다.

또한 페스탈로치의 정치사상이 들어 있는 것은 「아기스」(Agis)라는 논문이다. 이 논문은 데모스테네스(Demosthenes), 플루타르크(Plutarch)와 같은 위인의 생애나 정치사상 속에서 혁명적인 태도에 관심을 가진 것으로 보였다. 뿐만이 아니라, 당시 전 세계를 격동시킨 루소의 저작에서 그는 강한 충격을 받았던 것이다.

루소의 사상이 페스탈로치의 직업선택에도 영향을 미쳐 신학연구에 대한 최초의 기도를 폐기한 페스탈로치는 법률연구에 의해서 국민의 변호자가 되기 위해 정치계로 나서려 하다 그의 친구 블룬칠리(Bluntschli)가 성격에 맞지 않는다고 하여 이를 단념했다. 그러나 그가 다시 농업이라는 겸허한 천직으로 돌아가려고 생각했을 때에도 조국에 대한 도덕적인 지조와 사랑은 결코 잊지 않았다. 그는 자기의 토지를 훌륭히 경작하는 것으로써 국민경제와 교육의 길잡이로 삼으려 했다. 1768년, 그는 뫼링겐(Müllingen)에다 토지를 사고 전원생활로 들어갔던 것이다. 이 속에서 그는 루소의 「에밀」에 경도되었다. 페스탈로치는 1768년 10월 30일, 안나 슐테스(Anna Schultes, 1738~1815)와 결혼했다. 이때 페스탈로치의 나이는 23세, 안나의 나이는 31세였다. 그동안 두 사랑하는 사람의 연서는 무려 500통이나 되었다. 그중에서 페스탈로치가 안나에게 보낸 것이 300통, 안나가 페스탈로치에게 보낸 것이 200통이었다.

노이호프 시대(Neuhof Zeit) - 페스탈로치는 1770년 장남 한스 야곱(Hans Jacob)을 보았다. 그는 야곱을 상대로 최초의 교육실험을 시작했다. 그는 줄곧 4년 동안 관찰일기를 썼던 것이다. 이 교육실험을 통해서 페스탈로치는 사물의 교육이 언어의 교육보다 선행하고, 보는 것, 듣는 것, 행하는 것이 판단이나 추리보다 선행한다는 것을 알았다. 교육의 부단한 내면으로부터의 연속, 발전, 자기가 발현할 수 있는 것은 자기가 발현해야 된다는 것, 교사는 아동과 더불어 생각하고 아동과 더불어 뛰는 것, 이 모든 것이 아동에게 용기와 희열을 주고 또한 이것 없이는 모든 학습이 아주 무가치하다는 것을 알았다. 물론, 교육에는 순종이 필요하지만 교육은 반드시 자유로운 신뢰와 사랑, 그리고 교사의 뛰어난 이해가 기반이 되지 않으면 안 될 것이라고 생각했다.

그는 새로 산 땅을 노이호프라고 불렀다. 그러나 이곳에서 그의 농업경영은 여러 가지 사정에 의하여 실패하였고, 그는 한때 심각한 낙담 속에 굴러 떨어진 때도 있었다. 그러나 이 기도는 사회개혁, 빈민구제를 목적으로 하는 그에게는 귀중한 시사와 교훈을 주었다. 낙심하는 페스탈로치에게 한 가닥의 광명이 비쳤던 것이다. 그는 이 토지를 빈민아의 교육 터로 바꾸려는 생각이 들었다. 이곳에서 아동들은 그에게서 먼저 일하는 것을 배웠다. 간단한 경작, 목면방적, 목면기업을 주로 하는 가내 협동노작(協同勞作)으로 출발하면 학교는 곧 자급자족이 가능하다고 생각했고, 아동은 소박하고 따뜻한 가정생활의 은혜를 받고 아동들은 이 생생한 산 교육을 받게 될 것이라고 믿었다. 이러한 신념 아래서 1774년 땅 한복판에 학교를 세웠다. 페스탈로치는 50여 명의 걸식아에게 의식주의 문제까지 전담하면서 교육에 진력했다. 1778년에는 남녀 90여 명으로 증가되었다. 그는 너무도 벅찬 짐을 홀로 지고 있었던 것이다. 1780년 이 학교는 유지 난으로 말미암아 문을 닫게 되었다. 사람들은 그를 보고 "페스탈로치는 타인을 구하려 하나 자기 자신은 구하려 하지 않는다"고 조소하곤 했다. 그러나 하늘은 이 불행한 인도주의자를 결코 버리지 않았다. 격동하는 그의 가정을 바로잡기 위해 비범한 소녀 엘리자베스 뇌흐(Elisabeth Näf)를 보냈다. 그는 건강한 시녀로서 전 생애를 페스탈로치의 가족과 더불어 생활했던 사람이다. 이 여인이 바로 페스탈로치의 소설, 「게르트루드」(Gertrud)의 모델이다. 그 후 바젤러(Baseler)의 친구 펠릭스 바티어(Felix Battier)의 원조로서 곤궁한 생활은 완화되어, 그는 문필생활로 들어갔다. 특히, 「은자의 황혼」(Die Abendstunde eines Einsiedlers), 「린할트와 게르트루드」(Lienhard und Gertrud) 같은 명저가 이때에 저술한 것이다.

슈탄츠 시대(Stanz Zeit) - 1798년, 프랑스군과 스위스군 사이에 격전이 벌어졌다. 이 전쟁에 의해서 갑자기 전쟁고아가 급증했다. 정부는 1798년 12월 고아원의 개설을 결정하고, 보육원의 관리자로 임명했다. 그러나 이 고아원은 오래 계속되지 못했다. 오스트리아군대의 접근, 프랑스군의 슈탄츠 침입, 이렇게 연이은 전쟁은 1799년 6월 이 고아원을 일시 폐쇄하고 이곳을 야전병원으로 사용하게 되었다. 비록 6개월 동안의 기간이지만 이곳의 아동들은 참인간을 배웠던 것이다. 그는 슈탄츠의 경험을 다음과 같이 말하고 있다.

"우리는 같이 울고 같이 웃었다. 그들은 세계와 슈탄츠를 잊었던 것이다. 그들은 단지 그들이 나와 함께 있고, 나는 그들과 함께 있는 것을 알 따름이었다. 우리는 빵과 국을 나누어 먹었다. 나는 가족과 친구와 시종이 없었고 오직 그들만이 있었다. 나는 그들이 아플 때나, 그들이 건강할 때나, 그들이 잘 때까지도 더불어 있었다. 나는 제일 나중에 잠자리에 들었고 그리고 제일 먼저 일어났다. 나는 침상에서도 그들과 함께 기도했고 그들이 잠들 때에도 그들 자신이 원하면 나

는 그들을 가르쳤던 것이다."⁹⁾

이리하여 이들의 작은 가슴에는 페스탈로치의 따스한 성품과 로작
교육의 얼[정신]과 그 실현이 영원한 마음의 인으로 찍히고 또 찍혔
던 것이다.

페스탈로치는 고아원 폐쇄 시 조용한 구르니겔(Gurnigel) 온천으로
가서 슈탄츠를 회고하는 일기를 쓰기 시작했다. 이것이 바로 「슈탄츠
일기」다. 1799년 그가 건강을 회부하고 부르크도르프(Burgdorf)로 향
하기 위해 「슈탄츠 일기」는 일단 중단되었다. 비록 「슈탄츠 일기」는
그가 기도한 것 중 일부분이지만 우리들은 이곳에서 페스탈로치 교
육학의 성립을 충분히 감지할 수 있는 허다한 편모를 찾을 수 있을
것이다.

부르크도르프 시대(Burgdorf Zeit) ─ 슈탄츠에 있어서 고아의 아버
지요, 고아의 어머니요, 고아의 스승이요, 고아의 벗이요, 고아의 의
사요, 심지어는 사환까지 되었던 페스탈로치는 인간 이상의 노동으로
말미암아 심신의 피로가 극도에 달했다. 그는 객혈하며 잠시 쉴 장소,
구르니겔 온천을 찾았다. 그는 그곳에서 휴양하면서 다음과 같이 말
했다. "나는 지금 휴양을 필요로 한다. 실로 지금, 이렇게 살고 있다는
것이, 내게는 하나의 기적이 아닐 수 없다. 그러나 나는 완전한 해안
에 다다른 것은 아니다. 내가 지금 쉬고 있는 곳은 황해 속에 암초 같
은 곳이다. 나는 또다시 이 암초를 떠나서 파도 높은 대해로 헤엄쳐

---

9) Pestalozzi: *Letter on His Work at Stanz*(1799)
   "We wept and smiled together. They forgot the world and Stanz; they only knew that they were with
   me and I with them. We shared our food and drink. 1 had neither family, friends, nor servants; nothing
   but them. I was with them in sickness and health, and when they slept. I was the last to go to bed,
   and the first to get up. In the bedroom I prayed with then, and at their own request, taught them till
   they fell asleep."

나가지 않으면 안 된다. 나는 일하지 않고는 잠시도 살 수 없다. ……
나는 목적 없이는 살고 싶지 않다. 또한 살려고도 생각지 않는다"고
했다. "나는 생각했다. 그런고로 내가 있다"가 아니고, 그는 어디까지
나 "나는 목적의식이 있다. 그런고로 나의 존재의식이 있는 것이다"
고 말했던 것이다.

구르니겔에서 심신을 회복한 그는 1799년 7월 부르크도르프로 향
했다. 그는 슈탄츠의 기도를 바로 이곳에서 완성하려는 것이었다. 그
는 높은 원을 품고 부르크도르프의 초등학교에서 새로운 연구와 교
육실험을 했던 것이다. 그의 교육학적 체계는 나날이 형성되었고 또
발전되었다. 그러나 교육에 몰이해한 그곳 교장은 그를 배척하여 그
곳에 있는 다른 학교로 옮기게 되었다. 거기는 여교사 혼자서 관리하
는 학교로 아동 수는 겨우 25명 정도였다. 그는 이곳에서 교육적 신
념이 굳어졌고, 또 그의 교육적 신조를 실천에 옮기게 되었다. 이것이
원인이 되어 1800년에는 부르크도르프 학무당국의 인정을 받아 부르
크도르프 성이 페스탈로치에게 대여되어 그는 여기에서 독자적인 학
교를 열었던 것이다. 그는 이곳에서 교육을 조직적으로 실천했다. 그
의 명성은 날로 국내에 퍼지기 시작했다. 그는 자녀를 가진 어머니를
위하여 「게르트루드는 그의 자녀를 어떻게 가르치는가」(Wie Gertrud
ihre Kinder lehrt)[10]라는 저서를 내었다. 그는 여기서 새로운 교육방법
의 원리를 상세히 서술하고 있다. 이 시대가 페스탈로치에 있어서는
그의 생애를 통하여 가장 행복한 시기였다.

이페르덴 시대(Iferten Zeit) - 1803년 스위스 공화국이 붕괴되어,

---

10) 저자가 「現代思想敎養全集 4卷」 耕智社刊(1968)에 飜譯하여 펴내었다.

부르크도르프성은 다른 것으로 사용하게 되어 정부는 새로운 뮌헨브후제(München buchsee)의 수도원을 그에게 양도했으나 그는 1805년 이페르덴 시에 초빙을 받고 그곳에서 학교를 개설하고 1825년까지 계속하였다. 이페르덴 시대에서 그는 우수한 사상과 원숙한 기술을 발휘하여 국내는 물론 전 세계의 각광을 받아 이페르덴은 마치 교육자의 순례지 같은 느낌을 주었다. 실로 페스탈로치의 교육설은 당시 독일의 교육계를 지배하고 나아가 전 세계 교육계에 막중한 영향을 주었던 것이다.

부르크도르프나 이페르덴의 이 같은 성공이 페스탈로치를 너무도 고무시켰기 때문에 그는 노령을 잊고 새로운 자녀학원을 세우려고 했다. 그러나 그의 쓸쓸한 말로의 서막이 다가온 것이다. 이때부터 친구 및 협력자 사이의 불화는 마침내 이 학교의 문을 닫는 비운에까지 이르렀다. 그는 이 위기에 그를 돕던 안나 부인의 최후를 보아야 했다. 그는 자기 자신의 생명도 오래지 않았다는 것을 느꼈다. 그는 학교를 폐쇄하고 1825년 정신적·육체적으로 그들 협력자들에게 강타당한 80노구를 이끌고 옛터 노이호프를 찾았다. 그는 이곳에서 조용한 나날을 보내면서 회고록 「백조의 노래」(Schwanengesang)를 집필했다. 드디어 이 위대한 교사, 인류의 교육자 페스탈로치는 1827년 2월 17일, 이 세상 커튼 저쪽으로 물러서고야 말았다. 여기 그의 유언을 읽어 보기로 한다.

"내 유해로 하여금 내 적에 대한 무제한한 격정을 심정케 하고, 내 최종의 호소가 저들을 움직여서 평정과 품위와 예의로 옳다고 생각하는 것을 정대하게 행하도록 해 주소서. 내가 지금 들어가는 평화 속으로 그들 역시 들어갈 수 있도록 이끌어 주소서. 나는 그들의 모든 일을 용서하노라. 인제, 저들이 내 친구이니 내 저들은 축복하고, 저들에게 바라는 저들이 사랑 속에 먼저 떠난 자를 회상하고 그가 죽은 뒤에도 그의 일생의 사업을 저들의 최선의 힘을 다하여 촉진함이로다." - 이렇게 하여 그는 노이호프에 가까운 브루그(Brugg)에서 영면했다.

그리고 오랜 시일이 흐른, 페스탈로치의 탄생 백주년이 되는 날, 비르(Birr)의 언덕에는 하나의 묘비가 세워졌다.

> "여기에 하인리히 페스탈로치가 누워 있노니,
> 1746년 1월 12일에 나서 1827년 2월 17일 브루그에서 영면하다.
> 노이호프에 있어서는 빈민의 구조자, 린할트와 게르트루드에 있어
> 서는 민중의 설교자,
> 슈탄츠에 있어서는 고아의 아버지, 부르크도르프와 뮨헨브후제에
> 있어서는 국민학교의 창설자,
> 이페르덴에 있어서는 인류의 교육자, 인간, 기독자, 시민,
> 모든 것을 남을 위하여
> 나를 위하여 한 것은 아무것도 없도다.
> 그의 이름에 영광이 있을지라!"[11]

페스탈로치는 사상적으로는 루소의 후계자이고, 동시에 범애파의 사람보다도 훨씬 더 루소의 이상을 구현한 사람이다. "자연에 따라서"라는 말은 일찍이 코메니우스에 의하여 제창되어, 루소에 의하여 깊은 의미를 갖게 되었으나, 페스탈로치에 있어서도 이 말에 의하여

---

11) Natorp, p. *Pestalozzi sein Leben und seine Ideen*(1919) p.34.
   "Möge meine Asche die grenzenlose Leidenschaftlichkeit meine Feinde zum Schweigen bringen und mein letzter Ruf sie bewegen, zu tun, was rechtens ist, und mit Ruhe Würde and Anstand, wie es Männern geziemt! Möge der Friede, zu dem ich eigehe, auch meine Feinde zum Frieden führen! Auf jeden Fall verzeihe ich ihnen; meine Freunde segne ich und hoffe, dass sie in Liebe des Vollendeten gegenken und seine Lebenszwecke auch nach seinem Tode noch nach ihren besten Kräften fördern werden."

교육의 장기적 입장이 표명된 것이다. 이것은 아동의 교육을 식물의 생장에 비하고, 식물이 작은 씨앗에서 서서히 연속적으로 큰 나무로 발전하는 것과 같이 아동 속에는 장래 전개될 능역이 숨어 있어, 이제 능역이 조화적으로 발전하여 신의 모습에로 향한 인간성으로 바뀌어야 된다는 것이다. 이 같은 인간성의 내부로부터 발전한다는 사상은 확실히 루소의 자연주의와 일치하는 것이고, 또한 이 사상은 후에 프뢰벨에 의하여 계승된 사상이다. 그러면서도 페스탈로치는 루소의 사상을 그대로 받은 것이 아니라, 교육관에는 커다란 발전을 보였다. 루소의 교육은 에밀이라는 개인의 교육에 중점을 두고, 또한 교육장도 사회에서 멀리 떨어진 자연 속에서 이루어진다고 강조했으나, 페스탈로치가 찾은 교육의 대상은 빈민아이고 또한 「은자의 황혼」 속에서 "왕좌 위에 앉았거나 초가지붕 밑에서 살거나, 인간은 다 평등하다"[12]고 하여 그 본질에 있어서는 다를 것이 없는 인간성의 발전을 교육의 참목적이라고 생각한 점과 교육에 의한 사회개조라고 하는 것을 마음속 깊이 두고, 또한 농민의 가정에서까지 이상교육의 터전을 찾은 것을 볼 때, 루소적인 사상을 넘어서는 어떠한 위대성이 페스탈로치의 마음속에 용솟음쳤던 것을 알 수 있다.

페스탈로치는 인간이 가진 능력을 정신력(Geisteskraft), 심정력(Herzenskraft), 기술력(Kunstkraft) 또는 머리(Kopf), 가슴(Herz), 손(Hand), 즉 지적 · 도덕적 · 신체적 능역으로 나누어 이 제 능력이 도덕적 · 종교적인

---

12) *Ibid*, p.35.
　　Hier ruht Heinrich Pestalozzi, Geboren in Zürich am 12. Jänner 1746. Gestorben in Brugg den 17. Hornung 1827. Retter der Armen auf Neuhof, Prediger des Volks in Lienhard und Gertrud, Zu Stanz Vater der Waisen, Zu Burgdorf und Münhenbuchsee Gründer der Neuen Volksschule, In Iferten Erzieher der Menschheit. Mensch, Christ, Bürger Alles für andere, für sich nichts! Segen seinem Namen!

것을 중심으로 하여 조화되는 곳에 이상적 인간상을 찾은 것이다. 이리하여 이 중심적 위치를 차지하는 종교적·도덕적 도야는 소박한 가정 내의 인간관계에서 출발되어야 한다고 했다. 모든 인간에게는 자연성이 있어 이것을 기초로 하여 교육이 되어야 한다고 믿었다. 가정은 일반교육의 영원한 터전으로 생각되었다. 그렇기 때문에 양친과 자녀와의 접촉, 더 나아가 인간의 마음과 신의 관계, 이것이 페스탈로치 교육의 중심문제였다. 어린 자녀가 어머니에게로 향한 경건한 마음은 장차 감사와 순종으로 신을 볼 수 있는 마음의 터전을 기르는 것이다. 여기서 길러진 자기희생적 정신은 마침내 사랑의 극치에 닿게 된다. 어머니와 아이의 관계는 교육적이고 아이와 신과의 관계는 종교적이다. 이 두 가지 관계는 서로 밀접하게 연결되어 있어야 한다. 즉 종교와 교육은 서로 뗄 수 없는 관계에 있는 것이다. 그렇기 때문에 페스탈로치에게 있어서 학교는 가정적인 것이 아주 이상적이고 가정적인 학교에서 비로소 그의 이상이 실현될 수 있다고 믿었다.

한편 페스탈로치가 교육에 공헌한 것은 단순히 이론적인 면뿐만 아니라, 그의 생애를 통해서 실천적인 데 의해서, 특히 교육방법에 커다란 영향을 준 점이다. 앞서 말한 대로 그는 자기활동, 자발활동을 중심문제로 생각했다. 교육이란 내면 속에 잠자고 있는 힘을 불러일으켜 이것에 의하여 인제 일반적인 도야가 되어야 한다고 생각했다.

페스탈로치는 교육방법에 있어서 수(數), 형(形), 어(語) 이 셋이 기본적 요소라고 하였다. 즉 사물의 외적 파악은 형과 수의 관계에서 찾게 되고, 이것이 언어에 의해서 내적으로 이해된다고 했다. 이것이 이른바 페스탈로치의 '직관의 A. B. C.'라고 불리는 것이다. 모든 교수는 모두 이 기본점에서 출발되어야 한다. 이 교수의 기본점이 교육과

정결정의 준거이다. 아동이 학습하는 교과목을 수에 관한 것(계산, 수자), 형에 관한 것(도서, 측량), 언어에 관한 것(읽기, 말하기, 문법)으로 구분했던 것이다.

다음으로 페스탈로치에 있어서 직관(Anschauung)의 개념이 아주 중요하다. 여기서 말하는 직관은 단순한 감각적 인상을 뜻하는 것이 아니라, 이 직관은 지식의 획득뿐만 아니라 "도덕적 · 종교적 직관까지도 가리키는 넓은 의미로서, 그저 수동적으로 외부에서 영사되는 것이 아니라, 오히려 자발적 기초로서 이해되고 있는 것이다. 인간은 감성적이면서 이성적이고, 이성적이면서 감성적이다. 우리는 언제나처럼, 이성과 감성의 교차로에서 내면적 자기생산을 강조해야 할 때, 필연적으로 직관이 요청되기에 이른다. 이 직관이 자기생활을 돕는다. 나토르프는 이러한 페스탈로치의 직관을 '완전한 내면화'라고 불렀다. 진실한 의미에 있어서, 페스탈로치는 '생활이 도야한다'는 명제를 실현하는 수단으로서 직관을 내세웠던 것이다.

나중으로 페스탈로치는 노작을 중요하게 생각했다. 그에게는 태초에 말씀(Logos)이 있은 것이 아니라, 태초에 노작이 있었던 것이다. 인간은 노작을 통해서 참된 인간이 될 수 있다고 보았다. 그는 장래의 학교는 노작학교가 될 것이라고 예언했다. 그는 앉아서 안일하게 교육한 사람은 아니었다. 그는 전신을 사회에로 던졌고 그의 사지는 항상 땀으로 차 있었다. 이 숭고한 페스탈로치의 얼과 가슴이 전 인류의 심장을 마구 움직였다고 보아야 옳을 것이다. 페스탈로치는 교사들에게 잊히지 않을 경종을 울린 것이다. 교육은 연필이나 백묵이나 약간의 지식으로써 그 직분을 지킬 수 있다는 생각을 송두리째 뽑아버렸다. 아동을 이끌 수 있는 무궁한 사랑과, 깊고 넓은 전문적인 지식이 필요한 것을 교사에게 알렸던 것이다. 교육은 평탄한 길이 아니라, 가장 험한 준령임을 알려 주었던 것이다. 19세기에 들어서면서 교직을 전문직으로 공인받게 된 것도 바로 그의 공적이리라. 루소는 가정에서 한 인간을 보았던 것이다. 그러나 페스탈로치는 학교나 사회에서 움직이는 산 인간을 보았던 것이다. 루소의 정적 인간을 페스탈로치는 동적 인간으로 전개시켰던 것이다. 이와 같이 인간을 사회에서 보는 노정을 터놓은 점에서 교육사상의 특기할 점이라고 생각한다.

4. 헤르바르트(Johann Friedrich Herbart, 1776~1841)

헤르바르트는 1776년 5월 4일, 독일의 올덴부르크(Oldenburg)에서 태어났다. 그의 아버지(Thomas Gerhart Herbart)는 평범한 법률가였으나, 그의 어머니(Louise Schütte)는 의사의 딸로서 발랄한 상상력, 신속한 결단력, 강한 의지, 불굴의 정신 등 온갖 남성적인 미덕을 갖춘 여장부였으나 또한 부드럽고 풍부한 정조를 겸비한 드물게 볼 수 있는 어진 부인이었다고 한다. 그는 어린

〈헤르바르트〉

헤르바르트의 교육에 대단한 열정으로 임했다. 이와 같이 헤르바르트가 태어난 가정환경은 매우 순조로워서, 그것은 장래 대교육자를 만드는 데 알맞은 분위기를 이루고 있었다. 그는 숙명적으로 불행한 환경을 타고난 루소나 페스탈로치에 비해 누구보다도 많은 혜택을 받은 자였다.

이렇듯 가정적으로는 복된 환경을 가졌으나, 그는 매우 몸이 허약하였고 거기다 끓는 물속에 떨어져 화상을 입고 눈을 다쳤다. 이 때문에 그는 공립학교에 입학을 못 하고, 가정교사 울첸(Ulzen)의 영향 밑에서 볼프(Friedrich August Walf, 1759~1824)철학에 큰 관심을 가졌다. 11, 12세 때 헤르바르트는 여러모로 학습하면서 그의 천재적인 기능을 발휘하여 이때 벌써 장래 치밀한 철학적 사상과 정연한 체계를 낳을 맹아가 이때에 준비되었다고 한다. 그는 뛰어난 철학적 사색가요, 동시에 대단한 음악가였다. 어릴 때, 그의 음악에 대한 애호심과 이해는 전 생애를 통하여 그의 사상과 생활을 지배하고 특히 후년에 그의 심리학이나 미학에 관한 연구에 크게 도움이 되었다.

1785년에서, 6년까지 헤르바르트는 사숙에 다니면서 주로 자연과학에 흥미를 함양하였고, 1788년에는 올덴부르크의 라틴어 학교 2학년에 입학하여 다음 해 김나지움으로 이 학교가 승격함에 따라 1학년에 편입되었다. 14세에 그는 인간의지의 자유에 관한 논문을 썼다고 한다. 김나지움 상급반에 올라가서 비로소 칸트철학에 접한 그는, 1793년 졸업식에서 확실히 칸트의 「도덕형이상학원론」(Grundlegung zur Metaphysik der Sitten)의 영향을 받았다고 생각되는 축하연설, '국가에 있어서 도덕의 향상과 타락을 초래하는 일반적 원인에 대해서'를 함으로써 크게 호평을 받았다. 다음 해, 그가 18세로 김나지움을 졸업할 때 '시세로와 칸트에 있어서의 최고선과 실천철학의 원리에 관하여'라는 졸업연설을 라틴어로 하여 더욱 명성을 떨쳤다. 김나지움 졸업 후 곧 예나대학에 입학했다. 목적은 아버지의 희망에 의해 법률학 연구였으나 이것은 그가 즐겨하는 것이 아니어서 포기하였다. 그는 3년 동안 예나대학에서 법률학보다는 철학에 열중했었다. 당시 예나대학은 실로 독일철학 사상의 초점이었다. 헤르바르트가 입학한 1794년에는 이상주의 철학자로서 이름 높은 피히테(Johann Gottllieb Fichte, 1762~1814)가 철학강의를 담당하고 있었다.

1797년, 헤르바르트는 동료와 어머니의 권고로 예나를 떠나 스위스로 갔다. 서서의 귀족인 슈타이거(Herr von Steiger)의 세 어린이, 루트비히(Ludwig), 칼(Karl), 루돌프(Rudolf)와 함께 거의 3년 동안 슈타이거 가의 이해 있는 대접과 깊은 신뢰하에 얻은 실제교육의 경험은, 그의 생애에 아주 귀중한 것이 되었고, 특히 교육학자로서의 그의 생애에 거의 결정적인 영향을 주었던 것이다.

슈타이거가에 있는 동안, 그는 교육경험을 쌓는 동시에, 또한 부풀어 오르는 열정으로 철학연구에도 몰두하여, 이때에 벌써 미래에 크게 이를 철학체계의 복안이 대개 완성되었다고 한다.

특히 교육학자로서 헤르바르트의 스위스체재를 무엇보다도 의의 깊게 한 것은 당시 부르크도르프의 학교를 방문하고 그 후 계속하여 교섭이 있었던 사실이다. 당시 53세의 대교육가 페스탈로치는 아직 젊은 한 가정교사 헤르바르트를 가끔 방문하고, 그가 서서를 떠날 때에는 마음속 깊이 그 이별을 슬퍼했다고 한다. 헤르바르트는 또한 인간애에 불타는 온정으로써 대해 주는 사람-바로 자부와 같은 감정을 느끼게 되는 페스탈로치의 인격을 찬미하고 있었다. 페스탈로치가 헤르바르트에게 준 영향은 무엇이라고 우리가 표현할 수 없을 정도로 깊고 넓은 것이다. 그 후 헤르바르트는 1802년 괴팅엔 대학의 철학, 교육학의 사강사(私講師, Privatdozent), 1805년에는 동 대학의 원외교수가 되었다. 이 동안 그의 저서로는 「페스탈로치의 최신저: 게르트루드는 어떻게 그의 어린이들을 가르치는가에 관하여」(Über Pestalozzis neueste Schrift; Wie Gertrud ihre kinder lehrt), 「페스탈로치의 직관의 A. B. C.의 이념」(Pestalozzis Idee eines A. B. C. der Anschauung), 「교육의 목적으로부터 이끌어낸 일반교육학」(Allgemeine Pädagogik aus dem Zweck der Erziehung abgeleitet) 등을 들 수 있다. 1809년 봄 그리크의 뒤를 이어 쾨니히스베르크 대학에 초빙되어 대철(大哲) 칸트의 명예 있는 철학강좌를 담당하게 되었다. 그때의 감정을 그는 다음과 같이 이야기했다. "이 초빙을 승낙한 일은, 나에게는 얼마나 행복한 것이랴. 그것은 어린 시절 쾨니히스베르크의 성인 저작을 연구할 때 꿈마다 바랐던 아주 저명한 철학의 강좌이다."

1811년 그는 18세의 중국상인 딸, 메리 드레이크(Mary Drake)와 결혼했다. 그는 내조에 의하여 전보다 훨씬 더 활발한 움직임을 보였다. 철학 이외에도, 철학과 교육경험을 기초로 한 심리학의 많은 저술을 내놓았다. 그는 만년의 8년간 주로 교육학강의에 전역을 다하여 「교육학강의강요」(Umriss Pädagogischer Vorlesungen), 「일반교육학강요」(Umriss Allgemeinen Pädagogik)와 같은 원숙한 교육학체계를 마침내 이루었던 것이다. 1841년 8월 11일, 정정하게 강의를 했던 그는 8월 14일 갑자기 뇌출혈로 말미암아 65세를 일기로 별세하였다.

프뢰벨과 헤르바르트는 꼭 같이 부르크도르프의 학교에 오고 갔다. 두 사람은 한결같이 페스탈로치의 영향을 받았으나, 이들은 서로 이질적인 입장에 서서 페스탈로치의 교육사상에 쌍벽을 이루고 있다. 프뢰벨은 아동을 내면으로부터 밖으로, 헤르바르트는 외부에서 안으로의 교육이론을 전개시켰다. 전자는 페스탈로치의 자발성에 기초를 두었고, 후자는 페스탈로치의 직관에 기초를 두었다. 그 양 측면은 가장 모순되는 것 같으면서 서로 의지하여 서 있는 페스탈로치 자신의 모습인 것이다. 그렇기 때문에 헤르바르트는 모든 지식의 기초로서 먼저 외계에서 직접 하는 경험을 절대적으로 필요하다고 주장했다. 이리하여 그의 노력은 교육을 과학적으로 이론화하고 체계화하는 데 까지 나아가 마침내 학적 교육학의 최초의 건설자로 불리게 되었다.

그는 「교육학강의강요」의 서문에서 다음과 같이 말했다. "과학으로서의 교육학은 실천철학과 심리학에 의존한다. 전자는 도야의 목적을, 후자는 진로와 방법과 장애를 가르친다(Pädagogik als Wissenschaft hängt ab von der praktischen Philosophie und der Psychologie. Jene zeigt das Ziel der Bildung, diese den Weg, die Mittel und Hindernisse)."[13]

먼저 심리학과 교육의 관계에 대해서 개관하려 한다. 당시 지배적인 세력을 가지고 있는 것은 능력심리학이었다. 이 입장은, 정신은 여러 가지 능력으로 이루어져 그 능력에 응해서 심리현상이 일어난다고 보는 것이다. 그렇기 때문에 정신내용의 분화와 같이 학교의 일도, 그 다른 능력에 따라 목표나 훈련방법을 확립할 필요가 있다고 생각했다. 여기에 대해서 헤르바르트는 정신은 하나의 통일체라는 개념을 수립했다. 즉 정신은 아주 엄밀한 의미에서 백지상태고, 신경계통에 의하여 환경과 관련하는 능력 이외에는 하등의 생명도, 표현도 있을 수 없다고 했다. 따라서 그중에는 원시적 관념도 존재치 않고, 또한 그것을 형성하는 경향도 존재하지 않는다. 모든 관념은 예외 없이 시간과 경험의 산물이다. 이와 같이 생각할 때, 정신은 내면에서부터 발전하는 것이 아니라, 오직 외계의 인물이나 사물과 접촉하는 것에 의하여 외면에서 형성되는 것은 명확한 일이다. 인간의 마음은 날 때부

---

13) Herbart, *Umriss Pädagogischer Vorlesungen.*

터 선한 것도 악한 것도 아니고, 외적인 영향, 다시 말하면 표상과 그의 결합관계에 기초하여 여러 모양으로 발전한다. 표상이란 것은 감각적 인상이라고도 정의할 수 있다. 이 같은 표상이 형성되면 이것은 무엇보다도 먼저 자기를 보존하려고 하는 경향이 강해진다. 그러면서도 표상은 외계의 사물이 다양한 것같이 그 종류도 여러 갈래이기 때문에 이러한 가지가지가 자기보존을 기하기 위해서는 결합도 했다가 반발도 했다가 이렇게 복잡한 관계로 움직인다. 유사한 것은 결합하여 강하게 드러나고, 상이한 것은 복합체로 되어 반대의 것은 거부된다. 이 같은 표상의 다양한 모습이 현실인간의 의식내용이다. 이와 같이 되어 우리들의 의식내용으로서 남는 표상은 동화되고 통각군(統覺群)을 구성한다. 이리하여 새로이 우리들이 섭취하려고 하는 표상은, 통각된 표상으로서 의식 내에 들어오는 것이다. 이것을 교육의 실제에 대해서 생각한다면, 교사가 할 수 있는 최선의 일은, 이 통각과정의 지배에 의하여 아동의 심적 발전의 방향을 지향하는 것이다. 예를 들면, 교사는 아동이 이미 가지고 있는 지식과 흥미를 알 필요가 있고, 또한 교육의 목적과 아동의 이해력에 응해서 교육재료의 선택이 이루어져야 한다. 다시 말하면 교사는 아동이 이미 알고 있는 경험을 기초로 하여 앞으로 보호하려는 내용과 관련해서 교재를 배열하지 않으면 안 된다. 이 입장은 소위 표상심리학의 확립을 의미하고 교수법의 기초를 말하는 것이다.

다음에 헤르바르트 교육학의 또 다른 기초인 윤리학에 대하여 살펴보려 한다. 그가 말하는 도덕성이라고 하는 것은 단순히 정신의 일부를 말하는 능역이 아니라, 정신과 인격의 전적 발달을 의미한다. 그에 의하면 도덕적 행위에는 다섯의 면이 있어, 그 하나에도 결함이 있으면 불완전하다고 한다. 이것을 「오도념」(五道念)이라고 부른다.

① 내면적 자유의 이념(die Idee der inneren Freiheit)
② 완전성의 이념(die Idee der Vollkommenheit)
③ 호의의 이념(die Idee des Wohlwollens)
④ 정의의 이념(die Idee des Rechts)
⑤ 보상의 이념(die Idee der Billigkeit)

①, ② 이 둘은 한 개인 내에 있어서 의지관계의 도덕이념이고, ③, ④, ⑤ 이 셋은, 두 사람 또는 그 이상의 개개 인간의 의지관계에 있어서의 도덕적인 이념이다. 이리하여 이 다섯 개의 의지, 그 자신 또는 의지 상호간에 있어서 보다 근본적이고 단순한 기준관계를 가르치는 것으로, 도덕적인 제 개념은 모두 여기에서부터 형성된다고 한다.

① 내면적 자유의 이념이란 도덕적 판단과 의지의 일치하는 일, 즉 동일인의 인격의 내부에 있어서 도덕적 자유를 말한다.
② 완전성의 이념이란 하나의 의지가 강력, 충실, 조화의 세 가지 조건을 구비하고 활동하는 상태를 말한다.
③ 호의의 이념은 다른 사람의 행복을 자기 의지의 대상으로 하는 것을 말한다.
④ 정의의 이념은 두 의지가 상범하지 않는 상태, 즉 양보하는 일을 말한다.
⑤ 보상의 이념은 한 의지가 다른 의지에 대하여 선행 또는 악행을 했을 때, 후자가 보수 또는 처벌로써 전자에게 보복하는 일을 말한다.

이것이 헤르바르트의 실천적 오도념이다. 그는 사람의 생활에 있어서 이 오도념과 멀리할 것이 아니라, 전체가 합하여 생활에 그 방향을 제시해야 한다고 주장하고 있다. 그는 이 개인의 의지의 관계에 있어서 도덕을 사회조직에다 적용하려고 했다. 헤르바르트의 도덕상에 있어서 다섯 개의 사회적 이념(die gesellschaftlichen Ideen)은 다음과 같다.

① 정의사회의 이념(die Idee der Rechtsgesellschaft)
② 보수조직의 이념(die Idee des Lohnsystem)
③ 행정조직의 이념(die Idee des Verwaltungssystem)
④ 문화조직의 이념(die Idee des Kultursystem)
⑤ 종교사회의 이념(die Idee der beseelten Gesellschaft)

라고 하는 것으로, 이것은 사회윤리학을 예상케 하는 것이라고 생각한다. 전자의 정의의 이념이 정의사회의 이념에, 보상의 이념이 보수조직의 이념에, 호의의 이념이 행정조직의 이념에, 완전성의 이념이 문화조직의 이념에, 내적 자유의 이념이 종교사회의 이념에 각각 호응되는 것이다.

앞에서 말한 바와 같이 헤르바르트교육학에 있어서는, 교육목적은 윤리학에 의하여 규정되고 교육방법은 심리학에 의하여 성립되는 것이다. 윤리학의 과제는 도덕문제이고, 교육목적은 덕성을 기르는 것이다. 그렇기 때문에 아동이 교육받은 결과 선한 인간이 되지 못하면 교육자는 그 임무를 올바로 수행했다고는 볼 수 없다. 이 같은 도덕적 교육에는 헤르바르트에 의하면 관리(Regierung), 교수(Unterricht), 훈련

(Zucht)이 따르지 않고는 도저히 그 목적에 도달할 수 없다고 한다. 관이란 말하자면, 예비적 단계로서 교수하기 전, 아동이 근면·청결·정숙 등의 습관을 기르는 것이고, 교수는 도덕적인 지식품성을 기르는 것이며, 훈련은 의지의 도야를 기르는 것을 말한다. 도덕적 행위는 먼저 아동의 품성을 확립하고 이것이 의지와 일치되는 것이 필요하기 때문에, 교수, 훈련이라는 순서가 교육의 자연적인 순서인 것이다.

헤르바르트에 의하면 교수는 교육적 교수(der erziehende Unterricht)여야 한다. 단순한 교수는 지식을 주는 것을 목적으로 하나, 헤르바르트에 있어서는 교수만으로는 교육으로서 완전하지 않고 교수훈련이라고 하는 발전에 있어서 교육이 완성되는 것이기 때문에, 교수도 올바른 의미에 있어서는 의지의 도야, 즉 교육하는 성격으로 되지 않으면 안 된다. 또한 교수는 아동이 지니고 있는 지식을 기초로 여기에서 출발하여 아동에게 흥미를 불러일으키지 않으면 안 된다. 이러한 궁극적인 목적에 도달하기 위하여 먼저 가까운 목적에서 시작하여 나아가지 않으면 안 된다. 이것이 바로 흥미의 다양성의 문제다. 의지 활동의 목적인 가치의 종유는 대단히 많으므로 흥미도 또한 다방적이어야 한다. 이러한 흥미를 헤르바르트는 다음과 같이 분류한다.

① 경제적 흥미(das empirische Interesse) - 사물에 향한 흥미
② 사변적 흥미(das spekulative Interesse) - 사물의 법칙에 대한 흥미
③ 미적 흥미(das ästhetische Interesse) - 사물의 미에 대한 흥미
④ 동정적 흥미(das sympathetiche Interesse) - 공감에의 흥미
⑤ 사회적 흥미(das gesellschaftliche Interesse) - 사회의 흥미
⑥ 종교적 흥미(das religiöse Interesse) - 최고실재자의 흥미

다음에 이러한 흥미로의 심적 발전은 전심(Verziefung)과 치사라고 하는 두 정신작용의 단계를 거쳐야 한다. 전심은 다음의 어떤 상태에 대하여 침잠하는 일이며, 치상(致想)은 전심하여 얻어진 하나의 표상을 올바로 관계하고 결합하고 통일하는 작용이다. 이리하여 마음은 언제나 활동하고 있으나, 그것은 아주 신속한 진동과 거의 정지상태라고 볼 수 있다. 전심과 치사를 「경(經)」으로 하여 정지의 진동을 「위(緯)」로 삼아서 유명한 교수의 사단계설을 유도했다. 그에 의하면 교수는 명료(Klarheit), 연합(Assoziation), 계통(System), 방법(Methode)에 따라 진행해야 된다고 한다.

끝으로 훈련에 대해서 다루려고 한다. 훈련은 관리, 교수 다음에 제일 끝으로 말하자면 총정리를 하는 것이다. 즉 도덕성의 도야를 목적으로 하는 교육의 최후의 단계다. 이것은 교수를 교육에까지 완성하는 것이요, 덕의 전체를 총괄하는 것이다. 따라서 훈련은 도덕성을 확장하는 것을 목적으로 한다. 여기에는 기억, 선택, 원리, 투쟁의 단계가 있다. 기억은 어떤 도덕적 상태에 있을 때 행한 행동을 기억하고 있는 것이고, 선택은 우리들의 욕망 중에 보다 가치 있는 것을 고르는 것이고, 원리는 그 결과 일단 법칙이 확립되는 것을 말하고, 투쟁은 행동하는 경우의 의지와 의지와의 싸움을 가리키는 것이다. 이 네 종류를 밑받침하여 실제적 훈련의 방법을 들면 그것은 ① 보지적(保持的) 훈련, ② 규정적 훈련, ③ 규제적 훈련, ④ 조성적 훈련의 4단계다.

이러한 헤르바르트의 교육사상은 칠러(Tuiskon Ziller, 1817~1882), 라인(Wilhelm Rein, 1847~1929), 시토이(K. V. Stoy, 1815~1885), 맥머리(Charles Mcmurry, 1857~1929) 등에 의하여 계승되었고, 1892년에는 미국에 헤르바르트 협회(The National Herbartian Society)가 조직되어

전 세계적으로 막중한 영향을 끼쳤다.

5. 프뢰벨(Friedrich Wilhelm August Fröbel, 1782~1852)

프뢰벨은 1782년 4월 21일, 독일 튀빙겐의 오버바이스바하(Ober-weissbach)에서 출생했다. 그는 생후 9개월 만에 어머니를 여의고 아버지는 그 마을의 목사로서 가사와 자녀에게 따뜻한 정을 쏟을 겨를이 없었다. 항시 다망했던 그는, 프뢰벨이 4세가 될 때 또 다른 여인과 재혼했던 것이다. 처음에는 계모가 비교적 온정으로 프뢰벨을 대했으나, 날이 갈수록 그들 사이에 냉각상태가 끊일 줄 몰랐다. 그렇기 때문에 프뢰벨의 전 생애는 어머니의 죽음의 충격으로 상처를 받았던 것이다.

〈프뢰벨〉

그는 학령기가 되어 그 마을의 여자 소학교에서 남학생이라곤 프뢰벨 한 사람밖에 없었으나, 그는 이 학교에서 청정과 안정과 질서와 그리고 그의 내면성에 커다란 발달을 보았다. 프뢰벨이 그의 양친을 떠나려는 강렬한 생각이 그가 10세 될 때 실현되었다. 1792년에 그는 백부의 집으로 옮겨 거기서 그는 온화와 친절함을 길렀다. 그는 학교 생활도 즐거워했고 비로소 정신적인 면과 신체적인 면의 조화를 지니게 되었다. 그는 계속해서 예나대학으로 진학하여 자연과학과 공학을 연구했다. 1801년 그는 대학생활을 청산하고 아버지 곁으로 돌아왔다. 이때 그는 19세였다. 그 후 프뢰벨은 농업, 산림국서기, 토지측량 등 직업에 종사하면서 셸링(Friedrich Wilhelm Schelling, 1775~1829), 슐레겔(Friedrich Schlegel, 1772~1829), 노바리스(Friedrich von Hadenberg Novalis, 1772~1801) 등의 낭만주의철학의 강한 영향을 받았다.

1805년 프뢰벨은 프랑크푸르트에서 건축사가 되려 했으나, 페스탈로치의 제자인 구르너에게 소개되어 그의 학교의 교사가 되었다. 프뢰벨은 이곳에서 처음으로 자기의 소명을 깨달을 수 있었다. 3일 후 그는 이페르덴으로 페스탈로치를 방문했다. 당시 페스탈로치의 교육 방법은 획기적인 것으로 이동학급 조직에 의한 능력별 수업을 실시했고 특히 수학과 지리에도 뛰어난 교수법을 사용했다. 약 3개월 동안 그곳에서 지내는 동안에 그는 페스탈로치에게 강한 인상을 받아 정열과 희망에 타는 프뢰벨은 물속의 고기와 같이, 하늘을 나는 새와 같이 행복하였다. 그는 학교로 다시 돌아와서 그의 열정적인 활동이 대단한 호평을 받았으나 그는 이것에 만족하지 않고 이곳을 사임하고 어떤 남작의 집에 가정교사가 되었다. 그는 여기서 세 아동과 더불어 숙식을 같이했다. 자연 속에서 교육하는 것이 아동에게 얼마나 행복한 것인가를 알았다. 1808년 여름, 그는 세 아동을 데리고 다시금 페스탈로치를 방문하고 아동의 교육에 대한 여러 문제를 의논하려 했다. 그러나 이 시기에 페스탈로치에 대한 비판이 싹트기 시작했다. 이페르덴에서 프뢰벨이 통절히 느낀 것은 자기 학력의 부족, 특히 고전어와 자연과학의 지식이 부족함을 느꼈다. 1811년 그는 가정교사를 그만두고 괴팅엔대학에 입학했다. 계속해서 다음 해에는 베를린대학으로 전학하여 식물학의 강의를 들었다.

1813년 독일은 나폴레옹에 대해 선전포고를 했다. 그는 자유의 전사로서 무기를 들었다. 그는 청연들이 조국을 위하여 총을 들고 있기에, 교사가 솔선해서 삼가지 않고는 교육은 절대로 이루어질 수 없다고 굳게 믿었다. 의용군의 해방 후 베를린대학 조수로 있었다. 그는 피히테의 「독일국민에게 고한다」(Reden an die deutsche Nation)와 쉬라엘마헤르의 강의를 듣고 그의 가슴은 영원과 아름다움에 마구 뛰었던 것이다. 이것이 장래 프뢰벨의 낭만주의적 교육학의 기반이 된 것이다. 1816년 프뢰벨은 조카 셋과 다른 아동 다섯을 교육하기 위하여 그리스하임(Griesheim)에 「일반독일교육소」(Der allgemeinen deutschen Erziehungsanstalt)를 창립했다. 그 후 이 학교는 카일하우(Keilhau)의 소농장으로 옮겨졌고, 교사와 학생도 차차 늘었다. 1818년 9월, 교양이 높은 재원 호프마이스터(Henriette Wilhelmine Hoffmeister, 1780~1839)와 결혼하였다.

1825년 학생 수는 56명을 넘어 학교가 최성기에 달했다. 당시 정부는 이 학교가 자유주의, 사회주의 경향의 혐의가 있다 하여 탄압을 시작하였다. 그리하여 1829년에는 겨우 학생 6명으로 줄었다. 이때에 프뢰벨의 사삭과 체험을 아름답게 결정한 주저 「인간교육」(Menschenerziehung)이 발간되었다. 프뢰벨은 카일하우 학교를 부흥시키려고 여러모로 애썼으나 이것이 뜻대로 되지 않았다. 그는 이 학교를 스위스의 빌리자우(Willsau)로 옮겨 1835년까지 소학교고아원 교육에 전념했다. 다음 해 부인의 와병, 장모의 죽음에 따르는 유산상속 등 여러 가지 일을 위하여 고아원장을 그만두고 베를린으로 돌아왔다. 그는 블랑켄부르크(Blankenburg)에 있는 낡은 방앗간을 빌려 그의 교육활동을 시작했다. 여기서 유아의 교구제작에 성공했다. 1839년에는 장난감 중심의 유아교육에 대해서 강연회를 열어 프뢰벨의 명성이 전 독일에 떨쳤다. 같은 해에 그는 유아교육 지도자 강습소를 열고 6세 이하의 아동을 40

명 정도 모아 놓고 매일 두 시간씩 유희를 시켰다. 여기에 「조그마한 어린이 작업소」(Kleinkinderbeschäftigungsanstalt)가 성립된 것이다. 1840년 이른 봄 프뢰벨은 어느 산기슭을 돌아 산책을 할 때, 내려 비치는 화사한 봄의 햇빛과도 같이 문득 심안에 하나의 영상이 비쳤다. 'Kindergarten'이란 말이 떠올랐던 것이다. 이리하여 작은 어린이 「작업소」를 「유치원」(Kindergarten)이라고 부르기 시작했다.

당시 유아교육의 지도강습을 받은 사람은 주로 남자교사였다. 프뢰벨은 여성만이 유아교육의 최적임자라고 확신하여 이 사명의식으로 말미암아, 전 독일의 여성들에게 협조를 얻어야겠다고 생각했다. 그는 무엇보다도 먼저 유아의 생활과 지도법을 충분히 이해하는 여성, 다시 말하면 유아지도자 및 보모의 양성이 필요하다는 것을 통감하여, 독일의 일반 부인에게서 모금운동을 벌여 1840년 6월 28일, 구텐베르크의 활판술 발명 4백년기념제를 기해서 「일반독일유치원」(Der allgemein deutsche Kindergarten)을 창립했다.

프뢰벨은 또다시 가정의 모친을 직접으로 교육하기 위하여 「어머니의 노래와 사랑의 노래」(Mutterlieder und Koselieder)를 발표했다. 그후 프뢰벨은 유치원의 보급에 정진했으나, 급진사회주의자인 그의 조카(Carl Fröbel)와 동일인물로 오해되어 정부는 유치원 금지령을 내렸다. 이 금지령은 1860년까지 계속되어 프뢰벨은 비분 속에서 나날을 보내다가 이 금지령의 해제를 보지 못한 채 1852년 6월 21일, 리벤슈타인에서 한 많은 세상을 마쳤다. 슈바이나(Schweina)에 있는 그의 묘지에는 다음과 같은 묘비가 서 있다.

"오라, 우리들의 아동과 살지라!

프리드리히 프뢰벨은
오버바이스바하에서 나서
마리엔다에서 갔다.
아동과 인간은 이 위대한 벗에게 충심으로 감사하여
그를 사모하는 뭇사람들이 이것을 세우노라."

프뢰벨의 사상은 주로 자신의 경험에서 얻어진 것이다. 그는 교육의 출발점을 양친과 자녀 사이에 온정과 이해의 발달과정에 두었던 것이다. 그는 전쟁은 인간의 문화와 교육의 적이라 하여 어떠한 전쟁에도 반대했던 것이다. 그의 교육사상은 종교적인 깊은 신앙에 젖어 있었다.

또한 프뢰벨의 아동관은 아동을 하나의 독립된 존재로 보고 따라서 교사는 명령적, 한정적이 아니고 수동적 · 추종적이어야 한다고 했다. 이런 면으로 볼 때 루소의 극단적 교육과 같은 범주로 간주할 수 있으나, 아동 그 자체를 외계에서 규정될 수 없는 자주독립의 인격으로 파악한 또 하나의 측면을 엿볼 수 있다. 이 점에서 볼 때 칸트나 페스탈로치의 아동관과 일치하다. 그렇기 때문에 아동은 어떠한 것이라도 수단이 될 수 없고, 오직 그 자신이 목적이 되어야 한다. 자유로운 인격으로, 교육은 이 같은 아동의 자발성이 기초가 있어야 한다.

그가 아동을 하나의 침해될 수 없는 존재로 본 것은 그것이 신의 자태이기 때문이다. 한 걸음 더 나아가 프뢰벨은 우주는 통일되어 있고 이것이 신성이라고 생각했다. 그에 의하면 이 세상에 모든 것이 신의 모습이라고 생각했다. 그렇기 때문에 자연의 만물 즉 동물, 식물, 광물까지도 그는 경애했다. 이것은 신이 만물 속에 깃들어 있다고 하는 범신론(Pantheism)에서 보다 만물이 신 속에 있다고 하는 경건한 신앙에서 파악되어야 할 것이다. 신에 의하여 모든 것을 생각하는 것이 프뢰벨의 입장인 것이다.

신은 정적인 힘이 아니다. 신은 보다 높은 차원에서 성숙한 우주 속에서 자기 자신을 드러내 보인다. 만물의 유일한 근원은 신이다.

한편 인간에 있어서 가장 중요한 것은 창조성과 자유다. 자유는 현명한 선택과 악을 피하는 능력이다. 프뢰벨에 의하면 악은 단순히 부분적이고 선의 곡해에서 오는 것이기 때문에 오직 선만이 실체이다. 선에로 향한 마음이 다름 아닌 인간 본성의 표현이다. 이러한 제 개념은 교육과 밀접한 관련을 가지게 된다. 도저히 어린이는 악하게 될 수가 없다. 잘못 간 아이는 그 거짓 가치에서 벗어나도록 인도되어야 한다. 어린이는 언제나 올바른 비전(vision)과 영원한 번득임으로 조명되어야 할 것이다.

그렇기 때문에 프뢰벨에 의하면, 신성과 자기 자신의 본질을 자각하여 이것을 자치와 자유를 가지고(mit Selbstbestimmung und Freiheit) 생활에서 실행하고, 활동케 하며 또한 드러내야 되는 것이다. 이것이 그가 아동의 자기 활동성에 무게를 두는 점이다. 페스탈로치는 사랑으로써 이것을 직감했고 칸트는 비판적 고찰로써 이것을 인식했으나, 프뢰벨은 우주를 지배하는 통일신의 신앙으로써 이것을 통찰했던 것이다.

이것은 청교도주의와는 관계가 없다. 그에게는 도덕적인 법칙은 절대자의 반영에 지나지 않고 우리 인간의 이해는 한정되어 있다. 그렇기 때문에 겸손은 우리들의 기본적인 미덕이다. 그러나 신은 우리들의 영감에서 드러나고 우리들의 인간, 자연 그리고 우주에 대한 착실한 자세에서만 그를 만날 수 있다. 에머슨과 같이 프뢰벨은 우주의 통일성을 믿었다. 현명한 사람은 선한 사람이다. 덕과 지는 동일한 차원에 있기 때문이다.

프뢰벨에 의하면 우리의 도덕교육은 올바른 분위기를 통하여 강화되는 것이다. 이제 어린이들은 건전한 환경에서 길러져야 한다. 어린이들은 협동적인 사고가 그들의 몸에 배어야 한다. 그에게 유희활동이란 기본적인 의의를 가지고 있다. 어린이가 놀 때, 그 어린이는 그 속에 있는 본성을 드러내게 되며 바로 이때에는 사회화의 양상을 진전시킨다.

우리는 행동함으로써 보다 낫게 배운다. 프뢰벨에 의하면 이론적인 것은 교육에 있어서 가장 작은 부분이다. 현대교육원리에서 "행함으로써 배운다(Learning by Doing)", "사회활동의 참여에 의한 자기 활동(Self-activity through social participation)" 등은 이미 프뢰벨에 의하여 이론적으로 갈파된 지 오래다.

프뢰벨은 아동은 그들의 자기활동을 위하여 새로운 재료와 친구와 지도를 필요로 한다고 생각했다. 그렇기 때문에 은물(恩物, Gabe)이 필요하고, 놀 친구가 필요하고 보모를 필요로 한다. 유희는 아동의 독특한 활동이고 이것에 의하여 아동은 자기를 키우고 신성을 구현할 수 있다. 아동에 있어서 유희는 성인에 있어서 산업과 종교에 해당한다. 유희에 의한 성장이란 것은 장래 산업과 종교에 의하여 인격을 형성하는 것으로 나아간다. 산업 없는 종교는 꿈과 환영에 지나지 않고, 종교 없는 산업은 사람을 동물로 타락시킨다고 그는 생각했다. 이같이 프뢰벨의 유희는 독특하게 생각된 것으로서 단순히 아동의 충동이나 무의미한 유희를 말하는 것은 아니다. 장래 산업과 종교에 직접되는 것이다.

프뢰벨에 대해서는 특히 그의 유아교육의 방법에 관해서 문제로
다루지 않으면 안 될 점, 배우지 않으면 안 될 것이 무수할 것이다.
그러나 프뢰벨은 현대적인 의미에서 아동심리학자는 될 수 없으나,
아동의 심리를 누구보다도 훌륭히 포착했던 것이다. 이런 의미에서
아동의 이해에 대한 그의 깊이는 교육사상 뚜렷한 비중을 보인다고
보아 틀림이 없을 것이다.

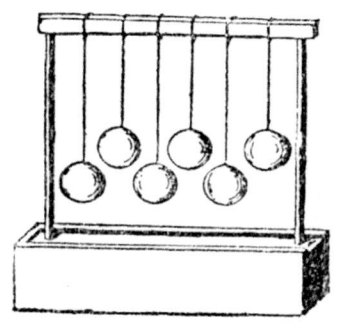

〈은물(恩物, Gabe)〉

제9장 국제노동운동과 교육

　서양 근대사회의 발전과 함께 사람들의 관심은 지상적인 것, 현세적인 것에 기울어졌다.

　오랫동안 성당의 천정을 쏘아 들어오는 빛 어린 광선 아래, 내세만을 바라보던 사람들은 푸른 하늘 아래, 햇빛이 조요(照耀)한 대지 위에 몰려나와 여기에 천국을 이룬다고 했다.

　자연에 대한 관심과 사회에 대한 관심이 근세 사람들의 가슴속에 부풀어 올라 한없는 맑은 물결을 일으키는 것이었다.

　이렇게 하여 근세 초기에 들어서면서 자연과학 연구가 놀라운 형세로 일어났다. 이 기운에 맞추어 진보 보급된 인쇄술은 한층 더 신지식, 신사상을 깨우쳐 그 보급기관이 되었다. 뒤이어 1486년 희망봉이 발견되고, 다시 1492년 이래 미대륙 발견의 대업이 일어나, 시장의 형편과 사회조직 위에 일대의화를 가져오기에 이르렀다.

　새로운 통상의 길이 발견되고 신대륙의 부원(富源)이 개발되고, 해안가에 새로이 일어나는 도시가 생기고, 지방에 고착되었던 산업이 차차 그 땅을 떠나 세계적인 것이 되고, 무장한 상인, 원정군이 일어나고, 모험과 약탈에 의하여 상인의 부력이 놀랍게 팽창하였다.

이리하여 상업의 세력이 온 구주 사회를 휩쓸었고, 근세의 사회조직은 상업주의로서 그 근간을 삼기에 이르렀다.

상업주의는 중세의 봉건제도와 협동단체를 파괴하고, 그 대신 자본가제도를 바꾸어 놓았다.

뒤이어 전제군주정체를 파괴하고 입헌대의제를 세웠다. 영국의 산업혁명이나 프랑스의 정치혁명은 이와 같은 파괴운동의 초점에 달한 것이라고 할 수 있다. 근세사회의 모든 문명과 시설은 이 상업주의를 위하여 거기에 기여하는 것이 되었다.

노동자는 하나의 인격으로 작업하는 것이 아니라, 단순히 기계의 보조물로 공장 속에서 혹사되어 공장주와 노동자와의 사이에는 인정이 오고 가는 것이 아니고 서로, 상반되는 이해가 놓여 있게 되었다.

도의정신이 땅에 떨어져 있고 물욕주의만이 탁류를 이루어 천하를 휩쓸었던 것이다.

상업주의는 곧 자본주의이고 자본만능주의다. 예전에는 "진리가 최후의 승리자"라고 일컬었으나, 이제는 "자본이 최후의 승리자"라고 일컬어져야 할 만큼 된 것이다. 이리하여 사람을 자기의 노예로 만들어 버렸다. 노동자와 빈민의 정상은 말할 수 없이 비참하게 되었다. 근세 사회주의는 진실로 이 상업주의, 자본주의의 지나친 폐단을 막기 위하여 일어난 것에 지나지 않는다.

그러나 사회주의는 자본주의가 개인 경쟁주의와 개인 소유를 주장한 데 대하여 사유제의 철폐와 사회의 공유를 제창한다.

사회주의운동, 그 자체가 이 자각을 갖고 일어난 것은 사실이다.

19세기의 개막과 프랑스의 생 시몬(Saint Simon), 푸리에(Fourier), 영국의 로버트 오언(Robert Owen)이 배출하는 데 따라 사회주의는 비로소 독립된 유파를 형성했다. 뒤이어 1840년대에는 프랑스의 프루동(Proudhon), 루이 블랑(Louis Blanc) 등이 나오고, 영국에는 차티스트(Chartist)운동이 일어나 1848년의 구주혁명에 저들은 이미 시대의 한 세력을 장악하기에 이르렀다.

이 구주혁명 계기로 이상가 사회주의가 혁명적 사회주의로 옮겨갔는데 이 사이에 영국에서는 기독교사회주의, 미국에서는 노예금지운동, 러시아에서는 농노해방운동이 잇달아 일어났다. 1871년 런던에서 '국제노동자협회'가 창립되면서 여기에 비로소 국제사회주의운동이 일어났다.

1871년 파리 코뮌(Paris Commune)이 형성되면서 이 협회의 이름이 천하에 선전되었다. 한편, 사상계의 풍조를 보면 근세과학의 세력이 일세를 휩쓸어 콩트(Comte)의 실증철학, 포이어바흐(Feuerbach)의 유물론적 인도주의, 스펜서(Spencer), 다윈(Darwin) 등의 진화설이 되어, 사회적 이상 위에 근본적인 혁명을 불러일으켰다. 이 같은 사상들은 처음부터 사회주의에 대하여 혹은 반발하고 혹은 지원하여 일반적인 혁명의 기세를 북돋운 것만은 사실이다.

1. 인터내셔널(International)

1836년 파리에 망명한 일단의 독일 사람들이 '정의협회'라는 비밀

결사를 만들었는데 1839년 혁명봉기 때 그들은 런던으로 이 난리를 피하여 여기서 북유럽 여러 나라의 사람들과 섞였다. 이 단체는 1847년 '공산주의협회'로 명칭을 바꾸었는데 1852년 해산되어 버렸다.

18세기 이래, 혁명전쟁을 계속해 온 부르주아는 지금은 구미 여러 나라에 있어서 스스로 권역계급을 조성하게 되어, 여기에 평민계급, 노동계급이 무권력자로서 대치하기에 이르렀다.

1864년 영국 런던에서 결성된 국제노동자협회는 유럽 여러 나라의 노동계급이 인류사회의 정당한 상속자로서 그 도덕상 물질상의 분배를 향유하려는 요구를 뚜렷이 실증한 것이다.

이렇게 하여 '국제노동자협회'는 "노동자의 해방은 노동자 자신에 의하는 외에 다른 길이 없다"는 취지로서 모든 노동자에 향하여 모든 권력계급에 대하여 싸울 것을 호소했다. '국제노동자협회'의 창립에 직접기회를 준 것이 1862년 런던 만국박람회였는데, 여기에서 열린 만국노동자회의에서 국제노동자단체 창립이 의결되어, 이 국제단체의 헌법기초를 위한 준비위원이 선임되었다.

협회회칙의 서문은 국제사회주의의 주요원리를 포함한다. 말하기를 "노동기관 횡령자에 대한 노동자의 경제적 복종은 이것이 곧 일절의 속박의 원인이다. 사회의 참극의 원인, 정신적 타락, 정신적 부패의 원인이다. 노동계급의 경제적 해방은 모든 정치운동을 넘어서는 대안목이다. 노동계급의 해방은 지방적인 것이 되어도 안 되고, 국가적인 것이 되어도 안 되고, 오로지 가장 진보된 제 국민의 일치된 노역에 의해서만 결정되어야 할 사회문제다." 이와 같은 근거 위에서 설립된 '국제노동자협회'는 다음과 같은 선언을 발표했다. "협회에 가맹한 각국 각 개인은 진리, 정의, 도덕으로써 모든 회원상호의 규율로 삼고, 그 인종 신앙 국가의 차별을 인정하지 않는다. 권리가 없으면 의무도 없고 의무가 없으면 권리도 없다."

'국제노동자협회'의 취지서 회칙은 그 전의 공산주의협회의 것을 계승한 것이었다. 그리고 "만국의 노동자여, 단결하라!"는 말도 한가지로 거기서 온 것이었다. 마르크스(Marx)는 처음에는 협회 총무국의 독일 통신서기였는데 차차 세력을 잡는 데 이르러 프루동(Proudon)파, 바쿠닌(Bakunin)파의 사람들과 충돌하게 되었다.

1866년 제1회 대회인 제네바대회에서 협회의 헌법이 통과되었다. 1867년 쟌느에서 열린 제2회 대회, 1868년 브뤼셀에서 열린 제3회 대회를 거쳐 협회안의 대립이 한층 더 심해지면서 여기에 다시 1871년 파리 코뮌이 결정적인 계기가 되어 마침내 붕괴를 가져오기에 이르렀다.

1871년의 파리 코뮌 뒤 '국제노동자협회'는 사회민주주의파와 무정부주의파로 분열되어 마침내 쓰러지고 말았다. 그러나 그 정신만은 사라지지 않아 1877년 백이의(白耳義) 간(Gan)시에 만국 사회당대회가 열렸고, 1889년 다시 국제사회당대회가 파리에서 열렸다. 이것은 실상 프랑스혁명 백 년을 기념하기 위한 모임이었는데 국제노동자운동에 일대 전기를 그은 것으로서 역사상 매우 중요한 지위를 가진다. 이 대회에서 결의된 중요사항은 첫째, 8시간 노동제의 확립, 둘째, 상비군의 철폐, 셋째, 5월 1일 노동제로 할 것들이었다. 전기 대회에서의 1890년 5월 1일, 각국 사회당단체는 8시간 근무제를 위하여 일대 시위운동을 행할 것이라는 결의는 세계적 노동기념일로서의 「메이데이」의 남상이 된 것이었다.

2. 사회민주당의 발달

1891년 8월 벨기에 브뤼셀에서 만국사회당대회가 열렸다. 파리 대회가 제1회 대회, 브뤼셀 대회가 제2회 대회로서, 이 제2회 대회에서 사회당의 국제단체인 제2인터가 창립되었다. 이 제2인터는 독일 사회민주당이 중심이었고 또 그것을 영도했다. 1890년 파리 대회, 1904년 암스테르담 대회, 1907년 슈투트가르트대회, 1910년 코펜하겐대회, 1912년 바젤대회, 1914년 브뤼셀대회가 계속하여 열렸다. 1914년 8월 세계대전이 발발하여 독일군이 벨기에를 점령하면서 브뤼셀에 있는 국제사회당사무국이 파괴되었다. 세계대전의 발발로 사회당 및 노동운동들 사이에 민주주의 전선과 계급주의 전선의 분열을 보면서 제2인터의 약체화를 가져왔다. 제2인터에 가맹했던 사회당들이 제2인터를 지킬 것이냐, 새로이 제3인터를 만들 것이냐에 대하여 의현이 갈려 사회당의 분열을 가져왔다. 이 사정은 마치 보불전쟁 때 파리 코뮌이 일어나면서 국제노동협동에 틈(隙)이 생기던 것과 흡사한 것이었다. 제3인터는 러시아의 공산당이 주도 세력이 되어 1919년 3월 모스크바에서 열린 대회에서 결성되어, 이때부터 공산당의 국제운동이 점점 그 세력을 떨치기에 이르렀다.

독일 사회당의 발달은 다른 나라의 개혁자들을 감화시킨 바 컸다. 불란서의 사회주의자가 1886년 사회주의혁명당을 조직한 일이나, 1883년 미국의 사회주의자가 국제노동협회의 명칭을 바꾸어 사회주의 노동당을 창립한 일이나, 영국의 사회주의자가 1881년 민주동맹을 조직, 다시 1883년 이것을 사회민주 동맹으로 개칭한 일 같은 것은 어느 것이나 독일의 사회민주당을 모방한 것이었다. 고타 강령 제1조에는 다음과 같은 말이 실려 있다.

"노동은 오든 부와 문명의 원천이다. 그런데 생산적 노동은 거의 사회 속에서 사회에 의해서만 행할 수 있는 것이기 때문에, 노동의 전 생산은 사회의 그 전원에 속한다. 또 전체가 일반으로 노동의 의무를 지고 있기 때문에 그 생산에 대해서는 누구나 정당한 필요에 따라 평등한 권리를 가진다.

현재 사회에서 노동기관은 자본가 계급에 독점되어 있다. 그 결과 노동계급의 예속은 모든 형태의 비참과 굴욕의 원인이다."

구미 여러 나라의 사회민주주의 운동이 융창되어 감에 따라 세계의 새로운 현황이 여기에 따라왔다.

① 온화파와 급격파의 분입
② 노동조합과 사회주의의 결합
③ 의회정책과 개량정책의 발달이다.

1) 사회주의 운동이 여러 나라에서 하나의 새로운 세력을 이루는 데 따라 종래 함께 일해 온 온화당원과 급진분자는 차츰 그 깃발을 달리할 수밖에 없었다. 급진분자는 무정부주의 운동을 본받아 반항적 돌격에 나아가야 한다고 주장하고, 온건파는 독일 사회당의 전술을 배워, 절제, 견인, 최후의 승리를 기약해야 한다고 가르쳤다.

2) 노동조합과 사회주의는 한가지로 노동문제를 기초로 하고 일어났다. 노동조합이 노동자의 경제적 처우의 개선을 목적으로 하나의 특정한 세력을 형성하는 데 따라, 여기에까지도 가입할 수 없는 빈민군이 생겨, 그들의 참상은 이루 말할 수 없는 것이었다. 사회주의운동

은 사회의 근본적인 개혁을 주장하여 사회주의사상 아래 이 참화 속에 있는 노동자까지 포함할 수 있는 신노동조합을 일으켜야 한다고 했다. 이렇게 하여 노동조합주의가 사회주의를 결합시킨 것이 1891년에 창입된 영국의 독립노동당이었다.

3) 독일에서 보통선거제가 실시되자 독일의 사회당은 그 운동방법에 일대 변화를 가져왔다. 종래의 혁명수단을 바꾸어 순전히 전역을 투표획득에 쏟기로 했다. 의회가 그들에게는 참으로 귀중한 유일의 무기였다. 그들은 갈수록 의회정책과 투표획득에 기울어지는 수밖에 없었다. 독일사회민주당의 지도자들은 다 같이 입을 모아 혁명적인 운동을 배격하여, "혁명적인 수단은 무정부당의 수단이다. 무정부주의자는 노동자를 멀리 떠밀어 버리는 외에 아무 일도 못 한다. 저들이 평민계급을 해서 할 수 있는 일이 무엇이냐? 우리 당이 수십만의 평민을 이끌어 나갈 수 있는 까닭은 결코 우리들 최종의 목적 때문이 아니다. 우리들의 최종 목적에 대하여 그들은 아직 준비되어 있지 않다." 이 같은 이유 아래서 사회 민주당의 지도자들은 의회정책, 실제적 개량정책에 전력을 기울이기에 이르렀다.

위에서 본 것이 실제 운동의 면에서 일어난 독일 사회주의의 변화이나, 이와 때를 같이하여 학설상으로도 마르크스주의의 거의 전부를 반박하는 운동이 일어났다. 사회 민주당 내의 수정파가 곧 그것으로서, 폭력 혁명주의는 물론 계급투쟁주의까지도 이론이나 실제의 면에서 맞지 않는다는 사상 또는 유물사관에 반대하는 사상이 차차 독일 사회민주당 안에 뽑기 어려운 세력을 이루었다.

3. 오언(Robert Owen, 1771~1858)

오언은 영국 협동주의운동의 창시자로서 19세기의 많은 사회개혁 운동이 그에게서 그 근원을 발한다. 그는 공장입법자, 성격학원 창설자, 그리고 이상향 건설자로, 영국 노동운동 지도자로 유명하다. 그의 사회개혁사상은 주로 두 개의 원천을 가졌는데, 하나는 그가 초기부터 갖고 있는 성격형성에 관한 견해고, 다른 하나는 맨체스터(Manchester)에서 뉴래너크(New Lanark)에까지 이르는 공장경영자로서의 그의 경험이었다. 1790년대에 영국의 젊은 개혁자들에게는 고드윈(Godwin)의 사상이 많은 영향을 미쳤는데, 그 당시 오언은 맨체스터문학회 및 철학회의 멤버였고, 또한 유니터리안 뉴 칼리지(Unitarian New College)에 모이는 서클에 관계하고 있었고 거기서 고드윈에 관한 이야기와 스위스 및 프랑스의 개혁운동에 관한 이야기를 들었다.

맨체스터에서의 노동자 상태에 대한 그의 경험과 그리고 신산업혁명이 가져온 새로운 사태들은 그로 하여금 다음의 확신을 갖게 했다. 즉 인간의 성격은 그의 환경에 의존하는 것이라고 생각했다. 그는 자기 주위에 영국직조공업에 놀라운 발전을 보면서 기술과 기업의 힘을 찬양했는데 한편 그것이 가져온 사나운 투쟁장태, 한없이 각박해진 인정에 그는 반대하지 않을 수 없었다. 그는 항시 사회가 이렇게 냉혹해져서는 안 될 것이라고 했다. 그는 노동자들의 살을 깎아내림이 없이 풍요한 생산을 거둘 길이 있을 것이라고 했다. 악의 뿌리는 사람들이 자기 자신의 성격을 스스로 형성할 수 있다고 생각하는 그릇된 가정 속에 누워 있는 것이라고 그는 생각했다. 그릇된 가정이 상층 사람들로 하여금 빈민들이 그 속에 빠져 있는 가난과 언짢은 습성과 그들의 무능력을 비난하게 되는 근거가 되는 것이다. 저들은 이 같이 사태들이 좋지 못한 환경의 산물과 당초에 잘못 만들어진 사회제도에서 쫓아오는 것을 그들은 모르고 있다고 그는 생각했다.

모든 사람들은 공정한 기회와 올바른 향도에 만나기만 하면 사람은 누구나 자기와 남을 위하여 공헌할 수 있다는 확신 아래서 그는 공장노동자와 빈민굴에서 사는 사람들과 그 밖에 많은 불행 속에 있는 사람들이 일어서고 또 그 상태가 개선되어야 할 것이라고 생각했다. 그에 의하면 이 같은 사회장태의 개선에는 두 가지 전제조건이 따라야 하는데, 하나는 성격형성에 관한 종래의 잘못된 관념을 버리는 일이고, 다른 하나는 기업자들의 비인도적인 이윤추구 경쟁이 지양되는 일이다.

오언의 이 같은 협동주의사상은 그의 논문 「성격형성에 관하여」 (Essays on the Formation of Character) 속에서 보였다. "사람의 성격은 가장 좋은 것으로부터 가장 좋지 못한 것에 이르기까지 심히 어두운 것으로부터 놀랍게 깬 것에 이르기까지 어떤 수단에 의해서 형성될 수 있다. 이 수단들은 국가의 지도적인 지위에 있는 사람들에 의하여 좌우되는 경우가 많다."[1] 그는 계속해서 다시 다음과 같이 말한다. "어린이들이 훈련에 의하여 언어와 감정과 신념 또는 신체적인 습성과 태도가 인간성의 테두리 안에서 벗어나지 않는 한도 안에서 습득될 수 있다. 그들은 매우 연약한 성격의 소유자도 될 수 있고 의연하여 흔들리지 않는 성격의 소유자도 될 수 있다."[2] 오언의 이 같은 구절들은 그의 성격형성론을 강조한 것인데 그가 주로 생각한 것은 개인

---

1) Owen, Robert, *Essay on the Formation of Character*(1813).

2) *Ibid.*

의 경우의 성격보다도 사회의 경우, 즉 개인들이 한 집단으로 된 경우의 성격이었다. 그가 개인의 성격 위에 미치는 영향을 생각하기는 했으나, 그는 언제나 개인과 개인 사이의 차이라는 것을 깊이 생각했다. 교육자는 언제나 자기가 말은 개인의 어린이들의 여러 모양으로 변하는 경향을 자세히 살펴야 한다고 강조했다. 그는 성격이란 것을 개인의 조입된 상으로 보지 않고 심정과 가치와 행동경향의 축조과 정으로 생각했다.

성격에 관한 이 같은 견해로부터 오언은 첫째로, 공장제도는 성격을 추락시키는 제도라고 하여 비난했고, 그 당시에 공장은 탐욕과 상호경쟁을 부채질하는 소굴이었고, 신체적·도덕적인 불결 속에서 많은 사람들이 신음하는 동굴이었다. 둘째로, 그는 인간생활의 질을 높이는 오직 하나의 도구로서 교육의 막중한 중요성을 강조했다. 모든 인간의 성격은 어디까지나 그가 그 속에 있는 사회환경에 의해서 형성되는 것이라고 확신했는데, 그 때문에 그 교회가 개인의 책무만을 강조하는 데 의하여 그릇된 설교를 반복하는 것이라고 비난했다.

그에 의하면, 자체가 정신적·실천적인 인간이 오래지 않아 획득하게 되는 뛰어난 성격은 환경에 의해서 형성된다. "인간은 언제나 대부분 자기의 환경의 산물이었고 현재도 그렇고 또 앞으로도 그렇게 되지 않으면 안 된다"[3]라고 말한다. 인간은 어떤 사악한 범죄적인 상황 아래 오래 있게 되면 사오한 성격의 소유자가 되는데 이때는 반드시 일정한 편벽성을 보인다. 이와 반대로 보다 나은 실제로 선량한 환경 속에 있을 때에는 타고난 대로의 품성에 따라 어진 성격이 형성된다.

---

3) Owen, Robert. *A New View Society*(1813).

그에 의하면, "오늘에 이르기까지 인간은 자기의 성격에 대하여 아무 것도 모르는 상태 속에 남아 있었고 지금도 인간은 자기에 관하여 아 는 바가 없다."[4] 그 결과 인간이 이성적으로 느끼고, 생각하고, 행동하 도록 교육하기 위한 모든 원리나 과정을 인식하는 데 이르지 못하고 있다. 오늘에 있어서조차 인간을 신체적, 정신적, 도덕적, 실천적 현실 로부터 올바르게 교육시키는 조직은 세계의 어느 나라에도 없는 현상 이다. 따라서 인간이 올바른 교육을 받아 이성적 존재에로 향도되는 길은 오직 세계의 민중이 자기들의 고뇌를 통하여 인간의 손(手)이 만 들어 낸 일절의 기존 제 관계를 변혁하고 인간성에 대한 그릇된 관념 에 이끌리는 모든 제도를 제거하는 일에 의해서만 가능하다. 오언은 다음과 같이 말한다. "나는 오늘의 세대가 새로운 생활을 시작하고 지 금까지 입고 있는 무지라는 갑옷을 벗어 버리기 위하여 인간에 대한 지식과 지혜의 내 조그만 보고를 열려고 한다."[5] 새로운 사회의 제 관 계야말로 인간이 이성적, 자립적 세계를 만들어 내기 위하여 새로운 발현, 발명, 개선 같은 것들을 이끌어 오고 그 속에서 인간이 이성적이 면서 자립적인 그리고 지적이면서 선량한 성격을 쌓아 올린다. 이 같 은 이성적 · 실천적 인식을 인간은 어디서 학습하고 어디서 배우고 얻 게 되는 것일까? 여기에 대한 오언의 대답은 다음과 같다.

"그것은 죽은 공식과 창백한 추상이나 건전한 성향을 억누르는 무 미건조하고 메마른 성벽 속에서가 아니고, 교사와 학생이 자연에 몸을 맡겨 일상생활의 모든 영역으로부터 여러 가지 사물이 모아지고 설명 되고 이야기되고 인간생활의 실천과 직접적인 관계에 있어서 보일 수

---

4) *Ibid.*

5) Owen, Robert, *Life of Robert Owen Written by Himself*(1857).

있는 보육학교, 유희장, 정원, 작업장, 공장, 박물관, 교장, 전시장 같은 데서다. 이리하여 모든 소년 소녀들은 12세 이전에 이미 인간노역의 결정의 범위와 한계를 충분히 알게 될 것이다. 다시 그들은 재의 생산과 분배에 대하여 올바른 생각을 갖고 이 재를 최량의 방법으로 생산하고 분배하는 보편적 원리와 실제적 기준을 이해할 뿐만 아니라, 이 양자의 과정의 기반을 이루고 있는 움직일 수 없는 필연성과 이성적 사회의 질서 속에서 일정한 연령에 따라 성원이 여기에 참여하여 합리적인 방법으로 재를 생산하고 분배해야 하는 이유를 징험하게 된다."[6] 생산적 노동과 교육과의 연계에 관한 확신이 오언의 교육사상 특징을 이룬다. 이성적 사회의 질서 속에서 인간은 자기의 능력이 가장 좋은 방법으로 형성될 수 있도록 교육되어야 하고, 또 인간성의 가장 뛰어난 특성을 불러일으키기 위하여 충분히 계획된 새로운 환경 속에서 교육되어야 한다. 이 같은 방법에 의하여 각 개인들은 신체적, 정신적, 도덕적, 실천적으로 올바른 교육을 받기에 이른다.

오언은 "사람은 환경의 피산물이다(Man is creature of circumstance)"[7] 고 하는 신념을 얻었다. 오언은 플라톤과 마찬가지로 이성적 사회를 건설키 위하여 청년들을 올바로 지도육성한 데에서 건조될 것이라고 믿었다. 이러한 신념 밑에 그는 초등교육에서부터 기초 있게 쌓아 올리기를 결심했다. 플라톤과 루소는 아동들을 될 수 있는 대로 그 부모에게서 격리시키는 이론을 주장했다. 오언에 의하면, 종족의 편견과 악덕에 차 있는 부모는 아동에게 좋지 못한 영향을 미칠 뿐만 아니라, 인류의 진보를 방해하는 거대한 장해물이라고 했다. 앞에서 서

---

6) Owen, Robert, *The Book of the New Moral World*(1843).

7) Owen, Robert, *A New View of Society*(1813).

술한 바와 같이 인간의 전반적인 문제는 그에 의하면 도덕적 품성적인 문제인 것이다. 교육은 단순히 쓸모 있는 지식을 전달하는 데 그칠 것이 아니고 도덕적인 태도를 가꾸어야 한다.

아동들이 읽기(reading), 쓰기(writing), 셈하기(arithmetic)를 배우는 것보다 먼저 서로 돕기를 배우는 것이 중요하다. 모르는 어구를 무조건 입으로 암송하는 것이 무슨 필요가 있느냐? 어른들조차도 이해키 곤란한 어구를 여러 달 걸려 마음을 괴롭히면서까지 암송시킬 필요가 무엇이냐? 그렇게 그는 당시 침체한 교육계에 도전했던 것이다. 1815년에 오언은 그의 이상인 '성격학원'(Institution for the Formation of Character)을 정식으로 설립했다. 이 학원은 18개월, 즉 1년 반인 유아로부터 20세까지를 수용했다. 그리고 야간에는 10세 이상 25세까지를 수용했다. 이 나이의 영국 사람들은 당시에 주간작업에 종사했기 때문이다. 이 학원에는 교장과 몇 명의 교사를 두었다. 오언은 이들에게 아동을 대하는 태도를 가르쳤다. "아동에게 손을 대지 말며 또는 언어나 행동으로써 아이들을 위협하지 말고, 사나운 말을 쓰지 말며, 언제나 즐거운 표정으로 그리고 친절한 태도와 부드러운 음성으로 대하라. 언제나 아동 상호간에 즐겁게 대하게 하고 나이 든 아동이 자기보다 어린 아동들을 돌보아 주게 하라. 이리하여 그들은 서로가 행복해하는 환경을 도울 수 있게 가르치라."

오언은 또한 아동들을 책으로 고통받게 하지 말게 하라고 주장했다. 그리고 자기 주위에 있는 것에 주의하고 서로 친밀한 회화로써 문답토록 하기를 바랐다. 교실 벽에는 주로 동물의 그림을 걸고, 지도를 걸었으며, 정원과 들과 산림에서 가져온 자연물을 장식하게 했다. 이것들을 조사하고 설명하는 것은 흥미를 길러 왔고 언제나 어린이와 교사들 사이에 담화가 계속되어야 한다고 했다. 10세까지는 책의 사용을 금하고 아동에게 무용과 노래를 강조했다. 그리고 군사훈련, 지리, 자연이 교과로 되어 있었다.

오언이 그의 일생을 통하여 줄곧 생각한 바는 가난한 자, 짓밟히는 자, 착취당하는 자들의 구제와 해방이었다. 그의 사상과 실천은 오늘에서 보아 지나치게 이상주의적인 성격을 띤 것이라고 할 수 있다. 그러나 그가 바란 것은 교육과 계몽과 그 자신 뉴래너크에서 실험한 실천적인 예에 의한 공장제도 속에서 소외된 인간 도덕화와 인간화였다. 이 일이 비록 이상주의적 이상향적이었다고 하더라도 그의 사상과 실천은 사회개혁사상 또한 이것을 위한 교육의 재편성을 위하여 중요한 하나의 시기를 획하는 것이라고 할 수 있다.

제10장 인도주의의 교육

　앞에서 말한 바와 같이 문예부흥기의 사람들은 중세의 절대적인 교권의 속박에서 해방되어, 자유로운 태도로써 모든 사물을 고찰하려고 했다. 실로 이들은 자연과 인간에 대하여 위대한 발견을 했던 것이다. 이들은 종래 '신의 빛' 아래에서 보아 온 일체의 사물에 대한 가치를 전도했다. 지금 이들에게는 새로운 인간의 심안으로써 사물 자체를 관찰하고 탐구하는 것이 필요했던 것이다. 다시 말하자면 신을 중심으로 한 세계관에서, 인간중심의 것으로 옮겨진 것이다. 자연과 인간은 독립된 입체로서, 신의 지배에 의하여 피동적으로 움직여질 수는 없다. 확실히 인간만이 우주의 중심이고 세계를 지배하는 요체다. 이렇듯 자연을 높이 평가하는 태도를 자연주의라고 한다면 이같은 인간중심의 태도를 인본주의라고 부를 수 있다. 이 정태(情態)를 유도한 것은 희랍, 로마의 인문(human letters)의 부활존중이고, 당시는 고전문화의 교양으로써 인간을 도야하는 핵심으로 생각했던 것이다.

이 입장을 휴머니즘이라고 한다.

1. 인도 및 인도주의

인도 및 인도주의의 개념은 이러한 사색과 긴밀하게 연관되어 있다. 오직 인도주의는 휴머니즘과 그 강조점이 다를 뿐이다.

휴마니타스(Humanitas)는 신이나 금수와 구별되는 '인간성' '인간의 인간다운 본성'의 뜻으로 다시 말하자면, 인간성의 본질적, 이상적, 적극적인 면을 의미한다. 인종, 국가, 종교, 풍속 등의 차별을 초월하여 태양빛이 만인에게 골고루 비치듯이 이 모든 것에 대하여 평등하고 존중하게 될 때 도덕적인 '인도'의 개념이 이룩되고, 이것을 이상으로 하여 지향하는 곳에 인도주의가 성립되는 것이다. 그렇기 때문에 인도주의는 인격의 평등과 동정, 박애의 이념을 기초로 하여 인류에의 완성, 통일을 기하려는 노력이다. 근세 이전으로 소급하면 이 사상을 스토아(Stoa)학파의 '세계주의', 그리스도교에 있어서 '사랑의 교의' 등에서 키워져 왔다. 또한 인간성의 내용인 소질, 정태, 이지 및 정의의 원만한 조화전개를 의도하고, 이로써 사회를 이루는 개개인의 인격의 향상 완성에 노역하고, 계속해서 이 협동활동에 의한 문화적 제 가치의 발전에 공헌하는 것이, 인도주의의 하나의 이상일 것이다.

그러나 인도주의의 이상은 현실과 너무도 먼 거리에 있는 면이 있다. 인도주의는 세계에 있어서 교통 통신의 발달, 국제적 제휴의 확대 등을 서로 촉진하려고 한다. 이것은 어디까지나 '인도'에 있어서 하나의 이상이기 때문에 인도주의는 그 자신 무궁한 과제를 가진다. 특히 영국에 있어서 석방자보호, 빈민구조, 동물애호 등의 윤리운동으로 실행되고 널리 선전되고 있다. 이것을 '휴매니태리어니즘'이라 하고 세계적으로 휴매니태리언 리그(Humanitarian League)가 결성되어 있다.

2. 톨스토이(Leo Tolstoy, 1828~1910)

혁명 전, 근대 러시아의 문명과 교육의 중요한 대변자의 한 사람은 톨스토이였다. 그가 가르친 사랑의 교의는 서구의 경우와는 같지 않아 그가 생각한 사랑은 애정이나 공감을 넘어서서 완전한 자기폐기를 의미했다. 그렇다고 해서 톨스토이만이 혁명 전 러시아의 작가 중에서 자기희생적인 사랑의 중요성을 강조한 것은 아니었다. 도스토옙스키(Dostoevsky)도 그가 시베리아에서 냉혹한 실망 속에 있기는 했지만 그도 역시 불타오르는 정열 속에 있었다.

고리키(Maxim Gorky)가 말한 대로 톨스토이가 끼친 영향은 모든 영속적인 영향과 마찬가지로 시간이 가면 갈수록 부단히 성장하는 것이었다. 간디(Gandhi)와 로망 로랑(Romain Rolland)에게 준 그의 정신적인 인상은 너무도 크다. 그가 가르친 사랑은 인종이나 종교나 민족의 장벽을 훨씬 넘어서는 것이었다. 그의 종교는 서양만이 아니고 동양을 위해서도 구상된 것이었다. 그의 부단한 탐구와 성취와 그의 넓고 부드러운 가슴은 그로 하여금 세계 도처에 있어서 벌어지는 인도주의 투쟁의 전우가 되게 했다. 톨스토이는 오늘에 이르러 한층 더 중요한 역사적 지위에 오르게 되었다. 새로운 세계질서는 현존하는 가치의 대담한 전도와 진정한 교육적 개혁을 필요로 하기 때문이다.

톨스토이의 시대는 교육에 있어서 하나의 발효의 시대였다. 특히 우신스키(K. D. Ushinsky, 1824~1870)가 매우 중요한 인물이었는데, 그는 러시아 초등학교와 아울러 교사양성기관의 창설자였다. 그는 자유주의자로서 베이컨(Bacon), 로크(Locke), 스펜서(Spencer)의 영향을 받았다. 그는 생각하기를 교사는 그 맡은 바 일에 대한 흔들리지 않는 사명감을 가져야 한다고 했다. 그 당시 러시아의 많은 교육자들은 우신스키와 톨스토이로부터 많은 영향을 받았다.

톨스토이는 생각하기를 교육은 마땅히 조국에 대한 사랑을 가꾸어야 한다고 믿었다. 그렇다고 해서, 교육이 민족주의로 경도되는 것은 아니었다. 그에 의하면 남의 민족을 지배할 수 있는 민족이란 없는 것이었다. 애국심이 교사들에 의하여 흔히 왜곡되어 왔다. 어린이들은 인류를 사랑하고 인종과 민족과 문화를 넘어서는 수평선을 바라볼 수 있도록 교육되어야 할 것이라고 했다.

대다수의 러시아 교육자들이 백인의 우위를 강조하고 서구의 기술의 진보를 찬양한 데 반하여 톨스토이와 우신스키는 저들과 같지 않는 러시아문명의 가치를 주장했다. 지식계급은 그들 자신의 국토 수에 내린 깊은 뿌리를 발현해야 하고 그들 자신의 정신과 이상의 일부가 되어야 한다고 했다.

톨스토이에 의하면 교육은 정신적인 의의를 갖는 것이었다. 교육의 이상은 단순히 많이 아는 데 있는 것이 아니고, 안 지식을 올바른 방법으로 활용하는 데 있었다. 그는 당시 말하기를 "올바른 현문과 과학적 지식으로 무장된 자유로운 인격만이 인생을 개변할 수 있다"고 했다. 개인 존엄성은 그 완전함이 보장되어야 한다. 청소년들은 사상적으로 세뇌되어서는 안 된다. 그들은 절대로 국가의 도구가 되어서는 안 된다. 새로운 사상이 올라오는 것을 검열하거나 억압하는 것은 그 자신 중대한 범죄행위다. 톨스토이에게는 자유가 최고의 선이었다.

학자들은 마땅히 사회에 대한 책임감을 굳건히 지녀야 한다고 톨스토이는 주장했다. 그에 의하면 학자들은 지식의 모델이 되지 말고 계명의 모델이 되어야 한다고 했다. 도의와 지혜의 성숙은 개인의 열성 있는 성찰에 의해서만 도달된다고 했다. 학자들이 열성 있는 성찰 속에 있기만 하면 예사로운 사람들의 소박한 생활로부터 얼마나 많은 것을 배우랴. 예사로운 사람들의 행적으로부터 얼마나 많은 이(利)를 얻으랴.

톨스토이는 교사의 인간성을 중시했다. 교사는 한 사람의 전문가가 되는 것보다 자기직업에 대한 사명감을 가짐이 한층 더 중요하다. 교사는 생활의 모든 장면에 관심을 가져야 한다. 교사는 기술적인 과학문제에 대한 관심 이상으로 인간자신의 문제에 관심을 가져야 할 것이다.

톨스토이가 생각한 학교의 형태는 성적 매기는 일을 그만두고 계급적인 차별의식을 지양하는 학교였다. 이 같은 학교는 교사중심이 아니라 아동중심이 되어야 했다. 학생들은 경험을 통하여 배워야 하고, 교실은 말하자면 연구실이나 작업장이 되어야 했다. 학생들은 친절과 공감의 정신에 의하여 그들의 모든 활동분야에 걸쳐 향도되어야 했다.

그는 교사의 인격의 중요성을 강조했다. 만일 교사가 학생들에 대하여 냉담하거나 적의적일 때에는 도리어 반대의 영향을 끼칠 수밖에 없다. 이와 반대로 교사가 그 자신의 교직을 진실로 사랑하고 학생들의 인격을 존중한다고 하면, 또한 교사가 교육을 하나의 계속적인 과정으로 생각한다고 하면 그의 문명의 빛나는 기둥이 될 것이다.

지식은 몇 사람에게 국한되어서는 안 된다. 톨스토이는 생각하기를 모든 사람은 한가지로 진리를 대망하고 보다 높은 생활을 원한다고 했다. 이리하여 그는 성인교육이 존중되어야 한다고 했고 문화는 마땅히 만인에게 골고루 보급되어야 한다고 했다.

톨스토이는 잠언과 경구들을 통하여 가르쳤다. "너 자신에게 정직하고 어린이들에게 정직하라"가 그의 교육철학의 기초였다. 그는 생각하기를 사람은 자기음미를 통해서만 진보할 수 있다고 했다.

톨스토이에게는 종교, 교육, 철학 그리고 과학이 모두 동일한 결과를 지향하는 것이라고 했다. 이것들은 모두 인류에 대한 기(己)의 책임을 성실히 이행할 수 있는 참된 개인을 만드는 일에 집중되어야 한다고 했다. 그는 가치의 전도가 일어나, 그 결과교육이 형성적인 훈련 대신 가슴에 따뜻함과 줄기찬 자발성을 불러일으켜야 한다고 주장했다.

교육은 톨스토이에게는 동일화의 원리였다. 그에 의하면 학생은 자기 스스로 남에게 빚을 진 자로 생각해야 하고 사람들이 곤궁과 곤고 속에 빠졌을 때 그들을 돕는 것을 자기의 마땅한 책무로 생각하지 않으면 안 된다. 이렇게 하여 교육은 톨스토이에게 있어서는 참된 보편화의 기능을 가지는 것이었다.

3. 간디(Mahatma Gandhi, 1869~1948)

간디는 여러 가지 면에서 인도사상의 심원함을 대표한다. 그의 인격은 동서양을 통해서 길이 존경을 받았다. 그는 자기의 이상을 몸소 실천했고, 일생을 통하여 그의 신앙에서 잠시도 떠난 적이 없었다. 로망 로랑은 간디를 예수와 비교했는데 이들 양자 사이에는 아닌 게 아니라 많은 평행됨이 있었다. 예수와 한가지로 간디는 신에 대한 사랑과 이웃에 대한 사랑을 믿었다.

간디는 생각하기를 인간의 심정의 사태야말로 가장 소중하다고 했다. 그는 또한 인간이 구원되는 데에는 까다로운 신학적인 논의는 그렇게 필요치 않다고 했다. 예수와 한가지로 간디는 모든 종족과 민족을 한결같이 존중했다. 그는 일토일목(一土一木) 위에도 그 섭리가 미치는 보편적인 신을 믿었고 예수와 한가지로 격언과 실제의 모범에 의하여 제자들을 가르쳤다. 1922년 간디는 감옥에 감금되었는데 이 고독한 수감 중에 있으면서도 그의 혼은 조상(阻傷)되지 않았다. 그는 감옥 안에서도 서방의 작가들, 특히 소로(Thoreau), 에머슨(Emerson), 러스킨(Ruskin)과 톨스토이를 읽었다. 그는 생각하기를 인간의 정신이 그 육체보다 훨씬 중요하다고 했고 종교와 교육은 다 같이 인간의 기본적인 정신성을 일깨우는 데 작용되는 것이라고 했다.

간디는 과학적인 교육에는 별로 신뢰를 두지 않았다. 그의 생각에는 과학은 참된 행복을 가져오는 여러 가지 좋지 못한 결과를 보았는데, 특히 인간의 두뇌가 고안한 파괴수단과 대량살해가 가장 좋지 못한 것이었다. 또한 과학은 인간에게 의심만을 가져온다고 그는 생각했다. 그에 의하면 굳건한 신앙이야말로 중요한 것으로서, 이것이 바로 교육의 중심과제가 되어야 한다고 했다.

톨스토이와 같이 간디는 서구 물질주의를 배격했다. 사람들이 각각 물질적인 향락에만 따라가고 심령의 요구를 게을리할 때 인류의 참된 진보는 거기에 오지 못한다. 간디는 생각하기를 성자는 죄인들의 불완전함을 같이 나누어야 하고 그 때문에 성자의 할 일은 끝나는 법이 없다고 했다. 이 사회 속에 전쟁과 질병과 빈궁이 퍼져 나가는 한 성자는 자기의 사명을 끝마친 것이 못 된다. 성자는 정신적인 교사로서 그의 월계관에 도취될 것이 아니고, 자기의 할 일이 재교육에 있음을 알아야 한다.

간디는 도덕에 있어서 선한 동기가 소중하다고 했다. 그는 어디까지나 마키아벨리즘(Machiavellism)에 반대했는데, 이것은 목적이 수단을 정당화할 것이 아니라고 생각했기 때문이다. 예를 들면 인도의 카스트제도가 빈궁과 억압을 만들어 놓았는데, 그렇다고 해서 폭력이나 유혈의 혁명에 의하여 이것을 뒤집어엎는 것이 정당한 일이 못 된다. 간디에 의하면 이 같은 폭력에 의한 승리는 종당 실패로 돌아가기 때문이다. 유혈정책이 한번 채택되기만 하면 이것이 다시없는 술책이 되는데, 이것이 승리의 모든 열매를 끊어 떨어뜨리는 가위가 된다.

불타와 마찬가지로 간디는 모든 생명이 모두 신성한 것임을 느꼈다. 사람의 생명만이 아니고 동물의 생명에 이르러서도 그 신성됨은 마찬가지다. 그는 서구 사람들의 동물의 생명에 대한 불감증을 공격했다. 이 공격은 바로 열강의 제국주의정책에 대한 공격도 되는 것이다.

교육에 관해서 간디는 단순한 이론인이 아니고 실천을 존중한 실행의 교사였다. 지식과 행동은 하나가 되지 않으면 안 된다. 듀이와 같이 간디는 우리들이 행함을 통하여 배워야 한다고 했고, 책으로 얻은 지식은 실제의 경험보다는 훨씬 경(輕)한 것이라고 했다. 문자를 통하여 배우는 것보다는 기술을 통하여 배우는 것이 한층 더 확실하다. 청소년들의 성의 순결을 포함하는 자제와 단련이 참된 지혜에 나아가는 첩경이 될 것이다.

그는 보다 개선된 도서관과 많은 연구실과 특히 인도를 위한 연구
기관들이 필요하다고 했다. 이 같은 기관들은 최소한의 조건을 붙여
모든 사람들에게 개방되어야 할 것이다. 그러면서도 그가 가장 소중
히 생각한 촌민들의 교육에 있어서는 철저한 자족과 생산기술이 필
요하다고 했다. 그는 예술과 음악을 소중히 여겼다. 그에게는 이것들
이 본질적인 정신활동으로 생각되었기 때문이다.

　　간디는 교육에 있어서 전통주의자도 아니었고 진보주의자도 아니
었다. 우리들은 과거로부터 가치 있는 문화유산들을 배울 수가 있다.
그러나 거기에만 이끌려서는 안 된다. 그는 주장하기를 진정한 교사
에게는 민족주의를 넘어서는 시야가 필요하고 아울러 영항(永恒)의
상(相) 아래서 인생을 바라보는 눈동자가 필요하다.

　　교육은 간디에 의하면 역사의 진전을 가로막을 수도 있고 전진시
킬 수도 있다. 만일 교육이 우리들의 분석적인 힘만을 가꾼다고 하면,
그것은 소극적인 결과만을 가져오게 될 것이다. 전문적인 학문만이
필요한 것은 아니다. 중요한 것은 정신적인 태도의 도치로서 여기에
의하여 이념이 생생한 생기를 머금고 우리들의 일상생활을 이끌어
가는 푸른 줄이 되기에 이른다. 소로는 간디의 교육에 대한 생각에
많은 영향을 미친 사람 중에 한 사람이다.

제11장 현대의 교육

　19세기에서 20세기에 이르는 교육의 제도는 사회적, 경제적, 정치적 사정에 직접적으로 영향을 받았다. 이렇듯 혼돈된 분위기에서도 일반민중의 많은 자제가 대대적으로 취학하여 학교교육의 전성시대를 이루었던 것이다. 그러나 당시 학교교육의 내용이나 방법에 있어서는 아직 봉건사회에서 그대로 전승되는 시대착오적인 교육방법으로 학생들에게 강제되어 왔던 것이다. 이와 같은 사정 속에서도 주입적, 권위적 방법을 배격하고 자유로이 사고하고, 자유롭게 창조하며, 자유로 자기의 운명을 개탁하는 인간형성운동이 일어났다. 이 필연적인 역사에의 노역은 20세기에 들어서면서 더욱 활발해지고 규모도 다양성을 띠게 되었다. 이 운동은 경험적인 학습을 존중하고 교사와 학생의 인격적 결합과 예술적 활동을 통하여 정의적 생활의 순화를 목표로 하는 것이었다. 이러한 하나의 세계적인 동향을 당시에는 '신교육운동(New Education Movement)'이라고 불렀다.

1. 신교육운동

신교육운동으로서 세계에 널리 알려진 최초는 프랑스의 데몰랭 (Demoulin)이 1898년에 발표한 「신 교육」(L'education Nouvelle)이란 책 자와 그가 창설한 신학교, 같은 해에 독일의 리츠(Hermann Lietz)가 창 설한 전원학교(Landerziehungsheime)라고 하는 신학교, 그리고 미국의 듀이가 1896년에 창립한 실험학교(Experimental School) 및 그의 저서 「학 교와 사회」(School and Society)의 발간 등을 들 수 있다. 이러한 일련의 교육운동을 더욱 촉진한 또 하나의 여건이 있다. 이것은 엘렌 케이 (Ellen Key) 여사가 철저한 자기교육 사상의 입장에서 저술한 「아동의 세기」(The Century of the Child)인 것이다. 이 책은 현대교육을 성인중 심의 학교, 교사중심의 학교에서 아동중심의 학교, 학생중심의 학교 로 꺾어 돌리는데 지대한 공헌을 가져온 것을 잊어서는 안 될 것이다.

데몰랭이나 리츠의 학교는 전통적인 학교를 새로운 정신 밑에서 혁신하려고 하여 종래 라틴어 중심이고 주입적인 서적중심의 학교를 혁신키 위해 교육과정에서 라틴어를 극히 부분적으로 다루고 그 대 신 자연과학, 기술적 교과, 근대 외국어 등으로 대치하고 이 교과교육 과 병행하여 농경, 원예, 공작 등 생산활동의 교육, 자치활동을 강조 했다. 그렇기 때문에 이 학교에는 부유한 가정의 자제가 아니면 갑자 기 증가된 학자를 계속할 수가 없었다. 물론 그 많은 독일의 전원학 교 속에는 전원고아원도 있고, 또한 극빈자의 자제를 무상으로 수용 하여 교육시킨 학교도 없지는 않으나, 전반적으로 볼 때 이것은 일종 의 부르주아 학교에 지나지 않았다.

여기에 반해서 듀이의 실험학교는 그 출발을 서민층에 두었던 것이다. 이 학교는 철두철미 경험주의의 교육철학에 기초를 두었다. 듀이는 오늘날의 학교는 생활에서 유리되고, 고립되어 있음을 지적하고 생활에 의하여 배우고, 경험에 의하여 학습하는 철저한 생활교육, 경험적인 교육을 주장했던 것이다.

교육에 있어서 이러한 움직임은 20세기에 들어서서 최초 10년간, 신교육적 동향이 도처에서 일어났다. 즉 리츠계통의 학교인 로만(Lohmann)이 창립한 독일 남부 전원학교(Das Süd-Deutsche Landerziehungoheime)와 비네켄(Wyneken)이 창설한 「자유학교 자치단」(Die Freie Schulgemeinde) 등을 비롯하여 이루 헤아릴 수 없을 정도로 꼬리에 꼬리를 물고 퍼져 갔다. 한편 케르센슈타이너(Kerschensteiner)의 작업학교(Arbeitsschule)의 사상은 1908년 그가 페스탈로치 기념강연에서 '작업학교'라는 말을 처음 사용하여 그 후부터 이 '작업학교'라는 말은 신교육운동의 하나의 표어로서 많은 사람들의 공명을 받았다.

그 후 1918년 미국에서는 듀이를 최고 지도자로 하는 '진보주의 교육협회'(The Progressive Education Association)가 결성되어 '아동중심학교'(Child-centered School)의 운동이 대대적으로 전개되었고, 이때부터 프로젝트 메소드(Project Method)의 운동이 킬패트릭(William H. Kilpatrick)을 중심으로 전개되었고, 여기에다 파크허스트(Helen Parkhurst) 여사의 '돌턴 플랜(Dalton Plan)', 워시번(Clarleton W. Washburne)의 '위넷카 플랜(Winnetka Plan)' 등 신교육의 특색 있는 방안이 미국 전반에 그리고 전 세계에 퍼졌던 것이다.

2. 현대교육사조

현대교육사조는 크게 보아 진보주의교육(Progressivism)과 본질주의교육(Essentialism)의 2대 주류를 들 수 있다. 이 두 입장은 서로 상치되는 일면을 가지고 출발한 것만은 사실이다. 그러나 이 두 줄기의 교육사상은 거의 반세기를 지나는 동안 서로 긴밀한 공통점을 찾았다. 이 두 사상은 모두 우리가 지향하는 민주주의의 기초 위에 서 있고, 또 그 교육내용도 과학적이고, 실제적이며 또한 급속히 변화하는 사회에 적응할 수 있는 자아의 완성을 그 목표로 한다. 단지 이들의 차이는 교육에 있어서 그 강조점을 서로 달리할 따름이다.

현대교육사조에서 빼어 놓을 수 없는 또 하나의 입장이 있다. 소위 항존주의(Perenialism)라고 불리는 것이 그것이다. 이 입장은 가치의 절대성, 영원성을 부르짖는 극단적인 면모를 보이는 것으로서 대개 종교적 색채가 농후한 학자들이 주로 이 입장을 견지하고 있다. 여기서 특히 우리들의 주목을 끄는 것은 이 사상이 과연 우리들의 이상이요, 역사의 필연적인 귀착지인 민주주의와 공존할 수 있느냐, 공존할 수 없느냐 하는 우리들의 심각하고도 근본적인 문제가 걸려 있다는 것이다. 그러나 이 사상은 지금 최후결단의 순간으로 밀어닥치고 있다. "그것은 이것을 가지느냐, 그러면 저것을 버려라", "저것을 가지느냐, 그러면 이것을 버려라"는 이율배반적인 입장을 다소 완화하면서, 그들의 이념에 접근할 가능성이 특히 60년대에 들어서면서 짙어가고 있었다.

이 이외에 허다한 교육사조의 경향이 있으나, 이 중에서 두드러지게 드러나고 있는 것은 재건주의(Reconstructionism) 교육사조인 것이다. 이 재건주의 교육은 진보주의교육이나, 본질주의교육이나, 항존주의교육에서 볼 수 없는 다채로운 내용을 포괄하고 있다. 이 입장은 현재에는 이렇다 할 막대한 영향력을 갖고 있지 않으나, 1957년 소비에트연방의 인공위성의 궤도진입 이후, 미국의 교육이 근본적으로 재검토되는 기회를 계기로 앞으로 지대한 영향력을 가질 것이 아닌가 생각된다. 그러면 현대교육사조를 이해하기 위하여, 진보주의 교육, 본질주의 교육, 항존주의 교육, 그리고 재건주의 교육의 순서로 서술하고자 한다.

1) 진보주의 교육

20세기 초엽에 들어서면서 미국에서는 전통적 교육(Traditional Education)에 반대하는 일련의 교육운동이 일어났다. 즉 서적중심학교(Book-centered School)에서 아동중심학교(Child-centered School)로 옮겨져야 하는 교육사의 진통이 있었다. 이것이 다름 아닌 진보주의 교육인 것이다. 그러나 이 진보주의 교육사상은 미국 본래의 것은 아니다. 이미 플라톤의 국가편에서, 문예부흥기의 인문주의에서, 코메니우스의 실학주의에서, 루소의 자연주의에서, 페스탈로치의 노작교육에서, 오늘날 진보주의 교육운동의 태동이 엿보였던 것이다.

1918년 진보주의교육협회(The Progressive Education Association)가 듀이·킬패트릭을 중심으로 조직되었다. 특히 킬패트릭은 컬럼비아대학교 사범대학에 교수로 있으면서 '진보주의교육협회'와 '듀이 협회'(John Dewey Society)의 중심인물로 활동했다. 그는 1929년에 진보주의교육운동의 기관지로 「민주주의전선」(Frontiers of Democracy)을 발간

했다. 이렇듯 교육의 눈부신 혁신은 1930년대에 들어서면서 전 세계의 맹렬한 세력으로 퍼져 갔던 것이다. 이것은 물론 듀이와 킬패트릭의 이론, 그 논리의 정연함과 참신함에 그 이유도 있겠으나, 당시 지나친 전통적인 교육에 따르는 교사 자신의 염증에도 그 이유가 있다고 할 것이다. 이들은 너무도 협소한 교과과정과 생활과 멀리 격리된 이론에 지칠 대로 지쳤던 것이어서 이 진보주의교육이야말로 산 생활의 기름이요, 복음이었다.

진보주의교육협회에서 내세운 강령은 다음과 같다.

① 모든 아동에게 스스로 발달할 수 있는 자유를 부여할 것.
② 아동의 흥미를 모든 학습활동의 동기가 되게 할 것.
③ 교사는 아동에게 엄한 감독자가 되지 말고 부드러운 교도자가 될 것.
④ 아동의 발달은 학업성적뿐만이 아니고, 신체적, 지적, 도덕적, 사회적 발달 또는 전인적 발달에 둘 것.
⑤ 교육의 제일목표를 건강증진에 둘 것.
⑥ 학교는 가정과 긴밀한 연락 밑에 아동의 생활에 만족을 줄 수 있도록 노력할 것.
⑦ 진보적 학교는 과학적인 연구를 통하여 새 교육운동의 지향에 힘쓸 것.

이러한 진보주의 교육은 1940년대에 들어서면서 극도의 위기에 당면하게 되었다. 목전에 제2차 세계대전을 두고 각국마다 전시태세로 들어갈 때, 이 진보주의 교육은 이와 같이 비상한 전시교육체제와 맞

지 않는 약점 때문에 그 세력이 감퇴되지 않을 수 없었다. 드디어 1944
년에 진보주의교육협회는 그의 명칭을 '미국교육동지회'(American
Education Fellowship)로 개칭하고 1955년에는 영국 런던에 본부를 두고
있는 '새 교육동지회'(New Education Fellowship)로 편입되어 국제적 조
직으로서 현대교육에 크게 이바지하고 있다.

2) 본질주의 교육

본질주의 교육도 멀리 소급하면 플라톤과 데모크리토스에서 그 원
류를 찾을 수 있을 정도로 그렇게 새로운 경향은 아니다. 미국에서
맹위를 떨쳤던 진보주의 교육에 대한 사회적 비판이 예리하게 집중
되자 "하나의 사상은 하나의 세대와 더불어 물러가야 한다"는 말이
사회에 유포되기 시작했다.

이리하여 1938년, 전 컬럼비아대학 교수 배글리(William Chandler Bagley,
1874~1946)를 중심으로 '본질주의교육협회'(The Essentialist Committee for
the Advancement of American Education)가 조직되었다. 이 사상은 당시
민주주의 국가가 전체주의 국가의 침해를 막아내는 다시 말하면 민
주국가의 수호로서 크게 이 사상이 팽창되었다. 배글리는 본질주의
교육의 철학을 다음과 같이 요약했다.

진보주의 교육에서는 아동의 흥미를 존중하고 이 흥미를 기초로
하여 학습에로 나아가게 한다. 그러나 본질주의 교육에서는 아동의
흥미보다 꾸준한 노력과 심오한 탐구의 노정을 통하여 스스로 흥미
가 이끌어져야 되는 것이다.

진보주의 교육에서는 어디까지나 학습자가 주체이고, 교사는 이

학습자를 도와야 된다는 것이다. 그러나 미성숙한 아동을 자유로 방임하는 경향보다는 오히려 보다 먼저 성숙된 교사가 주체가 되어 피교육자를 올바로 이끌어 인간 본연의 성향을 발현시켜야 되는 것이다.

진보주의교육에서는 지금 이루어지고 있는 개인의 경험을 존중한다. 그러나 본질주의 교육에서는 역사, 문화, 전통을 존중하여 개인의 경험을 그 사회와 문화유산에서 찾아 자기향상을 도모하자는 것이다.

이렇게 생각하여 볼 때, 진보주의 교육과 본질주의 교육과는 극과 극에서 서로 마주 선 교육사상으로 생각될지 모른다. 또한 미국에 있어서 20세기 전반의 사회적, 역사적, 정치적 제약은 이 두 주류의 교육사상을 애당초 대결로 출발시켰던 것인지도 모른다. 그렇기 때문에 요즈음 우리나라에서는 이 진보주의 교육을 하나의 유행사조로 보는 경향이 있고, 또한 이 진보주의 교육을 전통적인 교육과 동일시하는 태도를 볼 수 있다. 그러나 이러한 견해는 너무도 근시안적인 해석이다. 진보주의 교육과 본질주의 교육은 한가지로 민주주의를 지향하는 교육이념인 것이다. 하나는 개인에서 출발하여 사회로 나오는 것이고, 다른 하나는 사회에서 출발하여 개인에로 향하는 것이다. 모든 사상이다. 그러하지만, 진보주의 교육과 본질주의 교육을 너무 고정적으로 파악하는 웅도를 가진다면 우리들은 또다시 베이컨의 우상(Idola) 속에 파묻히는 결과가 될 것이다.

교육의 방향은 계속적으로 새로 해석되고 정의되는 민주주의 문화의 가장 우세한 이상에 의하여 결정된다. 민주주의는 그 의도와 행동이 개인주의적인 개인의 연합에 불과한 것이 아니다. 민주주의는 협동적 방법을 지혜롭게 사용하여 훌륭한 개성을 점진적으로 만드는 것이다. 훌륭한 지성은 혼자서 계발되는 것이 아니다. 그것은 개인,

개인이 같은 목적을 달성하기 위하여 서로 연합함으로써 가지게 되는 것이다.[1]

3) 항존주의 교육

항존주의(Perennialism)의 교육철학은 하나의 종교에 그 기반을 두고 있다. 즉 진리의 절대성, 불변성을 믿고 있기 때문에 변화하는 것이고 일시적인 것을 다루는 것은 쓸데없는 일이라고 생각한다. 이 사상의 연원을 플라톤, 아리스토텔레스, 아퀴나스다. 최근에는 허친스(Robert M. Hutchins), 애들러(Mortimer J. Adler), 마리텡(Jacques Maritain), 커닝햄(Willam F, Cunningham) 등에 의하여 인도되고 있다. 이들은 한결같이 현대의 위기를 주창하고 이 위기는 인간 자신의 신념을 상실한 데서 오는 것이라고 한다. 이들은 현대의 거대한 문명 앞에 인간이 자꾸 기계화되어 마침내 인간 본연의 자세마저 침범당하고 있다고 생각한다. 그렇기 때문에 항존주의자(Perennialist)들은 물질주의, 과학숭배사상, 현재주의, 기계주의에 정면으로 대결한다. 뚜렷한 목표, 강력한 정신력, 비타협성, 정확한 자기확신, 절대에로의 접근 등의 경향을 보이고 있다. 이들이 지향하는 인간성은 보편적 인간(Universal Men, 신을 닮은 인간)이다. 마리텡은 항존주의 교육의 성격을 다음과 같이 설명했다.

① 피교육자의 정신생활 속에 제1동인(動因)을 성장케 하는 기본적

---

1) Wilds. *Foundations of Modern Education*. p.602.

인 성향을 육성하는 일이다. 그리고 교사의 임무는 무엇보다도 피교육자의 좋은 정력을 해방하는 일이다.

② 인품(personality)의 내적 심연과 의식을 넘어서는 정신적 역동성에 주의를 집중하는 일이다. 즉 인간의 내적 본질과 교육적 영향의 내적 심화를 강조해야 할 것이다.

③ 교육의 모든 과업이 확대보다는 통일에 강조해야 한다. 즉 교육은 사람의 내적 통일을 심화하는 것이어야 한다.

④ 교육은 지성을 억압하기보다 이를 해방하는 것이어야 한다. 즉 학습내용에 구애됨이 없이 이성의 완벽을 기하여 정신의 자유를 가져오지 않으면 안 된다.[2]

4) 재건주의 교육

재건주의(Reconstructionism)는 브라멜드(Theodore Brameld)를 중심으로 최근에 미국에서 체계화되어 가고 있는 교육철학이다. 재건주의는 현실적인 변화(radical change)와 창건(innovation)을 전제로 하고 진보주의, 본질주의, 항존주의의 좋은 점을 통합, 종합하려는 입장이다. 그렇기 때문에 브라멜드는 교육을 문화와 직결되는 것으로 파악하고 교육철학의 문화인류학적 접근(anthropological approach)을 하고 있다.

재건주의 교육은 첫째는 행동과학을 그 이론적 토대로 한다. 광범한 사회과학과 일반의 기초 밑에서 인간의 행동규범을 터득할 때에만 바른 교육을 실시할 수 있다는 것이다. 둘째는 논리적 분석이다.

---

2) Maritain, *Education at the Crossroads.*

비단 교육학도뿐만이 아니라 일반적으로 우리들은 언어의 부투명한 세계에서 살고 있다. 우리가 문제를 올바로 파악하기 위하여 정확한 언어의 사용을 토대로 해야 한다. 셋째는 실존주의(existentialism)이다. 인간은 영원과 부닥치는 속에서 자아의 참모습을 볼 수 있다. 촛불을 켜 놓고 밤을 새울 때, 겨울에 해안선을 거닐 때, 고독한 산보를 할 때, 우리에게는 영감(Insight)이 주어진다. 독창성이 없는 인간은 죽은 사람이다. 창조성은 언제나 영원에로 향하는 가슴속에 깃드는 것이다. 넷째는 사회적 자아실현의 원리다. 이것은 민주주의의 원리라고도 할 수 있다. 민주주의는 개개인의 자아실현(Self-Realization)의 능력만큼 자라는 것이다. 그렇기 때문에 의무교육의 정상화는 민주주의로 가는 길이다. 자기를 사회로 향해서 키워 나가는 일이 가장 존귀한 것이다. 사회적 자기실현의 원리는 협동의 원리로 나아가는 것이다.

나중으로 재건주의 교육은 진화의식에 토대를 두고 있다. 세상에 많은 동물 중에서 오직 진화를 조성할 수 있는 동물은 인간일 따름이다. 자나 깨나 앉으나 서나, 우리에게 가장 소중한 일은 지난날보다 자기가 자라는 것이다. "나는 지금 자라고 있다." "나에게도 혼의 성장이 있다." 이러한 소명의식에서 살 때에만 인간을 부단히 형성할 수 있는 것이다. 사람은 높은 원진화의식(願進化意識)을 갖고 있다. 이 진화의식은 밤이 주는 가슴에서 자라는지도 모른다.

교육이란 무엇인가? 우리가 사는 가정, 우리가 호흡하는 대기, 우리가 선 땅을 더욱 풍요하고 기름지게 가꾸는 일이다.

3. 듀이(John Dewey, 1859~1952)

〈듀이〉

　듀이는 1859년 10월 2일, 버몬트(Vermont)주 벌링턴(Burlington)에서　태어났다.　경제적으로 부유치 못하여 신문배달, 목재소사무원, 농장의 집단원 등으로 전전했다. 그가 15세에 고등학교를 졸업하고 버몬트대학에 입학하여 진화론, 실증주의의 영향을 받았다. 졸업 후 2년간 교직생활을 거쳐 1882년 존스홉킨스대학의 대학원에 입학하여 철학을 연구하고, 그 후 미시건대학의 강사, 미네소타대학의 조교수, 미시건대학의 교수를 거쳐, 1894년 시카고대학의 철학심리학, 교육학의 주임교수가 되었다. 시카고시대의 듀이의 업적은 실험학교(Experimental School)의 개설에 의한 새로운 교육적 실험을 한 것으로서, 그 결과「학교와 사회」(School and Society)로서 발표되어 당시 교육계에 커다란 영향을 주었다. 1905년 컬럼비아대학의 철학교수가 되었고, 프래그머티즘(Pragmatism)의 이론을 집대성했다. 1916년에는 주저「민주주의와 교육」(Democracy and Education)을 발표하여 미국교육의 이론적 기초를 세웠다 · 1919년에서 1921년까지는 중국, 1914년에는 터키, 1929년에는 멕시코, 1928년에는 소비에트연방을 방문했다. 이들 제국에서 일어나고 있는 사회개조의 움직임에 듀이는 마음속 깊이 인상을 받았다. 그는 교육과 사회개조의 관련성을 설명하는 데는 이러한 경험에 도움을 보았는데, 1929년 미국을 내습한 대공황에 의하여 강하게 영향받았다. 듀이는 시카고시대의 교육과 사회의 문제를 다시 미국사회의 현상과 비교하여 검토

하고, 교육은 사회의 변혁을 가져오는 것으로서 하나의 중요한 역할을 지니는 것이라고 생각했다. 듀이는 고령에도 불구하고 많은 저서를 내었고, 진보주의교육협회의 명예총재, 기타 여러 단체에 명예회원으로 지내다가, 1953년 94세로서 그의 긴 생애를 마쳤던 것이다.

듀이는 「민주주의와 교육」(Democracy and Education)이란 저서에서 교육의 성격을 다음의 네 가지로 규정했다. 첫째는 생활의 필요로서의 교육(education as a necessity), 둘째는 사회적 기능으로서의 교육(education as a social function), 셋째는 방향으로서의 교육(education as direction), 넷째는 성장으로서의 교육(education as growth), 이렇게 넷으로 구분했다. 첫째로 사람이 산다는 것은 끊임없는 환경에 대한 작용으로서 자기 자신을 다듬는 과정으로 보았다. 그러나 이렇게 부단한 과정은 그 개체의 발생에 의하여 다음 세대로 전승되어 이 작용이 영구히 계속되는 것으로 보았다. 그렇기 때문에 듀이는 넓은 의미에서 교육을 생각하여 생을 사회적으로 지속시키는 수단이라고 했던 것이다. 개체가 그 개체로 끝나는 것이지마는 그 개체의 내용이 다음 세대로 이어진다는 사실이 교육의 필요성을 요구하게 되는 것이다. 이와 같이 듀이는 교육을 사회의 저류 및 추진력으로 보았기 때문에 단순히 교육을 학교교육보다는 훨씬 넓은 사회 속에서 이끌어 냈던 것이다. 그는 인간의 지식, 신앙, 희망 등을 상호 공유하기 위하여 교류(communication)의 개념을 중시했다. 교류, 전달은 교육의 과정이면서 동시에 현실생활이 교육의 기초가 된다. 둘째로 사회적 기능으로서의 교육에는 우리들의 사회가 연속적인 자기혁신에서만 존속되고, 미성숙자가 교육적 성숙에 의하여 도야되는 점을 고찰한 것이다. 이런 의미에서 교육은 키우는 일이고, 교화하는 일이다. 여기서 듀이는 성장이 조건을 조심스럽게 다루고 있다. 개체는 부단히 환경과 유기적으로 작용하고 변화되어 그 개체에게 바람직한 행동형이 이루어지고 있을 때 바른 의미에서 환경이라고 부를 수 있다. 이리하여 개체와 또 다른 개체가 더불어 활동하고 작용할 때 그는 이것을 사회적 환경이라고 부른다. 우리들은 이러한 사회적 환경 속에서 육성되고 있는 것이다. 그렇기 때문에 교육이란 미성숙자가 바람직한 환경에서 생활하는 것이고, 이 속에서 자연히 성장하는 간접적인 뜻을 내포하고 있다. 이런 의미에서 듀이는 미성숙자에게 통정된 환경, 단순화한 환경 균형이 잡힌 환경순화된 환경을 부여할 수 있는 성숙자의 교양과 태도를 강조하였다. 셋째로 방향으로서의 교육은 한 개체의 자율적인 성장에의 충동을 가르치는 것이다. 말을 강가로 끌고 갈 수는 있지마는 물을 마시게 할 수는 없다. 이와 마찬가지로 아무리 순화된 환경을 정리하여 한 개체를 에워싸게 할지라도, 그 개체 속에서 성장에의 충동이 없을 때, 다시 말하면 자율적인 방향의식이 고갈되었을 때, 우리가 바라는 행동형의 변화는 바랄 수 없을 것이다. 듀이는 학교교육이 교설과 필기에 의존하는 경향보다는 활동적이고 구성적인 과정으로 이끌어져야 한다고 주장했다. 나중에 듀이는 성장으로서의 교육을 들고 있다. 사회는 미성숙자의 활동을 지도하는 것에 따라서 우리의 미래가 결정된다. 미성숙자란 어디까지나 가능성을 지닌 존재다. 미성숙자는 적극적인 힘을 가지고 있다. 이 능력은 의뢰성과 가능성으로써 드러난다. 의뢰성은 인간의 성장을 가능하게 하는 근본적인 힘이고 또한 가망성은 경험에서 학습하는 능력이다. 또한 가망성은 습성을 형성하는 에너지고 일정한 심적 경향을 발전시키는 것이다. 개체와 환경은 서로 적응하는 교호작용 속에서 성장하는 것이다.

듀이의 교육철학은 프레지어와 아멘트라우트(Frazier and Armentrout)에 의하면 다음과 같이 요약할 수 있다.

1) 교육은 생활이다(Education is life) – 교육은 생활을 준비하는 것이 아니라 생활 그 자체인 것이다. 사람이 사는 곳은 어디나 다 교장이 될 수 있다. 교육은 학교 안에서만 이루어지는 것이 아니라, 사람이 나서 이 세상을 떠날 때까지 줄곧 교육은 계속되는 것이다.

2) 교육은 계속적인 경험의 재구성이다(Education is a continuous reconstitution of experience) – 우리들의 하루하루의 생활은 지난 경험에 기초를 두고 있다. 그러나 새로운 경험이 날로 부가될수록 이미 경험된 그 내용은 항시 재구성되어야 한다. 성장이란 강력한 수용성을 말하는 것이다.

3) 교육은 사회적 과정이다(Education is a social process) – 교육은 민주주의를 목표로 해야 한다. 교육이 바로 성장과 생활이 될 수 있다면 그것은 사회집단의 생활이 되어야 한다. 그렇기 때문에 학교는 민주사회가 되어야 하고, 그 속에서 아동들은 자연스럽고 민주적인 생활을 영위하고 또한 훌륭한 시민도를 갖추어야 성년으로 성장한다.

4) 교육은 성장이다(Education is growth) – 한 아동이 현재의 생활에서 명일의 생활에로 성장될 때, 위대한 교육의 과정이 이루어지는 것이다. 성장이 계속되고 있는 한 교육은 계속되고 있는 것이다. 가정과 학교에서 출발하여 생활을 통하여 계속되는 성장이 현대교육의 목표인 것이다.

듀이는 그의 교육사상을 '나의 교육신조'(My Pedagogic Creed)로 요약했다. 제1조, 교육이란 무엇인가(What is education)를 간추려 보기로 한다.

나는 이렇게 믿는다.
- 모든 교육은 개인이 그가 속하는 종족에 대한 사회적 의식에 참여함에 의하여 행하여진다.

(I believe that
- all education proceeds by the participation of the individual in the social consciousness of the race.)

- 오직 참된 교육은 아동이 자기 자신을 찾아내는 사회적 사정의 요구에 의하여, 그 능력이 자극될 때 비로소 이루어진다.

- (The only true education comes through the stimulation of the child's powers by the demands of the social situations in which he finds himself.)

- 이 교육과정은 두 가지 면—하나는 심리학적이요, 또 하나는 사회학적이다—을 가지고 있는데, 어느 하나를 다른 한쪽에 종속시키거나 또한 등한시할 때에는 반드시 좋지 못한 결과를 가져온다. 이 두 면 가운데서 심리학적인 면이 기초가 된다. 아동 자신의 본능과 능력이 교재가 되고 모든 출발점이 된다.

- (This educational process has two sides-one psychological and one sociological-and that neither be subordinated to the other, or neglected, without evil results following, of these two sides, the psychological is the basis. The child's own instincts and power furnish the material and give the starting-point for all education.)

- 아동의 힘을 올바로 이해하기 위해서는 사회사정과 현대문명 상태에 대한 지식이 필요하다. 아동은 그 자신의 독특한 본능과 경향을 가지고 있는데 우리는 이것을 사회적인 것으로 보아 그와 대등한 것으로 옮길 수 있을 때 비로소 이것들이 무엇을 의미하는가를 알 수 있다.

- (Knowledge of social conditions, of the present state of civilization, is necessary in order properly to interpret the child's powers. The child has his own instincts and tendencies, but we do not know what these mean until we can translate them into their social equivalents.)

- 요컨대 교육받을 개인이 사회적 개인이며 사회는 개인의 유기적 결합이라고 나는 믿는다. 우리가 아동으로부터 사회적 요소를 제거한다면 거기에는 오직 하나의 추상물만이 남는다. 우리가 사회로부터 개인적인 개성요소를 제거한다면, 거기에는 타성적인 생명 없는 집단만이 남는다. 그렇게 때문에 교육은 아동의 능력, 흥미 및 습관의 심리학적 통찰로부터 시작해야 된다.[4]

- (In sum, I believe that the individual who is to be educated is a social individual, and that society is an organic union of individuals. If we eliminate the social factor from the child we are left only with an abstraction; if we eliminate the individual factor from society, we are left only with an inert and lifeless mass. Education, therefore, must begin with a psychological insight into the child's capacities, interests, and habits.)

---

4) Dewey, *My pedagogic creed.*

4. 러셀(Bertrand Arthur William Russell, 1872~1970)

1) 교육에로의 전향

러셀(Bertrand Arthur William Russell)은 수학자와 논리학자요, 철학자다. 그는 제1차 세계대전의 발발을 계기로 학문적인 관심을 수학, 논리학의 분야에서 정치, 사회, 교육의 분야로 옮겼던 것이다. 다시 말하면 수리적, 논리적 문제로 전향했던 것이다.

1896년 그의 처녀작이 수학이나 논리학이나 철학에 관한 문제가 아니고 '독일사회민주주의(German Social Democracy)'였고, 1903년 당시 사회에 큰 파문을 던진 논문의 제목이 「자유인의 신앙」(A Free man's Worship)이란 점에서 정치적, 사회적, 교육적인 관심을 보이고 있었다.

그러나 그에게는 제1차 세계대전의 충격이 그로 하여금 정치, 경제, 사회도덕, 결혼 및 교육의 제 문제를 고찰하고 연구하는 전기가 되었다고 보아야 옳을 것이다. 다시 말하면 1914년을 분기점으로 해서 여태껏 제일의적인 관심이었던 수학, 논리학, 철학적 연구에서 정치적, 사회적, 교육적 관심으로 제일의적 연구가 바뀌었던 것이다.

러셀은 1914년 4월 영국이 선전포고를 발표하던 날, 런던의 저자를 거닐면서 전쟁을 구가하며 환희에 찬 군중을 대할 때 그는 표정 속에서 인간과 인류의 비극을 뚜렷이 읽었던 것이다.

전쟁은 확실히 자유의 최악의 적이다.[5] 인간의 생명과 재산이 산

---

5) B. Russell, Principles of Social Reconstruction, p.54.

산이 부서질 이 무서운 파괴 앞에서 이토록 전쟁을 구가하는 군중심리에 그는 최대의 관심을 모았던 것이다.

그는 마침내 다음과 같은 결론에 도달했다.

전쟁의 원인은 첫째로 전쟁을 의도적 의식으로 부채질하는 정치적 원인과 둘째로 인간성 속에 도사리고 있는 전쟁애호의 충동이다.[6]

이 두 가지의 원인 중에서 인간충동의 문제가 전쟁의 궁극적 원인이다.[7] 이렇게 생각할 때 전쟁은 정치적 문제보다도 오히려 교육적 문제라고 생각하는 근거를 그는 포착했던 것이다.

2) Nationalism과 전쟁에 대한 분석

현대과학은 미대륙의 발견이라는 콜럼부스의 신화적 경지를 일반화시켰고 한편 세계일주라는 이방인의 꿈을 누구나 품을 수 있게 보편화시킴으로써 이 세계를 압축해 놓았다.

옛날의 이웃이 그대로 오늘의 이웃일 수는 없다. 옛날에 있었던 전쟁이나 침략으로 만들어졌던 마음의 벽은 지금까지 그대로 인접국가에 대한 오해와 질투로만 드러나고 있다.

지난 동안의 국민교육은 어느 나라를 막론하고 거의 그릇된 애국심과 그릇된 Nationalism에 이바지했다고 해도 별로 틀림없을 것이다. 러셀은 이것을 '가장 타락한 형의 애국심'(the most degenerated form of patriotism)[8]이라고 불렀다.

---

6) *Ibid.*, p.62.

7) *Ibid.*, p.75.

8) B. Russell, *Justice in War Time*, p.78.

그는 원시적인 애국심과 근대적인 Nationalism과를 구별했다. 다시 말하면 소박한 Nationalism과 이데올로기적 Nationalism으로 대별했다.

전자는 지리적인 면에 기반을 두고 있는 것으로서 이 형의 애국심은 '자기 나라에 대한 감정'(a feeling for one's own country)인 것이고 '다른 나라에 대한 적대적인 감정'(a feeling against other country)이 아니다.

> "어디서 흐르는 단소소리
> 청량타 달밝은 밤이요
>
> 솔바람이 선선한 이 밤에
> 달은 외로운 길손같이
> 또 어디로 가려는고
>
> 달아 내 사랑아
> 내 그대와 함께
> 이 한밤을 동행하고 싶구나"[9]

이 시는 한국의 정서, 특히 달밤의 향토적 운치를 드러낸 것이다. 이와 같이 풍토의 냄새를 향유하는 원시적 애국심과 향토애를 가리키는 것이다.

고향을 떠난 사람, 조국을 멀리 떠나 이국의 하늘 아래서 조국을 그리는 사람이 모든 사람들은 꿈에도 못 잊을 작은 통나무집, 착한 아내, 그리고 마음씨 고운 아이들이 마구 뛰어노는 광경 속에서 시간을 메운다. 그는 이것을 아주 귀중한 것으로 생각하며 원시적인 애국심, 소박한 Nationalism이라고 불렀던 것이다.

---

9) 金泰午 詩集 草原에서 「달밤」의 일부.

전자에 반해서 후자는 여기에다 종교적인 요소를 포함한다. 예를 들면 조국숭배, 개인생활의 희생, 집단성의 강조 등이다.

러셀에 의하면 이러한 경향은 특히 외국의 역사와 문학교육이 더욱 좋지 못한 방향으로 촉진한다고 진단하고 있다.

몇 년 전, '국가이해를 위한 교육'이란 주제로 브뤼셀에서 회의가 열린 적이 있다. 이때 모스램교도인 몇 대표들은 이런 말을 해서 주의를 끌었다.

"유럽과 미국의 학교에서 사용되고 있는 역사과학서들은 이슬람교에 대해 동정적이 아니다.

그 교과서는 거짓되고 오해로 이끄는 모습을 묘사하고 있다. 심지어는 이런 어구도 있다. 회교국가를 정복하는 곳에서만 번영한다. 약탈을 즐기고 이주를 동경하여, 가동적 교전에 고도로 능한 호전적 종교적 광신자에 대한 기대만이 매력적이다."[10]

"오랜 옛날 모스램족은 일부 정복에 의해 제국을 건설한 것이 사실이다. 그러나 이들의 성공은 칼의 힘으로써만 이루어진 것이 아니며, 기독교인의 성공이 이보다 더 나을 것이 없다. 확실히 회교의 신념은 항시 다른 사고방식에 대해 지극히 관대하였다는 것은 언급할 만한 가치가 있다."[11]

이 실례에서 보는 바와 같이 러셀은 이러한 경향이 특히 외국의 역사와 문학교육에 두드러지게 나타난다고 보았다. 남의 나라 역사나 문학에 관한 지식을 의식적으로 깎아내리고 자기 나라의 역사나 문

---

10) J. A. Lauwerys, 歷史敎本과 國際理解, p.36.

11) *Ibid.*, pp.33 – 34.

학을 지나치게 숭앙하고 왜곡되게 강조한다는 것이다.

이 결과 근대적 Nationalism이 심리적으로는:

흥분에의 욕망(The desire for excitement)

전쟁에의 욕망(The desire for triumph)

명예에의 욕망(The desire for honor)

권리에의 욕망(The desire for power).[12]

그렇기 때문에 근대적 Nationalism은 한말로 해서 자국민과 타국민 사이의 적대경쟁의 의식이라고 할 수 있다. 그러나 오늘날 그릇된 Nationalism은 올바른 Nationalism에 의해서만 극복될 수 있을 것이다.

자기는 반드시 옳고 남은 반드시 틀렸고 자기는 언제나 선의 편에 섰고 남은 언제나 악의 편에 섰다고 하는 그릇된 애국심, 가장 '타락한 형의 애국심'을 고취하는 전통적 교육을 지양하고 교육의 중핵을 어떻게 하면 '사는 데 값어치 있는 생활(the life good to live)'[13]을 영위할 수 있을까 하는 것을 그 과제로 하는 것이 교육 알파요, 오메가가 되어야 할 것이다.

러셀은 인류사상에 있던 전쟁을 다음과 같이 구분했다.

① 식민지화의 전쟁(Wars of Colonization)

② 주의의 전쟁(Wars of Principle)

③ 자위의 전쟁(Wars of Self-defense)

④ 위신의 정쟁(Wars of Prestige)[14]

---

12) B. Russell, *Justice in war Time*, pp.51 - 52.

13) W. H. Kilpatrick, *Philosophy of Education*, chap. XI. 1951.

①은 한 민족의 문화가 다른 나라 민족의 문화보다 높을 때, 즉 한 나라의 야만성 위에다 높은 문화 문명을 건설하게 될 때에만 정당화 될 수 있다. 즉 미대륙의 정복을 이에 견줄 수 있다.

②는 이념 내지 종교적인 전쟁으로 하나의 이념이나 종교가 다른 하나의 이념과 종교보다 도덕적인 수준이 높을 때에만 정당화될 수 있다. 즉 중세의 종교전쟁을 이에 견줄 수 있다.

③은 정당화될 가능성이 아주 희박하다. 지상에 있었던 침략전쟁 은 그 대개가 자위라는 미명 아래서 행해졌기 때문이다. 올바른 의미 에서 자위의 전쟁은 있을 수도 있겠으나 아주 드물 것 같다. 즉 고대 에서부터 현대에 이르는 많았던 전쟁이 대부분 자위라는 이름 아래 되었던 것이다.

④는 절대로 정당화될 수 없다. 위신을 위한 전쟁은 도저히 용납될 수 없기 때문이다. 즉 제일차 대전의 원인도 깊이 파고 들어가면 위 신을 위한 전쟁의 성격으로 규정한 내용이 허다하다고 생각한다.

러셀은 이러한 제 전쟁의 논리성의 기준을 '전쟁이 인류에게 가져 오는 선의 밸런스'(The balance of good which it is to bring to mankind)[15] 로 생각했다.

3) 해결의 장

러셀은 인류의 미래를 다음의 세 경우로 내다보았다.

---

14) B. Russell, *Justice in war Time*, pp.23-24.

15) *Ibid.*, p.20.

① 아마도 지구상의 모든 생명체가 되겠지만 인류생존의 종말

② 지구상 인구의 대비극적(大悲劇的, Catastrophic) 감소 후에 야만기에로의 역전

③ 전쟁의 모든 주요무기를 독점한 단일정부하에서의 세계통일[16]

이 중에서 어떤 길을 택하느냐는 오로지 현대인 자신에게 달려 있다.

그는 눈앞에 핵무기(Nuclear power)를 마주 보면서 세계정세에 대한 '신선한 진단(Fresh diagnosis)'을 하는 안목과 심각한 위기의식을 현대인에게 요청하고 있다.

Kierkegaard이 생각했던 최대의 과제는, 인간은 생존하지만 인간의 정신이 죽는 것, 즉 '실존적인 사', '절망(Verzweiflung)'을 극복하는 데 있었다.

그러나 오늘날 우리에게 지워진 십자가는 인간 자신이 죽는 '생물학적인 사(死)'를 극복하는 데 있다.

지금 이토록 절박한 현실에서 러셀의 부르짖음에 우리들의 귀가 결코 인장해서는 안 될 것이라고 생각한다.

"합의에 의한 평화냐, 세계 자체가 죽어 없어지는 정멸이냐(Either peace by agreement or peace of universal death)?"[17]

"인간이 전쟁을 폐기하느냐, 전쟁이 인간을 폐기하느냐(Either man will abolish war will abolish man)?"[18]

우리들은 이 양자 중에서 택일해야 한다.

---

16) B. Russell, *Unpopular Essays*, p.34.

17) B. Russell, *Fact & Fiction*, p.209.

18) *Ibid.*, p.274.

세계인권선언에서는 교육의 기능을 다음과 같이 명시했다.

"교육은 인격을 충분히 계발시키고 인권과 기본자유에 대한 존경의 염(念)을 견고히 하도록 지도되어야 한다. 교육은 모든 국가와 종족과 종교단체 사이에 이해와 관용성과 우의돈독히 하여야 하며 평화를 유지하기 위하여 국제연합의 사업을 조장시켜야 한다."[19]

이와 같이 극한의 위기를 돌파하고 이 같은 평화를 이룩하는 데 러셀은 세 가지의 조건을 들고 있다.

① 군사력을 독점하는 세계정부의 수립
② 생활수준의 향상과 균등
③ 인구의 안정[20]

이러한 평화의 조건을 실현하는 제일단계로 그는 동서 양 진영의 정부로 하여금 그들의 목적이 대규모 전쟁에 의해서는 결코 보장되지 못한다는 것을 납득시키는 것이고, 제이단계는 인간의 평화에 대한 「성의」(sincerity)의 문제라고 생각한다.

여기에 대하여 E. H. Carr는 국가와 국민의 '도의(moral)'로 귀결 지었고 K. Jaspers는 정치, 경제, 도덕에다 종교적인 신념을 첨가하고 있다.

그러나 러셀은 Jaspers와 같이 종교적 세계로 도피하지 않고 어디까지나 역사를 움직이는 능력인 인간성과 인간심리를 문제의 초점으로 삼고 있다.

역사를 움직이는 원자를 K. Marx는 경제적인 구조가 선행하는 것

---

19) 세계인권선언문 제26조, 제2항.
20) B. Russell, *Fact & Fiction*, p.235.

으로 보았으나, 러셀은 Elite가 역사를 움직이는 기본적인 단위로 보고 경제적 기술 정치이론과 함께 주요인물을 그 요체로 생각했다.

현대사를 탄식하는 E. Fromm과 러셀은 각각 이런 말을 했다.

"인류는 그 기술과 지성에 있어서는 원자시대(atom Age)에 살고 있으나 그 정서에 있어서는 석기시대(stone Age)에 살고 있다."21)

"인간은 정글을 정복했으나 지금은 그 정글의 법칙에 의해서 지배되는 것을 허락하고 있다."22)

이들은 모두 오늘날 세계적 위기의 근원이 인간 자신의 정서에서 쫓아왔기 때문에 평화의 달성도 그 최대의 적인 인간의 마음속에 깃들어 있는 증오심을 폐기하는 데 있다고 주장한다.

러셀의 말을 빌리면 '심리적인 무장해제'(psychological disarmament)23)에 달렸다는 것이다.

이 무장해제의 대상은 우리 속 깊이 박혀 있는 자존심(Pride), 시기심(suspicion), 불신감정(Fear), 권력애(love of power) 등이다.

유네스코의 목적은 그 헌장 서문에서 아래와 같이 명시했다.

"전쟁이 사람의 마음속에서 시작되는 것과 같이, 평화가 건설적으로 옹호되어야 한다는 것도 사람의 마음속에서 이루어져야 한다."24)

"다른 사람의 생활과 행동양식에 대한 무지가 인류의 역사를 통하여 세계 국민사회의 불신과 오해의 원인이 되었고, 이러한 불신과 오해로 인한 차이는 전쟁을 초래하였다."

---

21) E. Fromm, *May man prevail*, pp.29-30, 1961.

22) B. Russell, *Portraits from memory & other Essays*, p.192.

23) E. Fromm, *May man prevail*, p.16.

24) 林漢永著 敎育學槪論, p.281, 1968.

무서운 전쟁은 끝났지만, 인간의 상호 존경심과 평등과 권위에 대한 민주주의의 원칙이 부정되기 때문에 그 대신 무지와 편견과 인간의 불평등의 원칙을 주장함으로써 하나의 전쟁을 가능하게 한다.

문화의 보급과 정의와 자유와 평화를 위한 인본주의교육이 인간의 존엄성을 유지하는 데 불가결한 것이며, 모든 국민이 상호협조와 관심을 가지고 완수해야 할 의무인 것이다.

평화란 정부 간의 정치적 · 경제적 관계에만 좌우되는 것이 아니라, 인류의 지적, 도덕적 유대를 견고히 하여 그 기초를 세워야 한다. 이리하여 유네스코는 온 세계국민에게 교육받을 평등한 기회를 주장하며, 자유스러운 사상과 지식의 교환을 통하여 세계국민이 상호 이해하고 평화를 촉구하자는 데 그 목적이 있다. 요약하면 세계국민의 교육 · 문화활동을 통하여 인류의 공동권익을 지향하자는 것이다.[25]

4) 평화를 위한 계획

러셀의 평화에 대한 교육계획을 크게 두 단계로 나눌 수 있다.

첫째는 세계정부의 수립을 실현하기 위한 교육이고, 둘째는 그 정부가 수립된 후 이것을 영구화하기 위한 단위국가에 있어서 어떠한 교육이 실시되어야 하는가의 문제다. 첫째 단계는 선민의식을 고취하는 Nationalism의 교육을 지양하는 것과 역사교육 및 문학교육을 개혁하는 것이다. 역사교육에서 적을 대량학살한 인물을 찬양할 것이 아니라 '지식과 미와 지혜라고 하는 세계의 자본'을 증진시킨 인물을

---

25) *Ibid*, p.281.

높이 평가해야 한다는 것이다.

어떠한 나라에서나 그 나라의 역사는 외국인에 의해서 쓰인 교과서로써 학습해야 한다는 것이 그의 주장이다. 그가 역사교과서의 국제적인 관리를 제창하는 이유는 공포를 희망으로 경쟁을 협력으로, 아동의 마음속에서 키우는 일이 가장 긴요한 일이기 때문이다.

그는 인간성 깊이에 매몰되어 있는 무한한 재생력을 꼭 믿었다. 그릇된 Nationalism의 교육이 폐기되고 참된 평화를 위한 교육이 실시되기만 하면 오랫동안 우리들 속에 묻혀 있던 재생역이 마치 비 온 뒤 사막의 잡초마냥 무럭무럭 치솟는 생명의 힘을 바랄 수 있다고 믿었다.

그는 "전쟁에 대한 생각과 에너지가 인간에게서 떠날 때, 일세대 이내에 우리는 전 세계에 있는 모든 심각한 빈곤을 씻어 버릴 수 있을 것이다"고 했다.

그렇기 때문에 역사교육은 영웅과 군사적 정복자를 치켜들 것이 아니라 인간의 '내외의 암흑(darkness within & without)'을 물리치는 데 크게 공헌을 한 인물, 즉 Socrates, Galileo, Newton, Gandhi, Schweitzer 등과 같은 인물을 널리 발굴하고 찬양해야 할 것이다.

다음은 평화를 위한 문학교육의 역할을 들고 있다. 참다운 문학교육자는 문학자나 시인의 생년월일이나 작품명을 기계적으로 암기할 것이 아니라 문학에 내포되어 있는 피가 엉긴 인간이해와 인간에 대한 지혜를 파악하는 일이다. 그러기 위해서는 아동을 실지로 연극의 배역을 맡기어 작품과 등장인물에 대한 바른 이해로 인도해야 한다고 했다. 올바른 문학교육은 인간에 대한 착실한 음미와 인간의 피로 얽히고설켜 짜여 나아가는 인간과 인류의 고된 과정을 알뜰히 밟아 나아가는 데 돕는 것이어야 한다.

둘째 단계인 세계정부수립 이후의 교육계획에 대하여 그는 다음과 같이 설명하고 있다.

세계정부가 수립된 뒤에도 각 단위국가와 그 주권은 인정되고 따라서 정치경제, 종교의 면에 있어서는 제약을 받지 않는다. 그러나 교육의 면에 있어서는 반드시 이 제약을 받아야 한다. 예를 들면 조국의 가치를 과대평가하는 교육, Nationalism의 교육은 어떠한 형태로나 실시되어서는 안 된다.

그는 여기서 한 걸음 더 나아가 빈곤, 영양부족, 질병이 세계 어느 구석에 남아 있는 한 이것도 또한 Nationalism과 마찬가지로 세계평화의 적이 된다고 했다. 이러한 문제를 해결하는 일이 세계정부수립 이후의 교육의 본령이라고 했다.

그런데 지금 우리 주위의 교육은 어떤가? 신이 주신 위대한 선물, 한 애기를 두고 양쪽으로 아빠와 엄마는 자리하고 있다고 하자. 깊은 밤이라고 하자.

러셀은 어느 아빠에게 어느 엄마에게, 우리 자신일지도 모를 사람에게, 아니 내 자신에게 다음과 같이 물음을 던진다.

"공포 없는 자유 속에서 교육된 세대는 우리에게 오늘날 가능한 것보다도 한층 넓고 대담한 희망을 가질 것이다. 사실 우리는 아직도 우리가 의식하는 가운데에서도 우리를 기다리고 있는 가지가지 공포와 싸우지 않으면 안 되는 것이다. 우리들이 아니라, 우리들이 만들어내는 자유스러운 남녀, 최초에는 그 희망 속에 신세계를 예견하고 최후에는 밝은 빛으로 가득 찬 현실 가운데서 이 신세계를 틀림없이 발현할 것이다.

이 길은 명백하다. 그러나 이 길을 걷도록 충분히 우리는 우리의 어린이들을 사랑하고 있는가? 그렇지 않으면 우리들이 전에 고민했던 것처럼, 우리들은 그들을 괴롭히고 있는 것이 아닌가? 우리는 그들을 어렸을 때 비틀어지게 하고, 넘어지게 하며, 무섭게 해서 그들의 지성으로서는 그것을 방지하기에는 너무도 잔인하고 무익한 전체에 의해서 그들을 죽이게 하고 있는 것이 아닐까? 행복과 자유에의 길을 방해하고 있는 것은 수 없는 예부터의 공포다. 그러나 사랑은 공포를 정복할 수 있다. 그리고 만일 우리가 우리의 어린이를 사랑하고만 있다면 우리의 권한 안에 있는 커다란 선물을 우리가 주는 데 있어 그 어떠한 것도 이를 방해하지는 못할 것이다."[26]

5) 음미의 여적(餘滴)

많은 학자들이 러셀의 교육사상을 이상과 현실의 양 측면으로 해석하는 것 같다. 어떻게 보면 그는 이러한 사상적인 경향이 농후한 것 같다.

그러나 항시 이상과 현실을 대입적인 것으로만 파악할 것이 아니라 오히려 상호부조적인 이념으로 생각하는 데서 현대사회의 문제에 대한 해답이 얻어질 것이 아닌가 싶다.

러셀은 확실히 이상주의자다. 그러나 그는 현실을 직시하고 사회에 대한 현대인의 공동삼여를 역설할 때 그는 또한 현실주의자다. 그가 전쟁의 원인을 정치나 경제나 사회에서 찾은 것보다 인간 자신의 심정에서 전쟁애호의 충동을 발굴하고 이것의 폐기를 제의한 것. 또

---

26) B. Russell 著, 俞碩鎭 譯, 「教育論」, p.321.

한 세계평화를 이룩하기 위하여 먼저 curriculum의 혁신, 특히 역사교육, 문학교육에 관한 단원의 재검을 주창한 것, 그리고 전통적인 교육에서 소외되어 왔던 참된 인간성의 방위를 강조한 것. 이 모든 것을 교육적으로는 아주 높이 평가받아야 할 것이다. 그러나 세계정부의 수립문제에 대해서 그 이상에서는 충분히 공감이 가겠으나 그 실제성이 우리들의 입장에서 볼 때 다음과 같은 위험스런 경우를 생각해 볼 수 있을 것 같다.

첫째는 각 단위국가에 있어서 민족의 주체성이 지나치게 강하게 될 때 세계정부의 구심성이 이루어지기 어려울 것 같고,

둘째는 각 단위국가에 있어서 민족의 주체성이 지나치게 약하게 될 때 세계정부는 극도의 일반주의, 평면주의, 보편주의로 흐를 것 같고,

셋째는 지금까지 극도의 핵무기의 공포로 인하여 양극이 형식적이고 물이적인 와해, 중화로서 중립주의노선이 될 가능성이 짙다.

만일 러셀의 말대로 세계정부가 수입되었을 때 지금의 영국을 등에 업은 러셀에게는 이 세 가지의 위험성이 대수롭지 않을지 모르나, 적어도 밖으로 150마일(약 241킬로미터)에 휴전선이 그어졌고 안으로는 가난의 고질이 끈덕지게 계속되는 우리에게는 적어도 대단한 위험과 문제점이 놓여 있다고 보아야 할 것이다.

6) 기대되는 인간상

교육은 "새로운 세계에로 향하는 빗장(the key to the new world)"[27]

---

27) B. Russell, *On Education*, p.66.

이 되어야 한다. 이것은 우리네 교육자들만의 묵계다. 묵계를 한 것이 아니라 이미 된 것이다. 그렇기 때문에 교육에 의해서 새로운 인류사의 시대는 개척될 수 있다. 바로 여기에 러셀의 이상적 인간상이 문제 된다. 그의 이상적 인간상은 그의 현대관을 기초로 해서 성립된다.

그의 현대관을 단적으로 말하면 현대는 인류사의 "서막이냐 종막(prologue or epilogue)"[28]의 분기점 내지 결전장이란 것이다.

인류사를 더듬어 보면 인간에게는 세 가지의 적이 있었던 것 같다. 그것은 자연과 인간 그 자신이다. 자연과 인간과의 싸움은 과학과 기술로써 이뤄지고, 인간과 인간과의 싸움은 정치와 전쟁으로 이뤄지고, 인간과 그 자신과의 싸움은 가치관으로 이뤄지는 것 같다.

지금은 이 마지막 단계에 도달했다. 다시 말하면 '인간과 그 자신과의 싸움(the conflicts of man with himself)'을 하고 있다는 말이다.

인간의 최악의 적이 인간이요, 자기 자신일 때 이 문제는 가장 간단하면서 가장 복잡하다고 할 것이다.

인간의 역사를 희망 찬 서막으로 열어젖히느냐 아니면 자멸의 종막을 내리느냐는 문제다.

우리에게는 고도의 지식이나 기술이 심요(心要)치 않다. 왜곡된 자유는 더욱 원치 아니한다. 오직 바라는 것의 전부는 고귀한 지혜요, 고상한 미덕이다. 오직 한없이 부러운 것은 '인간을 확신하는 위대한 에너지'다.

"주여 당신은 우리를 당신을 향해서 만드셨습니다."[29]

이 같은 Augustine의 고백이 저마다의 생리가 되어야 한다.

---

28) B. Russell, *Human Society in Ethics & Politics*, 10th chap. Has man a future? lst chap.
29) S. Augustine Confessions, p.5.

이와 같은 현대관에 입각한 간절한 염원으로 러셀은 이상적 인간 상을 설정했다.

오늘날 교육의 일반적 이론으로는 신체적 발달(physical development), 정서적 발달(emotional development), 지적인 발달(intellectual development), 사회성 발달(social development)을 한데 묶어 전인(whole men)이라고 하거니와 러셀은 현대의 요청에 응하는 인간의 공통적인 이상적 성격을 형성하기에 필요한 특징을 다음의 넷으로 요약하였다.[30]

'생명력(vitality)', '용기(courage)', '감수성(sensitiveness)' 및 '지성(intelligence)'이다.

(1) 생명력

생명력은 정신적 특질이라기보다는 오히려 생이적인 특질로 생각해도 무방하겠다. 생명력은 취학전기서부터 충실히 되기 시작하여 대학졸업을 전후로 절정에 달한다.

이 소중한 생명력은 교육방법에 따라서 감퇴되기가 쉽다. 그는 이 점을 대단히 경계하고 있다. 재미있는 것은 건강한 어린이의 경우, 이 생명력은 학교에 입학하기 전까지 최대한으로 힘을 발휘하는 데 그후 학교교육에 의해서 약해지고 만다는 것이다.[31]

그에 의하면 인간의 생활의 지배하는 힘은 의식적 목적(conscious purpose)과 충동인데 전자보다도 후자가 강할 때를 말한다.

이 충동이 창조적으로 발동하게 될 때 인간생활은 선해지는 것이다.[32]

---

30) B. Russel, *On Education*, p.48.

31) 鄭世華 安仁熙 共著 教育原理 pp.54-55.

32) B. Russell, *Principles of Social Reconstruction*, Preface.

그는 나이를 초월해서 신선함, 정열, 퍼득임, 진취적인 태도, 생생한 마음, 낙관적인 생활태도를 상망했다. 그러기 때문에 그는 언제나 옥외수업을 장려했던 것이다.

"아이들은 마치 묘목과 같아서 그들만의 독특한 토양·광선·공기·벗이 필요하다."[33]

"아이는 어른의 아버지"란 말이 있거니와 하나의 형식으로서 많은 아이들을 규제하고, 성인의 기준에서 아동을 평가하는 것이 얼마나 무서운 죄악일까.

오늘날처럼 인류는 사는 데 희망을 상실하고 나태한 절망에 빠져 있을 때 우리에게 긴요한 것은 인간에게 희망을 주는 지성과 에너지다.

그가 말하는 생명력은 신체적 건강과 정신적 정상을 뜻하는 것이다. 생명력은 인간의 건강과 지성을 같은 방향으로 조준하는 힘이다.

(2) 용기

지난 교육에서는 전장에 임하는 용기를 하나의 중요한 미덕으로 생각하여 청소년들을 훈육한 사례가 허다하다. 이것도 하나의 용기임에 틀림이 없다. 그러나 교육의 역사를 더듬어 보면 이러한 용기를 양성하는 수단으로서 언제나 치욕이 따랐던 것이다.

이것은 아주 부당한 일이라고 생각한다. 참으로 기대되는 용기는 억압과 치욕이 사용되지 않는 올바른, 내면적인 용기의 덕을 육성하는 것이 아주 소중한 문제일 것 같다. 올바른 용자는 자기 내부에서 사는 자다. 현대인의 얇은 진리의 척도를 지나치게 객관화하는 경향

---

33) B. Russell, *Why I am not a Christian?* p.118.

이라 하겠다.

그가 강조하는 용기는 신체적, 전장적 용기가 아니라 지성적, 사회적 의미의 용기다.

다시 말하면 도덕적 용기(moral courage)와 지성적 용기(intellectual courage)의 융합된 상태를 말하는 것이다. 용기는 나오는 것이 아니요, 찾는 것이요, 확실한 자아를 발견하는 데서 길러지는 것이다.

(3) 감수성

외계에서 많은 자극이 그 사람의 감정적인 태도로 드러날 때 이것을 감수성이라고 한다.

외계에서 들어오는 자극 중에는 구체적인 자극과 추상적인 자극이 있다. 러셀은 이 양자 중에서 후자에 더 중점을 둔다. 이와 같이 추상적 공감에 대한 능력의 육성이 현대사회의 병폐를 몰아내는 초점으로 생각했다.

가족 중에서 전사자, 부상자가 났을 때 많은 사람은 전쟁의 공포를 통감한다. 이 경우를 구체적인 자극이라고 부른다.

먼 나라, 이웃나라, 남의 가족에서 전사자나 부상자가 났을 때에는 먼저보다는 그 강도가 훨씬 경미하다. 어떤 사람은 아주 공감조차 하지 못하는 사람이 있다. 이 때문에 현대는 불안과 전장의 도가니로 끓게 되는 것이다. 이 경우를 추상적인 자극이라고 한다.

따라서 '추상적인 자극에 대한 감수성'[34]의 육성은 오늘날 교육의 중요한 문제다. 남의 불행을 자기의 불행으로 느끼는 세계시민적인

---

34) B. Russell, *On Education*, p.57.

정신, 보지 않은 참상을 본 것 이상으로 느끼는 감수성이 앞으로 긴급한 교육의 본령이 될 것이다.

이렇게 될 때 감수성의 문제는 지성의 문제로 직결한다.

(4) 지성

그가 말하는 지성 속에는 '현실의 지식과 지식에 대한 수용성'[35]이 포함된다. 러셀은 후자에 역점을 둔다. '지성은 편견 없는 허심(open-mindedness).'[36]

지난 교육의 큰 오류는 지식을 주입시키려는 욕망 때문에 지성의 훈련을 소홀히 한 데 있다.

지성은 지식의 축적으로 얻어지는 것이 아니다.

인류에게 행복을 가져오는 것은 지식이 아니라 지성이다. 이 평범한 말을 널리 보급하고 유포시키는 것이 러셀의 커다란 과제였다.

지금처럼 행동을 지성에 의해서 통제하는 일이 중대했던 때는 없었을 것이다. 인류는 상호말살의 단애를 숨바꼭질하면서도 오로지 지성적인 행동에 의해서 우리들의 생존을 보장하고 나아가는 것이다. 어떻게 생각하면 이것은 하나의 꿈인지 모른다. 그 속에서 하루가 가고 해가 바뀌고 있다.

이 웨일즈 사람의 교육사상을 한마디로 요약할 수 있다면, 그리고 그 교육사상의 진수를 한마디로 찌르면,

"인간 버틀랜드 러셀은 이 땅덩이가 꺼지는 한이 있더라도 인간성을, 인간을, 우리를, 나를 그리고 나 자신을 꽉 믿고 있다"는 것이다.

---

35) B. Russell, *Principles of Social Reconstruction*, Preface.
36) *Ibid.*, p.61.

제12장 민주주의와 한국교육

많은 사람이 입으로 민주주의를 부르짖고 있으나 민주주의에 대한 참된 의미는 누구도 알지 못하고 있다. 미국에서는 이런 말을 흔히 듣게 된다.

No one knows what is meant by democracy.

이와 같이 서구의 선진국에서도 민주주의에 대한 바른 이해가 분분한 것 같다. 이러한 상황에서 민주주의를 한국에 토착화하는 작업은 너무도 큰 과제다. 그러나 민주주의가 사람이 바로 사는 방식이라면 그 길이 아무리 멀고 험난할지라도 가야 할 것이다. "나중 난 뿔이 더 크다"는 속담과 같이 선진 제 국가가 저마다 주로를 찾지 못하고 있을 때 우리들이 민주주의의 실체가 몸에 배어서 한국의 민주주의를 확립한다면 이것이 더없는 역사의 발전이요, 민족 얼의 구현이 아니겠는가.

이런 의미에서 생각할 때 지금까지 갖고 있었던 민주주의의 내용을 다시금 이해하고 심화하기 위한 노력이 필요하리라고 본다.

민주주의를 여러 측면에서 접근할 수 있겠으나 여기서는 교육과의 관계에서 파악해 보려는 것이다.

민주주의는 형식의 문제가 아니라 마음이 문제요, 이론이 아니라 생활의 방식이므로 민주주의는 근본적으로 사람의 행동·태도·감정·사상에 관한 일이다. 사람과의 관계 문제다. 그러므로 이것은 외부로부터의 위협의 힘으로 실현될 수 없음은 물론이요, 법률이나 제도에 의하여 이룰 수 없는 것이다.[1] 바로 여기에 민주주의를 교육과의 관계에서 고찰해야 할 근거가 되는 것이다.

1. 민주주의의 내용[2]

"사회의 모든 구성원이
언제나 희망에 차고, 생활을 즐겨
자주창조와 우애 봉사의 정신에 젖어 일하고, 배워
저마다의 획득한 공민으로서의 권리를 공공의 복지와 조화시켜
이로써 무한한 진보의 발전을 목표로 하는 이상이요, 실천이다."[3]

사회의 모든 구성원: 민주주의를 생각할 때에 "사회의 모든 구성

---

1) 吳天錫, 民主敎育을 志向하여, 서울: 乙酉文化社 1960, p.11.

2) 平塚 德, 日本敎育の進路, 東京: 廣池學園出版部 1968, p.5.

3) 이상의 인용은 일본교육연구소장으로 있는 平塚益德 박사의 정의다. 오천석 박사는 민주주의 사회의 特色을 1. 하나의 윤리적 원칙에 기초된 사회, 2. 하나의 협동과 협의의 사회, 3. 지성에 의하여 지배되는 사회, 4. 복수(plural)사회, 5. 공개(open)사회, 6. 법의 社會, 7. 진보적 사회 등을 들고 있다.

원"이라고 하는 것이 제일 중요하다. 여기에 말하는 사회란 가정, 학교, 일반사회 나아가 국가까지도 포함한다. 민주주의와는 반대의 입장에 있는 독재주의를 배격하는 이유는 독재하는 계층과 독재를 받는 집단과 구분하는 데 있다. 말하자면 공산주의의 특색은 노동자와 농민을 절대적으로 생각한다. 대부분의 인구가 노동자와 농민인지 모르나 공산주의자는 자본가를 계급적인 적으로서 이들을 부정하고 있다. 그러나 이런 사고는 민주적이라고 할 수 없다. 민주적인 사고는 자본가와 경영자와 농민 등 모든 사람을 포함해서 복지생활로 이끈다는 것에 그 특색이 있는 것이다. 실로 민주주의의 근본적인 사고방법은 자본가라는 것을 결코 고정적인 것으로 생각하지 않는다. 노동자는 그 노력에 따라 경영자가 될 수 있고 경영자도 역시 자본가가 될 수 있다고 하는 유동적 생각을 갖는 것으로 이것은 결코 계급적으로 고정시킨 것은 아니다.

언제나 희망에 차고: "언제나"라는 말을 특별히 사용하게 된 것은 다음과 같은 이유에서 나온 것이다. 즐거운 동안이 연말과 정초, 또는 토요일과 일요일이라면 지극히 곤란한 일이다. 연말과 정초, 토요일과 일요일뿐만 아니라 매일매일이 의의가 있고 즐거워야 할 것이 아니겠는가? 생활을 밝게 태도를 바르게 하는 것이 민주주의의 근본이다. 자기를 둘러싼 모든 것에 대해서 밝게 생각하고 희망 찬 미래를 예상하는 것도 중요하지만 이보다 더 소중한 것은 어두운 현재, 불만족스러운 현재, 다시 말하면 괴롭고 고된 현실을 극복하고 보다 나은 것을 지으려는 의미에서 희망을 갖는 것이 더 중요하다. 뼈에 저리도록 생활이 슬퍼도 아무리 비참한 상태에 있어도 여기에 지지 않고 이

런 모든 악조건을 타고 넘어 밝은 장내를 생각하고 이를 지어 가는 데에 민주주의에서는 희망이라고 한다. 실로 민주적인 사람은 언제나 즐겁다. 현실이 아무리 암담해도 마음은 언제나 밝게 갖고 미래에 대해서 언제나 희망을 갖는 사람이다.

생활을 즐겨: 희망을 가지면서 생활을 즐기는 것을 말하는 것이다. "민주적으로 하자"는 이면에는 그저 향락과 들뜬 기분으로만 볼 때 이런 경향을 반드시 찬성할 수는 없는 것이다. 실로 민주주의에 있어서 즐거움이란 내용은 다음의 세 계층으로 볼 수 있지 않을까.

첫째는 물질생활이다. 민주주의에 있어서 물질생활의 영향을 결코 무시할 수 없다. 더우면 선풍기가 필요하다. 민주주의에서는 물질의 힘을 결코 무시하거나 경시하거나 또 멸시하지 않는다. 그러나 무시하지 않고 멸시하지 않는다고 해서 물질을 반드시 중요시한다는 말은 아니다. 더욱이 물질을 중요시한다는 말은 절대 아니다. 오늘날 물질만능주의의 경향은 지극히 우려되는 점이다.

민주주의의 사고는 물질을 생활의 조건으로서 무시하지 않고 멸시하지 않으나 중요시하거나 더욱이 만능시하지 않는 범위에서 물질세계를 보는 것이다.

둘째는 지적 생활이다. 인간이 동물과 구분되는 것은 이성이 주어졌다는 것이다. 책을 읽는다는 것, 좋은 말을 듣는다는 것, 서로 의론한다는 것, 진리를 위하여 탐구한다는 것이 모든 것이 즐거움 중의 하나다.

셋째는 영적 생활이다. "지적"이라는 것을 intellectual, mental로 표현할 수 있다면 "영적"이란 spiritual로 표현할 수 있다. 이것은 mental

의 세계와는 다르다. spiritual이란 정신적인 것이나 보다 깊은 종교적 세계, 영적 세계를 말하는 것이다. 물질적인 세계와 지적 또는 정신적 세계와 또 하나 그 저변에 있는 영혼의 세계, 종교의 세계가 있는 것이다. 이 종교의 세계에까지 다다랐을 때 인간의 생활에는 실로 즐거움이 도래하기에 이른다.

자주창조: 자기의 부족 또는 결점을 자각하는 것이다. 이 자각을 통해서 다른 사람의 장점을 찾는 태도다. 이것이 민주적 자주성의 제1조건이다.

제2조건은 마찬가지로 자기의 부족을 자각하고 주위 사람들의 조언과 충고를 받아들이는 겸손한 태도다. 이러한 태도가 그 개인의 진보향상을 약속하는 결정적 조건이 된다. 누구나 비판을 하기는 즐겨도 그 비판을 받기는 즐겨하기가 어려운 법이다. 말하자면 '열려 있는 마음(open mind)'을 말하는 것이다.[4]

제3조건은 자기의 것은 자기가 책임을 진다는 것이다. 다시 말하면 자기의 문제는 자기가 해결하는 것이 본래의 자주성이다.

다음으로 창조성이란 무엇을 짓는 것이다. 본래 창조란 두 가지의 면이 있다.

하나는 축적이라는 것이다. 무에서 유는 나올 수 없다. 그렇게 때문에 창조의 제일전제는 겸허한 마음으로 하나하나 축적해야 한다. 지식의 축적, 경험의 축적을 말하는 것이다. 창조의 제일단계는 창조를 가능케 하는 조건이 갖추어져야 할 것이다.

---

4) Bergson, Henri(1859~1941)는 *L'Evolution Créatrice*에서 사회가 진보하느냐, 퇴보하느냐의 표준, 진보된 사회와 진보되지 않은 사회의 표준을 '열려진 사회'에서보다 '잘 열려진 사회'로 향하는 것이라고 주장했다.

다음으로는 말할 것도 없이 새로운 것을 짓는 것이다. 민주적인 생활이란 예부터 내려오는 전통, 이 전통의 문제라고도 볼 수 있으나, 진실로 전통(tradition)이란 과거서부터의 축적이 하나의 기초가 되어 부단히 새롭게 가꾸어 가는 것이 올바른 전통이 아니겠는가? 과거로부터 축적된 것은 물론 전통이라고 하겠으나 이 축적이 단순한 축적으로서 현재를 억압할 때 이것이 전통이 아니라 나쁜 습관이요, 악한 인습이 될 것이다. 그렇게 때문에 창조에는 축적과 창조의 이중구조로서 비로소 자주창조가 가능하다고 할 것이다.

우애봉사의 정신: 우애란 두 가지로 분석할 수 있을 것 같다. 하나는 육체적 관계에 있어서 우애다. 말하자면 Eros라고 하는 것이다. 육체적인 면에서의 사랑이다. 이것은 물론 중요한 것이다. 형제의 사랑, 자매의 사랑 또는 부부의 사랑 등을 의미하는 것이다. 그러나 이런 사랑이란 배타적이라는 위험을 내포하고 있다. 특정한 경우에는 이와 같은 우애가 가능하나, 다른 면에서는 이것을 배제하는 위험성이 있다. 이것이 Eros의 본질적인 것이다. 다른 하나는 육체적인 세계, 육체적 조건을 떠나서 정신적 세계에서의 우애가 있다. 이것을 Agape라고 한다. Eros가 상대적이라면 Agape는 절대적인 것을 가리킨다.

Pascal(1623~1762)은 인간생활에는 세 가지 질서가 있다고 했다.

첫째는 신체적 질서, 둘째는 정신적 지적 질서, 셋째는 Charité의 질서라고 했다. 유교로 말한다면 이 셋째 질서는 이른바 서(恕)의 질서라고 할 것이다. Pascal은 이것뿐이 인간 본래 생활의 근원이라는 것을 강조하고 있다. 신체적, 육체적인 면의 사랑도 결코 무시할 수는 없으나 여기에만 빠진다면 위험이 있다는 것을 충분히 알아서 좀 더 넓고 깊은 종교적 사랑에까지 파고 들어가 거기에다 도덕의 기초를 둘 때 바른 민주주의의 질서가 수립되는 것으로 본다.

이제 봉사로 나아가야 한다. 흔히 봉사라는 말을 자주 하는데 이보다 먼저 협력이라는 것을 고려해 보아야 한다. 협력의 전제에는 자기의 것을 자기가 해야 한다는 것이 제일조건이 되어야 한다. 아무리 자기의 일을 자기가 하려고 해도 그 일 자체의 성질에 따라서 한 사람으로서는 가능치 못하고 많은 사람들이 합쳐져야 능률이 날 때가 있다. 바로 여기에 협력이 생기게 된다. 그렇게 때문에 협력의 근본전제는 자기 스스로 한다는 독력이 깊이 또 강하게 되는 곳에 성립되는 것이다. 그렇게 때문에 봉사란 다른 사람의 힘을 빌리지 않고 자기로써 해내는 사람들이 한 사람으로써 해내지 못하는 사람들에게 힘을 빌려 주는 것을 봉사라고 한다. 그래서 봉사는 협력의 진보된 형태라고 할 수 있다.

일하고 배워: 희랍에서는 일을 두 가지로 가른다. 하나는 work이고 다른 하나는 labour다. labour란 일의 주체성이 없는 것이다. 한말로 하면 labour는 노예적인 노동을 말한다. 그저 하라고 해서 할 따름이다. 그 때문에 여기에는 주체성도 없고 더욱이 즐거움도 없다. 여기에 work란 시민의 노동이다. 주체성이다. 일하는 데 선택이 있기 때문에 여기에는 즐거움과 감격이 있다. 일을 통해서 지어 가는 기쁨이 있다. 사람은 일을 하기 때문에 가치가 있는 것이다. 의의가 있는 것이다. 그 때문에 노동은 신성한 것이다. 이 과정으로 해서 보다 새로운 세계가 전개되는 것이다. 또한 민주적인 학습에서 볼 때 배운다는 것은 일생을 통해서 배우는 것이요, 언제나 어디서나 배우는 것이다. 사람

의 전 생애를 통해서 배우는 것이요, 어디서나 배우는 것이다. 이것이 민주교육의 가치다.

시민으로서의 권리: 시민으로서의 권리로는 다음과 같이 들 수 있다.[5]

1. 언론의 자유
2. 알권리
3. 투표권
4. 종교의 자유
5. 공평한 재판을 받을 권리
6. 법률 앞에서의 평등
7. 생명의 존중
8. 자유를 누릴 권리
9. 행복을 추구할 권리

공공의 복지와 조화: '조화'라는 말은 양쪽이 다 같이 사는 길이다. 공공의 복지가 생기고, 기본적 권리가 생긴다는 것이다. 민주주의란 절대적인 가치다. 상대적인 가치 목적적인 가치 수단적인 가치가 잘 조화되어야 한다. 양쪽의 입장이 잘 균형 잡혔을 때 비로소 민주사회가 성립되기에 이른다. 따라서 인간의 가치는 한편 절대적인 것으로서 평등하게 존중되어야 하지만 동시에 사회적인 면에서는 상대적인 입장이 있기 때문에 사람은 어디까지나 존중되어야 하는 것이다.

무한한 진보나 발전을 목표로 하는 이상이요, 실천: 민주주의란 머무르지 않고 끊임없이 나아가는 것이다. 민주주의의 제 특성은 말하자면 각국의 공통된 원리다. 이상이다. 이 이상을 각 나라는 그 놓인

---

5) 平塚益德, 日本教育の進路, 東京: 廣池學院出版部 1968, pp.57~61.

입장에서 최선으로 이상에 접근하는 시도를 하고 있다. 여기서는 영국의 경우만을 들어 보려고 한다.

2. 민주주의와 도의교육(영국)

1) 영국의 가정교육

영국의 가정은 수직과 수평의 교차로라고 할 수 있다. 수직이란 역사성을 말하는 것이고 수평이란 사회성을 말하는 것이다. 이 역사성과 사회성을 영국의 가정에서 살펴보기로 한다. 영국 가정을 방문하면 먼저 눈에 띄는 것이 조상의 초상화다. 또 한 가지 이상한 것이 생활비품이 모두 낡았다는 것이다. 이들은 유행보다도 선조가 쓰던 물건을 소중히 사용하고 있다. 전통을 존중하는 것이요, 옛것을 아끼는 것이다. 할머니가 입던 복장도 즐겨 어머니가 입고 또 딸이 입는다. 이런 의미에서 가정의 역사성을 설명할 수 있으리라. 횡적인 관계는 가정이 사회에 대한 책임을 다하는 것이다. 가정은 인근사회 나아가 국가에 대한 책임으로까지 확대된다. 각 가정이 국가에 대한 책임을 분명히 자각하고 있다.

뿐만이 아니라 영국의 남성은 대체로 가정제일주의자다. 가정이란 것을 아주 중요시한다. 이것이 사회의 통념이 되고 사회관습이 되고 사회제도가 되어 가정생활을 제일로 생각하는 것이 영국사회의 특색이라고 하겠다.

예를 들면 토요일 오후부터 영국에서는 공공회합이 별로 없다. 종교관계 이상의 회합은 토요일 오후부터는 갖지 않는다. 각 가정마다 주말이 되면 함께 운동하고, 박물관에 가고, 더불어 영화를 감상한다.

여기에다 영국의 가정에서는 도덕교육을 철저히 하고 있다. 민주사회의 기초로서 도덕을 가정에서 분명히 가르친다. 이들은 가정에서부터 상대방을 인정하는 교육을 한다. 즉 'please'와 'thank you'라는 말이다. 이러한 대인관계의 교육에서부터 상대방을 존중하고 감사하는 것을 가르친다.

또 3, 4세만 되면 "왜 이것은 하지 않아야 하느냐"는 선악의 표준을 가르친다.

Kant(1724～1804)는 "인간이란 선으로 향하는 본원적 소질과 악으로 향하는 근본적 경향이 있다"고 했다. 따라서 인간은 모순된 존재다. Pascal의 말과 같이 인간은 천사도 아니고 그렇다고 단순한 동물도 아니다. 이 중간에 위치하는 것으로서 이율배반 모순적 존재다. 인간을 방치하면 선한 면보다는 악한 면에 더 기울어지기 쉽다. 마치 정원에 잡초가 꽃보다 더 무성한 것과 같다. 잡초는 작을때 뽑아내 버려야 하는 양으로 사람도 어릴 때 잘못된 습관을 고쳐 주어야 한다. 이때에 체벌의 방법이 문제가 된다.

맨체스터시에서는 학교에서 체벌을 가할 때 사용하는 작대기를 교육위원회에서 직접 나누어 주고 있다. 아동이 무슨 일을 저질렀을 때에는 반드시 그다음 날에 체벌을 가하게 되어 있다. 체벌을 보복적으로 다룰 것이 아니라 교육적으로 다루기 위해서다. 또한 가정에 통지하여 먼저 양해를 구한다. 다음에는 체벌대장에 올려 교장의 허락을 맡아야만 비로소 실행에 옮길 수 있게 된다. 어렸을 때 자기의 욕구를 올바로 통제하지 못하고 자란 사람은 일생 동안 불행한 법이다.

아동의 성장과정에서 지나치게 방임되어서도 안 되고 또 그렇다고 지나치게 통제되어도 안 된다고 하는 것을 우리는 이 영국교육에서 반추해 봐야 할 것이다.

2) 영국의 학교교육

영국의 아동은 만 5세에 입학하게 되고 학교는 9월 신학기에 시작된다. 학교가 시작되기 전에 학령아들은 학교에 가서 학부형, 교장, 담임할 선생, 양호교사 등이 아동 한 명 한 명을 세 가지 점에서 조사한다. 첫째는 사회성이 발달되어 있는가, 둘째는 지능이 충분히 발달되어 있는가, 셋째는 신체의 발육이 양호한가를 살핀다. 어떤 면에 좀 불편하다고 느껴지면 신학기에 입학하지 않고 Christmas 이후의 시기, 또는 다음 해 1월까지 연기한다. 이때까지도 미달하면 다음 4월까지 가정에서 지내게 된다. 영국에서는 1년에 3회 입학시기가 있는 것이다. 우리나라의 경우 신입생이 함께 입학식을 거행하지만 영국에서는 한 사람 한 사람 입학을 하게 된다. 이 점에는 우리나라는 처음부터 대량교육으로 출발했으나 이곳에서는 개성교육으로 비롯되었다고 할 수 있다. 저학년에서 일제학습이란 음악과 체조 정도고 국어나 산술(算術) 등은 모두 분단학습으로 한다. 교과서도 학급에 여러 가지가 준비되어 있어서 아동의 능력과 진도에 따라 교과서가 다양하게 활용된다. 어떻든 개인의 인구에 비상히 관심을 두는 나라라고 할 수 있다.

가정교육에서 초등교육, 중등교육, 고등교육에 이르기까지 'man of character'를 제일의(第一義)로 삼고 있다. man of character란 말은 'man of personality'[6]란 말과는 아주 다르다. 전자가 '품성인'으로 번역될 수 있다면 후자는 '능력인'으로 옮길 수 있을 것이다.

지식은 하나의 재료요, 기구다. 말하자면 능력이란 하나의 칼과 같은 것이다. 그 사용하는 인간에 따라서 천태만상으로 전개된다. 그렇기 때문에 '능력인'을 기르기 전에 '품성인'을 먼저 길러 내야 한다는 것은 너무도 당연한 것이 아니겠는가.

영국학교의 특색은 "학교도 가정이다"는 것이다. 먼저 말한 바와 같이 가정의 특색은 인격적인 접촉기관이다. 그렇기 때문에 초등학교의 경우 정원을 400명 내외로 하고 한 학급을 30명 내외로 하고 있다. James(1842~1910)가 "살아 있는 개인의 종주권(sovereignty of the living individual)"이라고 했듯이 이것은 어디까지나 학생 한 사람 한 사람을 소중히 하기 때문이다. 말하자면 교장선생을 할아버지, 아버지로 비한다면 담임선생은 할머니 어머니로 견줄 수 있다. 선생들은 아동 개개인을 잘 파악하고 있다. 이러한 관계에서 인격이 그 중핵을 이루고 더욱이 역사적 전통 위에 서 있는 것이다. 새로운 학교는 보다 나은 전통을 새로 지으려고 노력하고 있고 오랜 역사를 지닌 학교는 그 전통 위에 새로운 것을 창조하려고 노력하고 있다. 인습이 아니라 어디까지나 전통 말이다.

뿐만이 아니라 영국학교에서는 체육을 도덕교육과 연계하여 실시하고 있다. 다시 말하면 sports가 도덕교육이 되어 있다는 것이다. sports를 하는 사람은 규칙에 대해서 민감하다. rule이 없는 sports란 생각할 수 없지 않을까? sportsman은 규칙을 지키는 사람이라는 것이다. 한 번 약속한 것은 반드시 지킨다는 성격 이것이 다름 아닌 sportsmanship이다.

---

6) 영어의 Personality란 말은 하나의 심리학적 개념으로서 그 개인의 특수한 능력을 말하는 것으로 독어의 Persönlichkeit란 말과는 다르다.

또한 영국학교는 공사립을 막론하고 아침 예배를 대부분 보고 있다. 학교마다 차이는 있으나 매주 종교교육을 실시한다. 여기에다 주당 1시간에서 3시간에 이르는 호모사피엔스(Homo Sapience)의 교육을 한다. 이와 같은 가정, 학교의 노력에 응해서 사회도 역시 도덕적인 분위기를 조작하는 데 경주하고 있다.

3) 한국교육의 반성

오천석은 우리 민족의 병폐를 보수적 인생관, 세계관, 사대사상, 관존민비사상, 가정중심적 이기주의, 기회주의, 패북사상, 비실용주의, 분열사상 및 인격의 좌절을 들었다.

도산은 이것을 거짓과 무실역행 정신의 결핍이라고 하였다. 최현배는 의지의 박약(薄弱), 용기의 결여, 활동역의 결핍, 의뢰심(依賴心), 저축심의 부족, 음울한 성격, 신념의 부족, 도의의 타락, 정치 및 경제적 파멸 등을 민족적 질병이라고 하였다.[7]

장진호는 이것을 불투명한 개인, 비기능주의, 비인격성, 부정직, 무책임성, 퇴폐적 처세술(處世術) 등을 들었다.[8]

우리가 교육을 통하여 이룩하려는 인간은 이러한 고질에서부터 해방되지 않으면 안 된다. 전통에 얽매어 현장에 만족하는 정적인 보수사상으로부터 해탈하고 모든 것을 숙명으로 돌리고 체념과 퇴폐와 위축 밑에서 생을 저주하는 패배사상으로부터 탈출하여 진취적·의욕적인 건전한 인생관·세계관을 가지는 인간을 형성하여야 한다. 자

---

7) 崔鉉培, 朝鮮民族更生의 道, 서울: 正音社 1930.

8) 張眞鎬, 敎育과 社會, 서울: 耕智社 1968, pp.260〜264.

력에 대한 믿음을 잃고 남을 의지하며, 개인의 영달이나 가족이나 작은 집단의 이익을 추구하여 민족과 국가를 돌보지 않는 이기주의·분열사상을 극복하고 보다 큰 민족에 대한 사회의식이 강렬한 시민을 형성하지 않으면 안 된다. 그리고 공리·공론을 일삼고 허례와 허식에 사로잡힌 생활로부터 해방되어 성실과 근로를 존중하는 건전한 경제사상에 투철한 사람을 이룩하지 않으면 안 된다.[9]

Brameld는 새로운 사회질서의 조건을 다음과 같이 제시했다.[10]

① 불안정하고 부공정한 경제체제 대산에 풍유한 경제체제를 세워야 한다.

② 국가는 필요악 대신 건설적이요, 통합적인 수단이 되어야 한다.

③ 과학은 실험의 자유를 보유하되 공중이 강력하게 지지하는 것이어야 하고 공공복지에 책임을 지는 것이어야 한다.

④ 예술은 자유스러운 것이어야 하되, 자아를 재구상하고, 갱생시키는 것을 그 임무로 하는 문화의 창조적 표현이어야 한다.

⑤ 교육은 유아학교로부터 성인학교에 이르기까지 주로 모든 개인과 집단을 위해 그 생활을 재건하고 개선하는 것이어야 한다.

⑥ 인간은 인종·종교·국적·성·연령 또는 경제적·심미적 그리고 교육적 면에 관한 모든 권리와 의무를 평등하게 나눌 수 있어야 한다.

다시 눈을 우리에게 돌려 우리가 교육을 통해 이루려는 인간상을

---

9) 吳天錫, 民族中興과 敎育, 서울: 現代敎育叢書出版社 1963, p.336.

10) Brameld, Theodore, *Toward a Reconstructed Philosophy of Education*, New York; The Dryden Press, 1956, p.170.

다음의 세 가지로 집약해 보았다.

(1) 자주화된 인간

우리나라의 교육은 자아의식이 결여된 교육을 해 왔다고 할 수 있다. 결국 교육의 목표는 자아실현(self-realization)에 있을 텐데 우리들은 이와는 거리가 먼 교육을 해 왔다는 것이다.

정범모는 인간특성을 다음 네 가지 요인 즉 ① 지식, 기술(knowledge, skill), ② 사고력, 창조력(thinking, creativity), ③ 태도, 신념, 가치 (attitude, belief, value), ④ 성격체계(personality systems)로 규정하고 이 네 요인이 한 계층적 구조를 이루는 것으로 보았다. 다음 그림이 제시하는 바와 같이 지식이나 기술은 인간 특성의 보다 외연적 · 지엽적인 구조사고력과 창조력 등 고등정신과정(higher mental process)은 보다 내부적인 지적 구조(cognitive structure), 태도 · 신념 · 가치관은 보다 핵중적 정의적 구조(affective structure), 그리고 성격체계는 보다 중핵적이고 심층적인 종합적 구조로서 이 네 요인의 중심부에 있는 것일수록 행동규제력이 넓고 강하며 형성하기에 힘들어 장기간이 필요하여 한번 형성되면 개변하기 어렵고 보다 유시에 그 근본경향이 형성되는 것임을 밝히고 있다.[11]

---

11) 鄭範謨, 國家發展의 問題와 人間要因(發展論序說), 서울: 博英社 1965, pp.36~37.

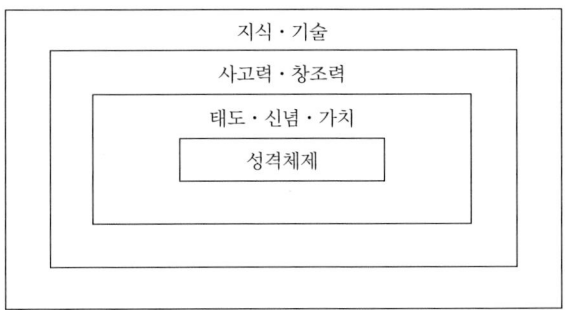

〈인간요인 및 인간특성〉

"무조건 하라" "하지 마라"고만 할 것이 아니라 영국에서와 마찬가지로 어려서부터 자아를 형성할 수 있는 기회를 부여하면서 세심한 관심을 기울여야 할 것이다.

지식이나 기술이 교육의 목적이 될 수 없는 것이다. 이 모두가 결국 자아를 형성하고 성격체계를 충실히 하는 데 수단이 되어야 할 것이다. 이런 의미에서 우리나라 교육은 크게 반성해야 할 것이라고 생각한다.

(2) 자립화된 인간

자주화가 인간의 정신적인 독립을 뜻한다면 자립화란 인간의 경제적 독립을 가리킨다. 본래 의무교육(compulsory education)이란 한 인간을 완성하는 데 그 의의가 있다고 보겠다. 사람은 저마다의 특징을 갖고 이 세상에 태어난 것이다. 이 본질을 올바로 계발 육성하여 한 직업인으로서의 역할을 다하도록 교육체제가 되어야 할 것이 아닌가. 일인일기란 말이 있듯이 교육의 사회화가 보편화되어 상급학교에로의 진학준비체제가 지양되어야 할 것이다.

(3) 민주화된 인간

　민주주의는 내재적으로 많은 위험을 내포하고 있다. 그러나 인류는 아직까지 민주주의의 질서 이상의 것을 아직 찾지 못했다. 민주주의는 하나의 생활방식이요, 인간관계를 율(律)하는 하나의 원리다. 인간은 인간이기 때문에 최상의 것이다. 인간이 있음으로써 금은보화가 귀중한 것이다. 그렇기 때문에 인간은 언제나 목적으로 되어야 하고 수단으로 다루어져서는 안 된다. 그러기 위하여 자유와 평등의 원칙이 몸에 배도록 습관화되어야 한다.

　민주주의를 도의교육과 이원적으로 보기보다는 민주교육을 심화하는 방법이 도의교육이 되는 것이다. 민주주의는 인간관계를 율(律)하는 질서이기 때문에 도의교육 그 자체가 되어야 한다. 도의교육은 마음가짐의 문제요, 사고방식의 문제이기 때문에 지나친 형식 위주보다는 좀 더 인간의 심층을 파고 들어가는 내면계발에 치중해야 할 것이다.

결 론

I.

　현대와 같은 위기의 시대에 있어서는 남의 짐을 대신 지는 자가 필요하다. 아테네 사람들은 소크라테스가 청년들을 부패시킨다고 비난했다. 로마 사람들은 로마가 기울어지는 것이 순전히 이교의 신인 기독교의 신을 숭배하기 때문이라고 했다. 오늘날 학원 밖에 있는 저명한 인사들은 교사들이 사회악을 이끌어 온다고 비난하고 있다.

　오늘날 교육자들에게 필요한 일은 학원과 사회의 분위기를 바꾸는 일이고 이렇게 하여 이성과 조광이 흘러넘치게 만드는 일이다. 우리들의 목적은 지극히 야망적이어야 한다. 우리들의 목적은 위대한 문화를 창조하여 역사의 꺼지지 않는 새로운 지표를 세우는 일이다.

　불교의 고승 한 분이 그가 극락에 가기를 원하느냐, 지옥에 가기를 원하느냐의 질문을 받았다. 자기는 지옥에 가기를 원한다고 그는 대답했다. 그 까닭은 자기의 헌신이 그곳에서 필요하기 때문이라고 했다. 이 대답이 교육에 있어서 매우 중요한 뜻을 가진다. 이 사회에 곤궁과 범죄와 비참의 일부가 남아 있는 한, 또한 분쟁과 탐욕이 이 지상에 번져나가는 한, 교육자의 할 일은 자기 스스로를 이 괴로워하는 사람들 속에 던지는 일이요, 이 더럽혀진 지상을 깨끗이 씻는 일이 되지 않아서는 안 된다. 우리들의 시대에 있어서 오직 하나 뜻있는 전쟁은 무지와 곤욕에 대한 전쟁이 될 것이다. 이 전쟁은 모든 전선에 있어서 한결같이 싸워져야 한다.

Voltaire의 작품, Zadig 속에서 두 교사가 각각 자기들의 하는 일을 설명한다. 첫째 번 교사는 말하기를 나는 학생들에게 문법과 논리학과 천문학과 물리학을 가르친다. 이것들은 필연과 우연과 추상과 구상과 단자에 관한 이야기와 예정조화설에 관련된다고 했다. 둘째 번 교사는 말하기를 나는 학생들에게 정의감을 불어넣고, 그들로 하여금 인정 있는 선량한 사람이 되게 하기에 힘쓰노라고 했다. 이 둘째 번 교사는 사회의 교사로서 역사의 음성을 대변하는 자였다. 그는 교육을 사회에서 떠난 고립적인 활동으로보다는 전체적인 이해로 또한 도덕적인 설계로 생각했다.

현대교육에서는 무엇보다도 가치의 전환이 필요하다. 학교건물 대신 뛰어난 교사, 유능한 행정가가 필요하고, 시설 대신 인간성에 대한 조심스런 배려가 필요하고, 기계적인 시험 대신 질적인 성장이 필요하고, 과거의 것에 사로잡힌 교과 대신 현재라고 부르는 새로운 책과 그 속에 있는 웅대한 이상이 필요하다.

우리들은 지금 역사의 하나의 새로운 창조적인 시기에 돌입하고 있다. 이 새로운 역사는 언제나 사람들의 가슴속에 깃들어 있는 창조

활동에서 시작된다. 우리들은 그저 살아남기를 원하는 것이 아니다. 생의 보다 높은 평원에 오르기를 원한다. 여기에는 르네상스기의 경험이 우리에게 보여 준 청상한 분위기가 필요하다. 이러한 새로운 분위기가 젊은이들 속에 새로운 관심과 정력을 불러일으키게 될 것이다.

오늘의 학원과 대학들은 새로운 개인을 일으키는 총림이 되고 새로운 마을을 깃들게 하는 푸른 언덕이 되어야 할 것이다.

Ⅱ.

교육의 목적은 역사를 전회시키는 데 있다. 이 같은 목적을 달성하기 위하여 창조적이면서 자기를 바칠 수 있는 선도자들이 나타나야 한다. 이와 동시에 역사의 감촉을 느낄 수 있는 젊은이들이 필요하다. 올바로 선정된 교양과목이 교과의 중심이 되어야 한다. 모든 교과가 동일한 교육적 가치를 갖는 것이 못 된다. 개개인의 인도 사람들이 생각하는 Atman, 즉 본래의 자기를 가져야 하는 것과 마찬가지로 교육은 하나의 중심이 필요하고, 이 중심이 인간을 인격화하고 거기에 빛을 주는 것이 될 것이다.

교육의 근본문제는 역시 생의 문제다. 교육은 독일 사람들의 표현을 빌리면 세계에 대한 지식 Weltanschauung보다는 인생에 대한 자각 Lebensanschauung에 의존한다. 그러므로 교사의 하는 일은 단순히 지식의 전달이 아니고, 생의 새로운 가능성에 대한 자각과 확신을 불러일으키는 일이다. 우리들은 한 사람의 인간으로서 모든 본질적인 물음 앞에 선다. 이들 본질적인 물음이란 다음과 같다. 내 본래의 자기가 무엇일까? 내 할 일, 내 사명이 무엇일까? 내 동포에 대한 내 자신의 관계가 어떤 것일까? 참된 행복에로 나아가는 길은 어떤 것일까? 사람들은 말하기를 인간은 어쩔 수 없이 이기주의와 종족주의라고 부르는 동굴 속에서 살게 마련이라고 할 것이다. 그러나 이 생각은 생과 교육에 대한 올바른 이해가 못 될 것이다. 교육이 갖는 영원한 희망은 우리들의 좁은 시야를 넓혀서 자기로부터 사회에, 그리고 나중에는 우주으로 자기를 확대시키는 일이다. 교육과 철학은 동일한 목표를 갖는다. 이들은 다 같이 종족주의와 옳지 못한 생활태도에 반항한다. 이 둘은 모두 단순한 이론 위에 서는 것이 아니고, 오직 강력한 실천 위에 서 있다. 그저 우주를 서술하거나 유토피아를 묘사하는 것뿐으로는 정당치 못하다. 중요한 것은 우리들의 이상이 실제에 있어서 어느 정도 열매를 맺는가인 것이다.

기본적인 단순성이 없이는 교육의 조치는 실패로 돌아간다. 현명한 사람은 자기 자신의 분한을 안다. 그는 어려운 생활 속에서 살아갈 줄 안다. 서구사회의 경제적인 진보는 부단히 욕망을 만들어 냈는데 이것을 만족시킬 수는 없다. 우리들은 기계가 한층 더 필요하고, 편리한 생활이 한층 더 필요하고 모든 형태의 안락함이 한층 더 필요하다. 그러나 우리들은 종당 만족을 상실하고 있다. 우리들은 물질의 면에서 더 많은 것을 얻을수록 한층 더 심한 불만 속에 굴러떨어진다. 우리들은 Faust마냥 의아와 내용적인 불안으로 강타당하고 있다. 우리들 교사들은 올바른 확신을 잃고 있다. 이것 이상 더 큰 비극은 없을 것이다. 우리들은 지금 창조적인 상상력을 갖지 못하고 있다. 교육의 과정은 단순히 Stereo Type 이 되고만 것이다. 우리 속에서 타서 올라오는 불꽃과 호기심과 정열을 우리들의 힘으로 불러일으켜야 할 것이다.

Ⅲ.

20세기의 교육적인 추세는 40년대 이후로 완연히 이상적인 경향을 보인다. 우리들은 지금 내일의 문제에 이끌리고, 내일은 오늘에 바뀔 자가 되지 않으면 안 된다. 내일에 대한 강한 vision이 없이는 교육은 맥 빠진 공사가 될 수밖에 없다. 그러나 꿈은 언제나 생생한 현실감에 의하여 조명되지 않으면 안 된다. 페스탈로치나 프뢰벨 같은 위대한 교육자들은 언제나 소망 속에서 살면서 아울러 그것을 실현하는 행동 속에서 살았다. 그들은 인간 속에 들어 있는 무한한 가능성을 올바로 보았다. 그들은 누구나 우리들이 창조적인 불꽃을 자기 속에 갖고 있음을 알았다. 이와 동시에 그들은 그들의 꿈을 구체적인 현실로 이끌기에 힘썼다.

지도자로서의 교사의 직능은 역사 속에 있으면서 역사의 소용돌이를 넘어서서 멀리 수평선을 바라보게 이끄는 데 있다. 인류는 자기 스스로의 위대함을 창공 위에 아로새기지 않으면 자기 스스로를 지평선 아래 묻어야 할 것이다. 교육이 단순한 의식이나 종족주의상황 이상의 것이 될 때, 우리들은 이 같은 우리들 스스로의 위대함을 성취할 수 있을 것이다. 교육이 가장 헌신적인 젊은이들을 이끄는 활동이 되고 이리하여 하나의 새로운 생활방식이 되기에 이르는 것은 이 때문이다.

의심 많은 이들은 이 같은 이상이 여러 가지 역사의 제약 속에 있는 현실사회 속에서 이루어진 것인가를 의아스럽게 생각한다. 그러나 높은 이상이 현실 속에서 또 현실을 통하여 이루어진 실례를 우리들은 알고 있다. 아테네는 도시국가가 위대한 교사 Socrates, Platon,

Aristoteles와 같은 이들의 영향에 의하여 개변될 수 있었다는 사실과 아울러 이성에 따라가는 생활이 문명에 대하여 항구한 공헌을 할 수 있다는 사실을 우리에게 보여 주었다.

우리들은 오늘, Athene의 경우보다 훨씬 더 과학적인 방법을 갖고 있다. 우리들은 저들보다 훨씬 더 발전된 기술시설(技術施設)을 갖고 있다. 오늘 우리에게 필요한 것은 가치의 전환으로서 자의에 사로잡힌 감정보다 또는 이성의 기계적인 업무보다 창의적인 솜씨가 우리들의 노역의 중심이 되어야 할 것이다. 역사는 꿈과 vision에 깨어지지 않는 항존을 보아 왔다. 이것이 없이는 우리들은 그때그때의 물거품과 함께 떠내려가고 만다. 역사는 인류의 참된 광명이 우리에게 올 것을 보장한다. 그것은 우리들이 예지와 창조성과 역사에 대한 정열을 갖고 이상에 향하여 착실히 힘쓸 때에만 가능하다. 교육은 20세기의 중심이 되어야 한다. 역사는 교육에 대한 헌신이 인간의 최고선임을 가리킨다. 그것은 교육이 개인과 개인, 민족과 민족의 장벽을 헐어버리고 인류가 고대하는 항구한 평화에로 나아가는 길을 가리키기때문이다.

참고문헌

1. 한국교육사

高麗大學校 民族文化研究所, 韓國文化史大系 Ⅰ-Ⅵ, 1964~1971.

敎育學辭典編輯委員編, 敎育學辭典, 서울: 大韓敎育聯合會, 1965.

金善陽, 敎育史新講, 서울: 益文社, 1972.

_____, 敎育哲學, 서울: 敎文社, 1977.

朴鍾鴻, 韓國의 思想的 方向, 서울: 博英社, 1968.

孫仁銖, 韓國近代敎育史, 서울: 延世大出版部, 1971.

安商元, 韓國·西洋敎育史, 서울: 載東文化社, 1976.

安商元·申千湜, 韓國·西洋敎育史, 서울: 裁東文化社, 1973.

吳天錫, 韓國新敎育史, 서울: 現代敎育叢書出版社, 1964.

柳炯鎭, 敎育과 主體性, 서울: 敎學社, 1968.

李萬珪, 朝鮮敎育史 上·下, 서울: 乙酉文化社, 1947~1949.

李弘稙, 國史大辭典, 서울: 知文閣, 1965.

車錫基·申千湜, 韓國敎育史研究, 서울: 裁東文化社, 1969.

韓基彦, 韓國敎育史, 서울: 博英社, 1963.

玄相允, 朝鮮儒學史, 서울: 民衆書館, 1954.

高橋濱吉, 朝鮮敎育史考, 京城: 帝國地方行政學會 朝鮮本部, 1927.

渡部學, 近世朝鮮敎育史研究, 東京: 雄山閣, 1969.

Bishop I. B., *Korea and Her Neighbours*, reprinted by Yonsei University Press, 1970.

Fisher. J. E., *Democracy and Mission Education in Korea*, reprinted by Yonsei Uninersity Press, 1970.

Gilmore, G. W., *Korea from its Capital*, Philadelphia: The Presbyterian Board of Publication, 1892.

Hulbert, H. B., *The Passing of Korea*, reprinted by Yonsei University Press. 1969.

Paik, L G., *The History of Protestant Mission in Korea*, Pyenyang: Union Christian College Press, 1929.

Underwood, H. G., *Modern Education in Korea*, New York: International Press, 1926.

2. 서양교육사

우리나라

吳天錫, 民族中興과 敎育. 서울: 現代敎育叢書出版社, 1963.

徐明源, 敎育原理, 서울: 溢文社, 1970.

林漢永, 敎育哲學, 서울: 豊國學園, 1958.

韓基彦, 西洋敎育史, 서울: 博英社, 1962.

일본

石山脩平, 西洋近代敎育史 東京: 有斐閣.

梅根 悟, 西洋敎育史, 東京: 誠文堂 新光社.

小林澄兄, 西洋敎育史槪說: 東京: 國土社.

原田 實, 進世ヨ一口ツパ敎育思想史, 東京: 牧書店.

新田 朝·岡田正章·高達齊吉·白石浩一共 著, 西洋敎育史, 東京: 協同出版株式會社.

미국

Adlers, Mortimer and Mayer, Milton *The Revolution in Education,* Chicago: The University of Chicago Press, 1958.

Brameld, Theodore, *Philosophies of Education in Cultural Perspective*, New York: The Dryden Press, 1955.

Brubacher. John, S. A., *History of the Problems of Education*, New York: McGraw－Hill Book Company, Inc., 1947.

Butts R. Freeman, *A Cultural History of Education,* New York: Mc Graw－Hill Book Company, Inc., 1955.

Cubberley, Ellwood Patterson, *A Brief History of Education*, Boston: Houghton Mifflin Company, Inc., 1920.

Dewey John, *Democracy and Education*, New York: The Macmillan Company, 1929.

_____ *My Pedagogic Creed with the Demands of Sociology upon Pedagogy* by Albion W. Small,Chicago: A. Elanagam Company, 1910.

_____ *Reconstuction in Philosophy*, New York: Henry Holt and Company, 1920.

김선양

　서울대학교 사범대학부속고등학교 졸업
　서울대학교 사범대학 교육학과 졸업
　서울대학교 대학원 교육학과 교육학전공 졸업
　성신여자대학교 대학원 원장 역임
　(사)한국평생교육기구 교육원장 및 사무총장 역임
　인하대학교 사범대학 학장 역임
　한국교육사학회 회장 역임
　한국교육철학회 회장 역임
　한국교사교육학회 회장 역임
　고등고시위원 역임
　현) 인하대학교 명예교수
　　　동방정신문화연구소 대표

『한국교육사상사』 등 저서 30여 권
「페스탈로찌의 교육사상연구」 등 논문 100여 편

교육사

초판인쇄 | 2011년 7월 29일
초판발행 | 2011년 7월 29일

지 은 이 | 김선양
펴 낸 이 | 채종준
펴 낸 곳 | 한국학술정보㈜
주　　소 | 경기도 파주시 교하읍 문발리 파주출판문화정보산업단지 513-5
전　　화 | 031) 908-3181(대표)
팩　　스 | 031) 908-3189
홈페이지 | http://ebook.kstudy.com
E-mail | 출판사업부　publish@kstudy.com
등　　록 | 제일산-115호(2000. 6. 19)

ISBN　　978-89-268-2420-7 93370 (Paper Book)
　　　　978-89-268-2421-4 98370 (e-Book)